心理臨床という営み

生きるということと
病むということ

村瀬嘉代子 他著
滝川一廣
青木省三 編

Ψ金剛出版

はじめに

このような文字通りゆめにも想像しない内容（第Ⅱ部）の本書を滝川一廣先生と青木省三先生がご企画下さっていると伺ったとき、身に余ることと大層驚き、有り難くはあるが、それは畏れ多いことと固辞した。けれども、すでに作業は進みつつあるとのこと。かねてから、退職したら健康が許すときは少しボランティアめいた営みをし、ひっそり人知れず暮らそうとこころに決めていた。そうだ、本として形に現れる頃は、もうこの世界には居ないのだから、面映ゆさやおこがましさには耐えられるかもしれない、とついご厚意を戴いてしまった。

その後、予想だにしなかったことに、ほんの暫く仕事を続けることになった。限りある時間である。サッカーのロスタイムに見苦しいプレーをするようであってはならない。控えめに辨《わきま》えて、しかし必要な責任は果たせるようでありたい、と今は静かに思う。

本書の第Ⅱ部、ならびにまえがき、あとがきを読むと、お書き下さった先生方に対し、何れも過分のお言葉で、勿体なくて手を合わせる深謝の念で一杯である。そして、一方、どの先生の御文章も、私について記述されていながら、その内容は実体としての私をはるかに超えており、むしろ内容は人としてあらまほしいあり方の本質、さらには心理臨床の要諦がお一人お一人独自の視点と表現で述べられている、と読める。この第Ⅱ部にご執筆下さっている小倉清先生が「村瀬先生って、ロールシャッハ図版みたいな人なのね。誰もが自分の気持ちや考えをそこに描き出すから、人によってずいぶん違って、さまざまに見えるのだと思う……」とかなり以前だが仰有った。そう、たまたま「私、村瀬」に仮託して心理臨床のそうあることが望ましい特質が叙述されているのが第Ⅱ部である。そういう意味では、これは私個人についてという段階に止まらず、心理臨床の本質を読者の方々はここから読み取って戴ける内容なのではないか、と思う。

小さいときから今日まで一貫して自分に対する不全感を私は抱いてきた。誉められても、一瞬、有り難い、とは思うが、それは遠い海鳴りのように思われる。ここまで考えた、分かったと思うのもそれは束の間で、目前には分からないことが廣く広がっている。せめてこうありたいと考えつつ、それを実現できていない自分がいる。そういう自分が書いたり、話すことは多くの先達、同僚、若い人々からの刺激であり、かつ自分が生きているのは主体的努力というよりいろいろな人やこととの出会いに負っている。「私」というのは、さまざまな人々の支えとことごとの有機的総体なのだ。

自分に対する拭えない不全感を抱きながらも、今日まで来られたのは、専門領域の多くの方々は言うに及ばず、そっと後押しをしてくださったり、強力に支えてくださる、そして、一歩踏み出す気力をあたえてくださった素人の方々のお陰でもある。そこで、以下すべての方々について言及できないが、幾人かの方との出会いを記して、感謝の気持ちの表現に代えさせていただきたい。

「自信をもって！　表現することに意欲を！」

A君は中学三年生、自閉症の中核症状が出揃って、発語無く、身長は百七十センチを超え、特大の制服ははち切れんばかりであった。周囲の人々からすると、文脈が極めて分かりにくい状況での暴力行為が頻繁しており、情緒障害児学級でも欠席を暗に推奨されていた。いくつもの機関を巡って、母親に伴われ来談された。生母はA君の障害の重さと夫の自分本位で経済力のなさから、三人の子どもを残して離婚し、行方知れずなのだ、という。A君の重篤さに私どもでは責任をもってお受けいたし兼ねる、と応えたが、話だけでも聴いてほしい、と母親はいう。手に余るようなA君に何とか対応しようと懸命なそのひたむきさにこころ打たれた。

　模索を重ねるうち、A君は自分の名前を自覚的に覚え、金釘流だが平仮名でそれを書けるようになった。それに伴い、状況の意味を汲もうとする様子が見えるようになり、暴力もやや和らいだようであった。母親は素直に「この子は自分に名前があること、自分ということが分かった！」と涙をこぼされた。一方、私はA君の将来を考え、展望のおぼつかなさのほうが気がかりであった。私の表情から察して、母親は次のようになまりのある言葉で一気に語りだされた。

「幼児であった自分は朝鮮動乱（一九五〇年から一九五三年）の最中、戦火を避けて逃げまどううちに、親とはぐれて孤児となった。以後筆紙に尽くしがたい苦労をして流転の年月を送り、日本へたどり着いた。苦難を重ね、Aを頭に三人の子の継母となった。夫は働きが少ない。でも、自分は家族を与えられた。Aが大人になっても世の中で生活できないことは分かっている。でも、重い障害があっても、家族の生活を味わい、自分は自分なのだ、という感覚はせめて持たせたい、と考えて今日まで来た。

　Aのような子どもが一生暮らせる施設を同じような境遇の親たちと一緒に作って運営しようと考え、パートと内職、そして栄養を考えながら生活を切り詰め（たとえば、動物性タンパク質は魚屋であらをただで貰い上手に調理してきた等……）、既に〇〇円貯蓄している（一九七〇年代にしては相当な金額！）。将来のことは考えている。先日、後ろでそっと先生の講演を聴いた。非常に控えめだった。先生は恥ずかしがり屋だ。内容は悪くない、もっと自信を持って、書いたり話して！　それは人の役に立つのだから。息子に一生懸命あれこれ考えて接してくれるのを見て、先生のような人と施設を運営できたら、と思ったりもした。でも、先生は先生の道をずっといくのがいい、自信を持って！」

　やがて、一家は首都圏から転出していかれた。今でも仕事で人前に出るとき私は気後れがする。そのとき、A君の母親の言葉がふと浮かぶ。

意気地無しの先生は嫌、勇気をもって！

Bさんの長女は既に問題が解決して、元気に生活していた。Bさんとの親面接を終えることになっていたある日のこと。終了の挨拶をして、Bさんは切り出した。「何か、考えごとを抱えておられますね」さりげなく否定したり、話題を変えようと試みた。だが、Bさんは言い逃れはさせじ、と切り込んでくる。本来私事については絶対語らないことを通してきたのに、その時に限って遂に正直に答えてしまった。義母が病弱で、その望みに合うような家事手伝いの人を見つけるのは至難であること、家族に忍耐を求めてまで続けるほど、自分の仕事の質には自信が無いこと、そして私の仕事の代わりをする人を得ることは容易だから……。Bさんはきりりとした表情で「そんな意気地のない先生は嫌です。先生はもっと自信を持って強くなって下さい。先生を必要とする人はあるのです。私がお宅の家事を手伝い、大奥様のお相手もします！」と。驚く私にBさんはすらすら見通しを話した。往復の途上は街並みに似合った、スーツにハイヒールで通ってくる。料理は得意である。大奥様の聴き役になるようにする。口をかたく保つことはできる。仕事を辞めてはいけない、自分たちのような家族が先生を待っている……。」

それから、義母が亡くなるまでの間、Bさんは義母のよき聴き手とし、そして美味しいお料理で、私どもの家族生活を支えてくださった。思いだしては笑ってしまうのであるが、Bさんは背が高く、垢抜けした美しい人であった。私の留守中、玄関で応対するBさんを村瀬孝雄の伴侶と早合点されたある方が、「村瀬先生の奥さんは背が高い日本人離れした、ものすごい美人」と吹聴され、それを楽しんだ主人は敢えて訂正せず、ある会のメンバーの間では、それが事実としてかなりの間、流布していたのであった。

先生のような人を教育して育てて！

Cさんは衝動的暴力行為が激しいということであちこち転々とした結果来談された。Cさんの母親はわが子の行動上の問題の原因は、すべて外にある、と硬い表情で訴えた。だが、Cさんの激しい行動化は果たして外での苛めや彼女がいわゆる自閉症のための問題行動だとは考えにくい節があった。Cさんへの関わりに主眼を置き、母親の憤りを素直に聴くようにした。ある時、Cさんは往来の激しい玄関前の前庭に駆けだして仰向けに大の字に寝そべり、「死にたい」と大声で繰り返した。それまでの来し方を想像すると彼女はそう叫ぶのも分かるような心地がした。「辛いこと、悔しいこと、苦しいことがいっぱいあったのだ、と思う。今日まで、よく生きてこれた、本当に偉い、とこころから思う。折角今日まで来たのだから、これから生きていてよかった、ということを見つけない？」Cさんは叫ぶのを止めて、私を凝視していた。「ね、私の手に掴まって、でも自分で立ち上がれるでしょう？　私に起こされるのではなく自分で立ってみて……。」Cさんはむっくり起きあがり、自分から屋内へ歩み入った。この次第を母親はじっと息をのむように見つめていた。

次回、母親は涙を滲ませて、苛酷な半生を語った。ようやく家庭生活の安定を味わえるかと思ったのに、予期せぬCさんの障害への対応に苦慮し、ゆとりを失って虐待を繰り返してきた、と。Cの暴れ方は自分が彼女に八つ当たりしたその仕方に似ているので、さらに追い詰められた気持ちになっていた、と。

母親の緊張が緩むとCさんなりに手につくことから、目的をもって行動するようになり、やがて、母子は一緒に洋裁学校へ通い出した。

その頃、私は専任教員として大学へ務めるようにというお誘いを戴いていた。しかし、家庭の事情と教育するという能力に自信が持てず、躊躇していた。ある日、Cさんの母親は問いかけた。「先生は迷っていらっしゃいます。」事情を知って、彼女は突然私の右手を両手にとり必死の表情で言った。「先生、教えることを引き受けて下さい。先生のような人を十人育てて……。たくさん育てようと思っても無理。先生のような人が十人増えるだけでも、私たちのような親は希望が持てる……。」しばらく私は言葉が出なかった。

若い人々を、自分の考える型にはめようとするのではなく、基盤となることを大切に考えながら、各自が裏付けのある自信を持てるように、向上を目指して努力することが歓びに連なることを伝えたい、とその後ひそかに心懸けてきた。Ｃさんの母親から与えられた課題に後押しされるような心もちで……。

心理臨床の営みとは、人の生きる上での苦悩や困難があって成り立っていることをさりげなくしかし確かにこころに留めたい。

この度の本書の上梓についても、金剛出版の立石正信氏に本当にお世話になった。本書ばかりでなく、金剛出版から始めて出版していただいた『子どもと大人の心の架け橋』から今日まで一貫して、立石氏には助言と励ましを戴いてきた。それが「形に表す」という行為について、躊躇う私を後押しして下さってきた。厚く御礼申し上げます。

本書をお読み下さる読者の方、御編集の労をおとり下さった滝川一廣、青木省三両先生、並びに第Ⅱ部に御執筆下さいました先生方に厚く御礼申し上げます。

二〇〇六年　葉桜の頃に

村瀬嘉代子

序

編者のひとりとして本書の成立事情を述べなければならない。

村瀬嘉代子先生は、本年三月をもって長年勤めてこられた大正大学を定年で退任されることになっていた。職務をまっとうして終わりを迎えるのはめでたいことで、それを寿《ことほ》いで記念の本を出そうと声があがり、私と青木省三氏とが編者となった。村瀬先生の最終講義や論文を軸にして、先生の臨床を深く知る臨床家や研究者の方々から論考を寄せていただくことにした。業績をたたえる式のたんなる「記念文集」ではなく、この機会を生かして村瀬先生の臨床のあり方を多方面から浮き彫りにした本を残したいというのが編者らの願いだった。

村瀬先生が定年後をどう送られるか、直接おうかがいしたことはなかったけれど、私の勘では心理臨床の世界からすっぱり足を洗われるのではないかという気がしていた。そのためにも、そのような本を編んでおきたかった。ただ、足を洗うのはなかなかむずかしかろう、とも思っていた。先生の志はそうあっても、まわりがそうはさせてくれないだろうな、と。「第二の人生」を送らんとする村瀬先生のもとを、難題を抱えた人たちがやっぱり訪ねてくるにちがいない。

「私はただのおばさんですし、引退したいまは、ただのただのおばさんでしかありませんから」

「わかりました。でも、ちょっと、ちょっとだけ聴いてください。それだけでよいのです。でないと帰れません」

といったやりとりが目に浮かぶ。

で、その「ちょっと」に耳を傾け、でも耳を傾ければ責任が生じて、耳だけでなく持てる力を傾けてゆくことに結局なるだろう。心理臨床の領域とかぎらず、なにごとであれ、出合う物事のひとつひとつにそうしてこられ、そんなふうに生きておられるうちにいつしかこの道の第一人者と目される域に達してしまったのが村瀬先生で、かくかくたらんとあらかじめ目指してこられた人ではない（と私は見ている）。みずから願い求めてきたものではないから、さらりと退くに何のためらいもこだわりも持たれないのでは、というのが私の推測だった。しかし、まさに同じ理由から、まわりから求められるかぎり、それを振り切って「わが道を」ということもなされないのでは、とも考えていた。自己実現の追求といった生き方とは無縁なのである。

まわりがそうさせないだろうという私の予想は、定年を迎えられる前に早くも思いがけぬかたちで当たってしまった。大学当局が村瀬先生の教授退任を惜しみ、余人にかえがたしとして定年の延長を決めたのである。編集作業が進み、退任記念論文集として諸先生方に執筆をお願いして力とこころのこもった稿が集まり、すでにゲラ刷りの段階に入ってからのことであった。

村瀬先生が大学に残られることになったのは職場をともにする私としてはとても喜ばしいことだけれども、編者としてはいささか困った。しかし、思えば、一番とまどわれたのは村瀬先生にちがいない。第四コーナーをまわったところで見えていたゴールが急に消えてしまったら走者はどんな感じになるだろうか。

退任が延びたからと刊行をとりやめてはご執筆くださった方々に申し訳ないし、なによりもこれほど多数の力編がもったいない。著者校正用のゲラをお送りするに際して事情の変わった次第をお伝えして了承を受け、必要に応じて手を入れていただいて上梓することにした。予定していた最終講義のかわりに村瀬論文九編を収めて第Ⅰ部とし、ご寄稿いただいた論考を第Ⅱ部として本書のようなかたちとした。執筆者の方々にご迷惑をおかけしてしまったけれども、結果的には、村瀬臨床にさまざまな視点から光をあてて浮き彫りにするという編者らのねらいにかなった内容になったのではないかと思う。

あらためて、稿をお寄せくださった諸先生方に深く御礼申し上げるとともに、最終コーナーを回ったはずがはからずもさらに先に進まれることになった村瀬先生のご苦労に謝する思いでいっぱいである。本書の出版を引き受け、ここに至るまでにさまざまな労をとられた金剛出版の立石正信さんにもこころよりの感謝を申し上げたい。

平成十八年三月

滝川一廣

目次

Ⅱ

I

臨床心理の在り方について――子どものこころに出会う――

このような機会を頂きお話しさせていただけますことを大変ありがたく存じます。

さて、子どもの意向をいかにして確かめるか、これは非常に微妙な問題で、おそらく臨床心理学の永遠のテーマであろうかと思いますが、少しでも実態に近く、その人の気持ちの中核にいかにしたら触れることができるかについて、さまざまな視点からお話しさせていただきます。

一、臨床心理学とは

臨床心理学とは、言葉の上で定義しますと、「心理学の理論を用いて、人が少しでも生きやすくなるように心理的に援助すること」というように定義できます。

しかし、臨床心理学に基づく心理療法の理論というのは、現在、世界で四百くらいあると言われており、これはこの領域に限らず、次第に何事も専門分化し、細く鋭く非常に技術的になっていくという現代社会の傾向の現れの一つかと思います。ただ、現実というものは、ある理論を実証するためであったり、その技法の切れ味の鋭さを試すためにあるのではなく、「一つひとつの個々の事態が少しでも良い解決をみるために」ということが、本来の臨床の目的であろうと思います。

これまで、いろいろな多領域の異なる問題を持ち、そして、病態の程度も非常に重い統合失調症の混乱期にある方、あるいは重複聴覚障害、聞こえない上に精神疾患を伴うというようなさまざまな重篤な方にお会いし、あまりスマートな一つの理論で事柄が明らかにはならないことを痛切に感じてまいりました。そういう経験から、統合的と言いますか、どれか一つの切れ味の鋭い理論や方法だけに準拠するのではないという姿勢でお話しさせていただきます。

1　臨床的態度

まず、臨床的態度というのは、苦しむ個人を臨床的に理解し援助しようとすることで、それは部分的要素や過程ではなく、総体としての個人を中心に考えます。

たとえば、一般心理学ですと、不安そのものだけを取り上げ、実験的にいろいろな角度から論議を加えるわけですが、臨床心理学では「不安を持つ人」というふうにトータルに人をとらえようとします。したがって、拠って立つ枠組みは、個別人格的な枠組みになります。そもそも〈臨床〉という言葉は、個人に直接関わって関心を寄せるということであり、本来の意味も、死の床の傍らにはべるというところに由来していますので、こういう考え方をするわけです。

そうしますと、〈個性記述的〉と言いますか、目の前のこの現実、あるいはこの人というところに焦点を当てることになりますが、そのことは、物証性ですとか、あるいは方法論が一定していて誰が関わっても同じような答えが出てくるというような法則定義になじまない難しさがあります。

しかし、現実というのはそもそもこのようなものではないかと思われます。臨床の営みにおいては自分の考え方や感じ方を少し突き放した、相対化した視点で考える姿勢を一方で持ち、それが偏ったものにならぬよう自己制御を行う姿勢が必要です。

臨床心理学の研究方法に事例研究という方法がありますが、この事例研究は、一つ間違えますと主観性が強くなる危険も含みます。どれだけ事象の本質に迫ろうとするか、すなわち、一方で対象に非常に迫ろうとしながら、他方で自分の方法論や姿勢を相対化して眺めているという姿勢を堅持しようとする、これは二律背反的なことですが、この姿勢を持っていますと、「個別の中から普遍を見いだす」ことが可能になるわけです。

2　臨床心理学の理論

先ほど、心理療法の理論は四百ぐらいに分岐していると言いましたが、これらを端から一つひとつマスターするということは難しく、ここで大切なことは、いろいろな理論や方法論がどういう時代のどういう社会を背景として生まれてきたのか、ということを頭に入れておくことではないかと思われます。

たとえば、精神分析の創始者フロイトが治療の対象としたのは、十九世紀終わりから二十世紀初めにかけてヨーロッパのウィーンの中流、日本では中の上の暮らしの人たちでした。しかも、一週間に分析の面接を四回くらい受けられるということですので、これは現在の日本の平均的な生活に較べ、背景にある社会の文脈がずいぶんと違っています。

このように、どのような文脈の中でそのクライエントは生まれ暮らしているのかということを頭に入れた上で、目の前の今携わっている事象がどういう特質を持っているかを考え、その理論を援用しなければならないと思います。臨床心理学の領域に限らず、日本は明治以降、欧米のものを比較的素直に受け入れるという傾向がなかったとはいえないでしょうが、まずは現実的な吟味を行った上で考えていくことが必要ではないでしょうか。

今、社会の文脈ということを申しましたが、たとえば、保険制度というようなものも、世界の各国によって非常に違っております。日本のように国民皆保険ということで、ある種の保護された状況とは違い、アメリカのようなところですと、経済的にペイしない方法論というものは現実的ではないと退けられる傾向があります。何を何の目的で、どれぐらいしたらこういう効果があるという、つまり、説明に耐えられることをする、それに対して保険を払うということで、精神分析は一時隆盛を極めましたが、今日やや衰退しているやに聞きますのは、一つにはこのような経済原則もあってのことかと思われます。

3　統合的心理療法

精神分析と行動療法と人間性心理学、この三つが臨床心理学の理論の基本的なオリエンテーションであろうと考えられます。これらを基に分岐したものが四百余の理論になっているわけです。

図1は、最近、精神科医の青木省三先生と私が心理療法の特質とは何かについて対談しているうちに、こうではないかと考えたことを図示したものです。右側の療法1、療法2、療法3、療法nとありますのは、つまり、療法3、4、5、……と、四百ぐらいまで心理療法の理論があるわけです。

ここで大切なことは、それぞれの心理療法は、何か特異なまったく技巧的な人為的なものが天の一角から降ってくるなどというものではないということです。そもそも人間関係が自然に円滑に運んでおれば、このような特別な臨床心理学的な援助は不要と言っても過言ではありません。むしろバランスのとれた日常生活中の人間の振る舞いの中にある、人の関係をより豊かに円滑にし自分もそれから周りも活かすような方法であるというようなものを、抽出し理論化して洗練し体系付けたものが心理療法の理論だと言ってもよろしいかと考えます。

たとえば、行動療法は、その人のこれまでの歴史、個人史、親子関係がいかに展開してきたかというようなことは直接採り上げず、誤った行動、いろいろな症状というのは、間違った学習の結果である、したがって、適切な学習をすれば改善治癒する、そういう考え方です。高校の教科書にも載っておりますパブロフの犬のように、人間は条件付けによっていろいろな行動が会得されるという考え方が基底にあり、それを基に治療の技法が開発されて、複雑に分化しているのが現状です。

さて、行動療法の要素が日常生活の中にまったくないかというと決してそうではありません。たとえば、幼い子

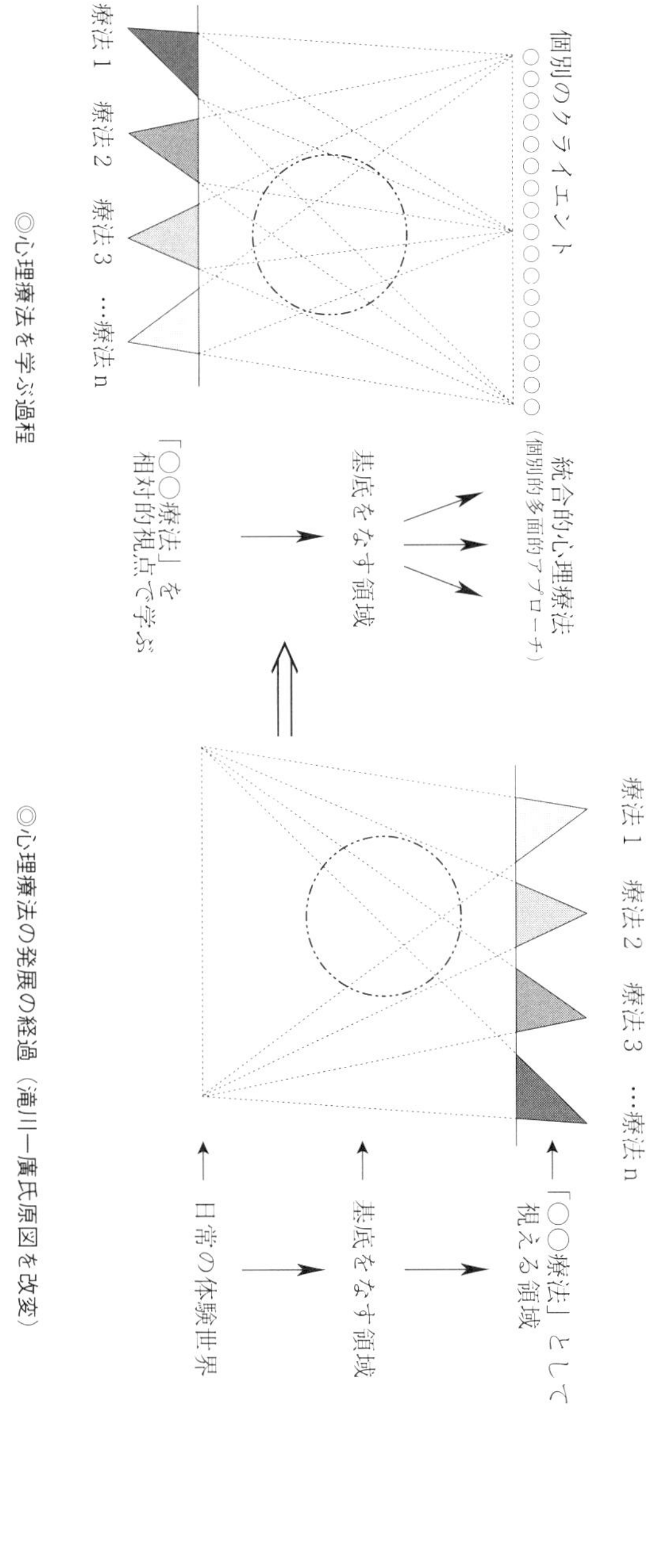
個別のクライエント
○○○○○○○○○○○○○○○○○○○
療法1　療法2　療法3　…療法n
◎心理療法を学ぶ過程
統合的心理療法
（個別的多面的アプローチ）
基底をなす領域
「○○療法」を
相対的視点で学ぶ
療法1　療法2　療法3　…療法n
「○○療法」として
視える領域
基底をなす領域
日常の体験世界
◎心理療法の発展の経過（滝川一廣氏原図を改変）

図　1

どもが排泄自立の訓練をする時に初めはおむつをし、次第に自立した排泄ができるようにしつけを受けるわけですが、ある時、自覚的に自分の中にある種の体感覚が起きてきて、ああこれはいつもお母さんにシィーッと声を掛けられているあの時の感じと似ているなあということで「シィーッ」と言いトイレに行く。その時に、お母さんが「ああお利口ね」と言ってにっこり笑う。お母さんの笑顔は、おそらく幼い子どもにとって喜びでしょう。するとまたあの感覚が起きた時に、じゃあ「シィーッ」と言うとあの笑顔が見られるかなというように、次第に排泄のしつけが自立的な行動として定着していくというように考えられます。このようなことは実は育児の中にはたくさんあります。

大切なことは、目の前の現実から、自分が踏襲する理論を活用すべくその理論に合ったことを切り取って、そこに合致したことだけで事実を説明するというのではなく、あくまでもその事実にこちらの方から近づいていって考えることが必要であろうということです。

図1の左側にあるように、個人というものは上の小さな○のようにたくさん存在するわけですが、その特性は一人ひとり違っているわけです。そうすると、一番端の人には、この療法1、2、3を使うことが望ましいのではないかという考え方をすることが大事でしょうし、また、真ん中ぐらいの人に対しては療法1、2、3、nが必要であるというように、実は優れて個別化して方法論や理論というものを考えていくべきだろうと、クライエントに会っているうちに痛切に考えるようになりました。

また、もう一つは、ある個人でもプロセスの始まりの段階では療法1、2、3が相応しくても、その人の状態の変化やあるいは周りの事情の変化で、療法1は不要になって、むしろ2と5が必要になってくるというように、個別に即応して、しかも経過の流れに従っていろいろな方法論を上手に「対象にマッチするように運んでいくことが必要です。

自分は精神分析を踏襲しているとか、行動療法であるという、あまり一つの考え方だけを強調していくというのでは、特定の機関でその特定の方法に従って援助を受けたいと最初からクライエントが承知してその方法を求めておられるような場合はそれでよろしいのですが、たとえば、いろいろな当事者がいらっしゃる家庭裁判所のような場合には、あまり限定して方法論だけに則って考えていくことは妥当ではないであろうと考えたのが、このような図なのです。

十五年くらい前からでしょうか、臨床心理学の事門分化した流れに対して、物事をもう少し統合的に見ていこうという機運が世界的に生じまして、アメリカでは統合的心理療法学会が設立されています。

そこでは、精神分析と家族療法を統合するとどうなるか、あるいは認知行動療法と精神分析を適合させながら一緒に用いるとどうなるかというような研究は盛んなのですが、もう一つ考えなければならないのは、誰が用いても同じ結果にはならないというその現実の難しさです。そうした方法を使う個人がどれぐらいインテグレイティブ（統合的）にバランス感覚を持ってそのさまざまな理論を使う人として向上していけるのか、そこが一番の要です。現在その学会では、個人をどう教育するか訓練するかということよりは、どちらかというと技術論のところに偏っているようですが、現実が必要としているのは、技術が人間性に裏打ちされ統合されて用いられることだと思います。

4　統合の具体的方法

これから具体的な例に入りたいと思いますが、ここに、木が枝分かれしたような図（図2）があります。いかなる場合においても、臨床心理学的な接近をする時には、当然言語的な接近、言葉が初めにあり、そして最終的には言語化する力がなかったような人も、精神的なまとまりを取り戻し、表現力を獲得して言語化が可能になることが大切な課題ですから、言葉が中心になるわけです。しかし、非常に病態の重い、たとえば精神病で非常に混乱した状態の時や、発達障害児でまだ言葉を駆使できないほど発達に遅れや偏りがあるような場合等を考えてみ

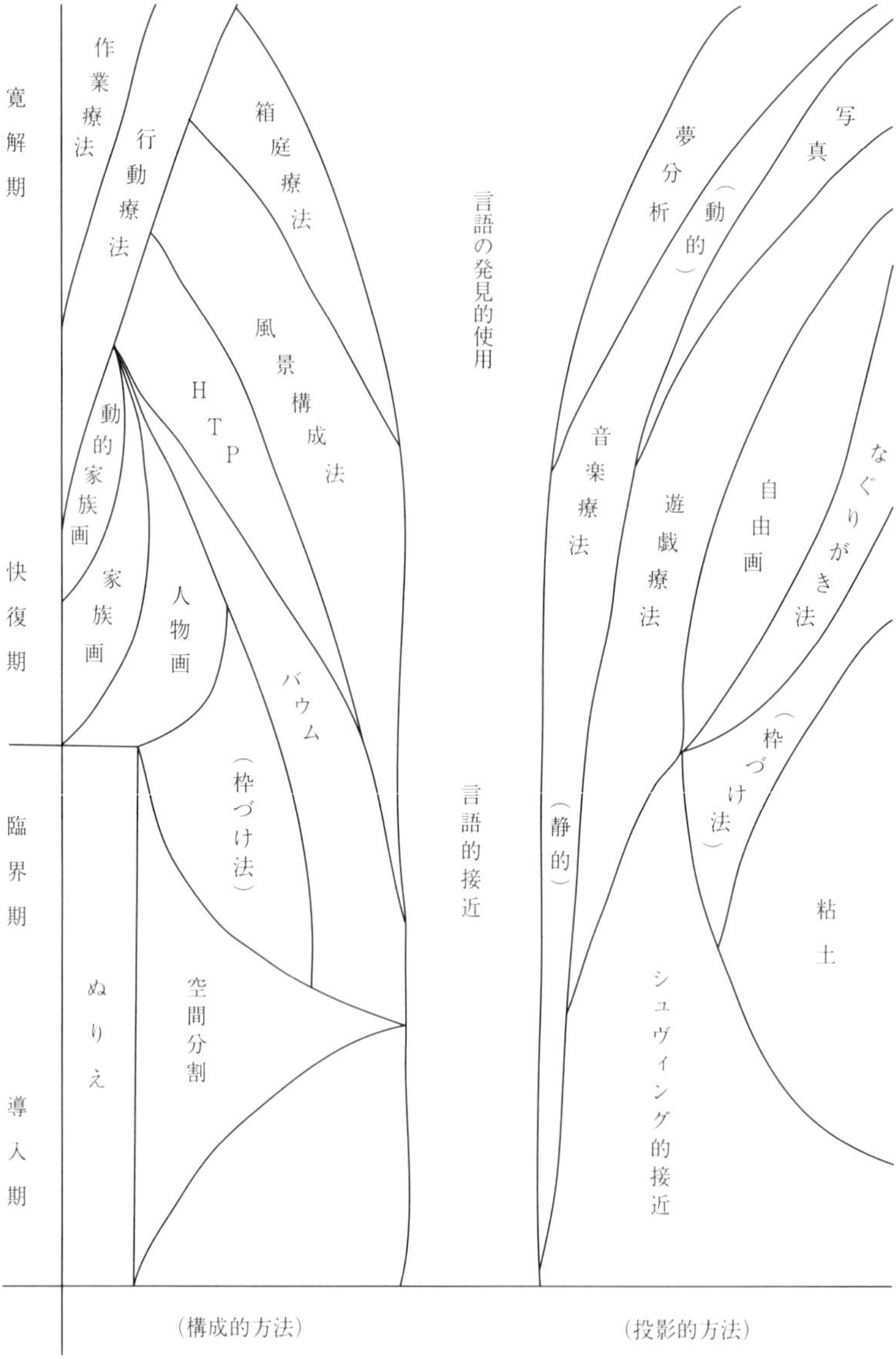

図２　治療技法と適応（中井〔1972〕の一部修正試案〔山中，1980〕）

ますと、言語だけの接近は不十分で、いろいろな方法が編み出されているわけです。

たとえば、図2の中にある箱庭療法、絵画療法、家族画、人物画などを、家庭裁判所調査官の方々も家事事件の中で子どもの状態を知るために行動観察や言葉でのやりとりを補うものとして使用されています。これも相手の状態像、言い換えると自我の強さの程度を考えて技法を適用することの必要性を現している図です。

シュヴィング的接近というのは、十九世紀終わり頃のオーストリアのビラトル・ド・シュヴィングという精神科医のお嬢さん、この人は類稀な鋭い感受性と深い包容力のある人でしたが、その名前を取って、絶対的に人を受けとめるという態度を表現する術語として残ったものです。非常に重篤な人に対してはそのアプローチが基本になります。

また、ぬり絵や空間分割というのは、白い紙を斜線で区切り、それに好きな色を塗ってもらうという方法です。箱庭療法は、家庭裁判所でも使われているかと思いますが、非常に自由度が高く、砂箱の中にいろいろな人形や家や風景の材料を置いていくものです。

さらに、家族画や人物画、白い画用紙に好きな絵を描く自由画の下の方に、枠づけ法があります。これは、まず画用紙の中に枠づけをしっかり書き込んでから描画させる技法です。その理由は、人格の統合が非常に低い、発達が混沌とした段階にある人というのは、構成的な、つまり家族が何かをしているところや、一つの箱庭の場面である状況をつくり出そうという、自分でイメージをまとめあげることは非常に難しく、そういう課題を課すとかえって混乱して今よりも状態が悪化することがあるので、まずはしっかりした枠組みを提示して、枠の中でどれだけ表現できるかを見ていく必要があるということです。

この方法はこれぐらいの病態の人に使って効力があるということを確かに承知して使う必要があるということをこの図2は表しているのです。

二、臨床実践に際しての態度

研究の基本的な態度としては、演繹と帰納との二つがありますが、臨床というものは、実践の中（演繹）から帰納的に進めていくことであろうかと思います。誰でも、最近学んだ理論に当てはめて物事を考えてみたいとなりがちですが、あくまでも事実を観察することから考えていくのが基本だと考えます。

1　心理的な因果関係

たとえば、アセスメント（査定）や見立てをする場合でも、まず人が生物・社会・心理的存在であることを念頭に置き、除外診断的に考えていって、心理的な因果関係を考えることは最後にすべきであろう、殊にそれは一見平凡な事柄ほどそうであろうと考えられます。

卑近な例を挙げてみますと、不登校の子どもというのは朝食欲がない、なかなか起きてこない、腹痛や頭痛がすると言ってゴロゴロしているような状態から、それが次第に長引いていくことが多くの場合見られます。ところがぼんやりとした腹痛、寝起きが悪い、やる気が出ないというのは、ある意味で非常に平凡ないろいろな原因が背景にあり得る現象です。

これをいわゆる登校拒否だろうと、子どもだからということでプレイセラピー（遊戯療法）を続けていたら、実は脳腫瘍が発症していた、どうもおかしい、足がもつれるというようなことも始まって、手術の結果かなり腫瘍が大きくなっていて後で知的障害が残ったというお子さんに、現に会ったことがあります。サイコロジストの私がこう申すのもおかしいようですが、心理的な因果関係でものをすぐ意味付けて考える前に、ほかの要因から手堅く一つひとつ吟味を重ね、最後に心理的な関係というものを考えることが必要であろうと思います。

2　臨床的態度の基本

次に、臨床的な態度として、どういう臨床心理学理論であろうと基本的に必要なことは、あまりにも平凡なことですけれど、まず何事もよく観察し、小さなことも見落とさないということかと思います。

これは資料を読む時もそうですが、気付くということが必要で、当然、何かおや？と思って気付きますと、人は自分の中にある知識と経験に照合して、わかることとわからないことに分けて考えていきます。大切なことは、わからないという不確定なところを抱えて、これについてじっと考え、わからないことをクリアーにするために文献にあたる、先輩、同僚とのカンファレンスを行う、指導を受けるというような営みをすることです。これをしながら対象をより緻密に観察しますと、もう少しわかることが増えてくる。しかし、わからないことはやはり依然として残る。このわからないことを妙にわかったつもりになろうと大まかに断定などをせず、この手順を繰り返していくことが理解の精度が高くなっていくということです。

臨床で求められることは、このわからないことを曖昧にせず、しっかり課題とし抱え続けていくことで、不確定な状況に耐えて観察し考え続ける、そういう力を持っていることが、実は臨床的な態度の要諦であろうと考えます。この営みを積み重ねる過程で、対象の特質が次第にクリアーになってきて、自分の中に腑に落ちる感覚が得られる時に、ああそういうことなのであろうか、そうであろうなあという、そこに共通感覚が生まれると考えられます。

そういう意味で、共感や受容という言葉をすぐに用いることは、私個人としてはなじまなくて、観察し、考え抜くことが実は一番基本になると思っています。

まず、気付くことは何か点のような小さなことに気付くわけですが、これにまつわる知見を総動員して考えますと、自ずと点の情報が自分の中で線になります。この線にまつわる自分の知識や経験を活用して考えると、線と線が掛け合わさって面になり、また面についてよく考えていると立体になる。

本当に深い理解というのは、立体プラスアルファぐらいまでいけばよろしいわけです。いろいろな領域に対する幅広い関心、形而上的なことから日常的なことも含めて、好奇心を旺盛に持って使いこなせる知識と経験を常に拡げて、引き出しを多く豊かに持つ、すると点が立体プラスアルファというように拡がっていくと思います。ナイーブな感受性ではなく腑に落ちるというのは、実はこの手順を経て、そこにある種の共通感覚が生じることが大切だと思います。

さらには、相手をわかるという時に直ちに自分と引き比べて、私であったらどうであろうか、私たちであったらどうであろうかと一人称として受けとめるというだけではなく、二人称としてのあなた、あなたたちにとってはそのことはどうであろうかという理解と、それから三人称、これは対象化したとらえ方ですが、この三つをいつもほどよくバランス感覚を持って自分の中に働かせながら、物事をとらえていくことが必要であろうと思います。

3　実証性をめぐって

さて次に、私が過去に経験いたしました民事の鑑定例などを織り交ぜながらお話しします。

こうしたケースでは当然、実証性ということが必要になってきますが、微妙な子どもの気持ち、あるいは親子関係などは、アラビア数字で均等な形で表せるようには運ばず、当事者の真実をどのように受けとめていくのかということが常につきまとう課題です。

これまでの多くの対人認知などの研究では、このクライエントやこの当事者はどういう人なのであろうかという、自分を少し括弧に入れ相手についてそれを対象化していろいろ考えるという視点がほとんどでした。しかし、実は、質の良いデータを得るためには、自分自身に対していろいろ観察し、考え、相手から情報を引き出そうとしているその自分について同時平行的に掘り下げて考えてみる、自分を見詰める、自分が相手にどういうふうに認知されているだろうか、どう受け取られているだろうかということをしっかり考える、ということが非常に必要なことではないかと経験的に考えるようになりました。

昨今、エビデンス・アプローチ（実証性を重視する接近法）か、ナラティブ・アプローチ（物語性を重視する接近法）かということがしきりに注目を集めておりますが、エビデンス（実証性）だけあるいはナラティブ（物語性）だけということではなく、実は質の良いエビデンスというのは、良質なナラティブを抜きにしては現象としてあり得ないでしょうし、それからやはりナラティブというものも良い関係をつくり、しかもこちら側の内面をしっかりとらえて、個人的な偏りをなるべく少なくするような努力をしていますと、得られたその情報はかなりオブジェクティブ（客観的）なものになっていくと考えられます。そういう意味では、「平衡感覚」ということも臨床においては極めて大事だと思います。

かつては、いや現在でも、アセスメント、たとえば心理検査を使ったりして相手をいろいろ評価的にとらえるというとらえ方とカウンセリング、あるいは心理療法的な面接というものは別個のものだというようにとらえられていましたが、私はそうではないと、これまでの臨床経験を通して考えるに至りました。

4　ある民事鑑定の事例から

そのことをつぶさに感じたのは、一九八一年に親権監護権の帰趨が問われた事件の民事鑑定人をわが国で初めて務めた経験です。小学校一年生と二歳八カ月の少し発達に遅れのある二人の兄弟の子どもたちについて、親権の帰趨をいかに考えるかという鑑定を受命いたしました。

家庭裁判所の調停を十カ月ほど経て、はじめは別居している母親のところに二人の子どもがいたのを、父親が突如保育所から二人を奪い去り、その日のうちに母親が人を雇って夜中に奪い返しました。すると今度は、父親が人を八人雇い、玄関から四人裏から四人突然家に上がって、上の子どもはうまく捕まえられなくて、下の遅れのある子どもを父親が実家へ連れ帰ったという事例です。そこで、この判断過程に鑑定を導入しては如何かということになり、双方の当事者の納得も得られたことから、どちらが監護親、親権者として相応しいかを問う鑑定が行われたのでした。

このような激しい子の奪い合いの状況で、殊に最初、母親が夜の十時近くに車で片道二時間半ぐらいの距離を駆け付け、いきなり挨拶もせずに夫の実家の二階に上がり、寝ている下の子どもを抱き抱えて連れて帰ったところ、元々発達の遅れはあったのですが、緊張した大人に真夜中ノンストップで連れ帰られたというそういう衝撃がストレスとなりましたのか、歩き始めだったお子さんが這い這いする状態になって、全体に非常に退行状態となりました。そして、這い這いしていたのをまた父親が表玄関と裏玄関から四人ずつ入って奪い返したことで、それでは鑑定という次第になったのです。

まず、いかに状況を設定するか、双方がその場からお互いに相手方と同居中の子どもを奪い返さないということで、非常に緊張感をはらみ、異例のことでしたが、双方の代理人が、私（筆者）の自宅であればお互いにいきなり入って行って何かをすることはないから、まず最初の面接は私の自宅でやってほしいと、そういう方法から着手しました。

二カ月半ぐらいの間に裁判官とご相談しながら、双方の家庭を訪問し、殊に父親が「争うことが生き甲斐になった。望みどおりの結論が出るまでは絶対に争う」と公言されておりましたし、なるべくエビデンスがいるということで、胸の痛い思いでしたが、両親双方には投影法やその他諸検査に協力していただきました。また、自宅にも訪ねて行き、それから子どもたちにそれぞれ別居中の親が久しぶりに会ったらどうであろうかというような、仮に私は「交差面接」と名付けたのですが、そのような面接も行いました。殊に下の子どもは元々発達の遅れがある上、七カ月くらい別れていたので、母親のことは完全に忘れていました。そういう交差面接場面で、一体どういう態度を母親がとられるか、子どもはどういうふうな反応をするか、その時のやり取りの様子をも含んで考えるということでした。

私は、当時いわゆるセラピストとして心理的な援助をする、被援助者に身を添わせてその方が少しでも変容されるという方向で仕事をしており、仮に成長モデルでなくても、自分が難病であるということを知って余命が長くないという、そういう子どもや家族の方々にどう面接をするかというオリエンテーション（方向性）で主に仕事をしておりましたのに、対立する相互に猜疑心を持っている方々両方にお会いしながら事実を収集していく作業については、最初非常に難しいと思っていたのです。

しかし、対立している両当事者に公平を心掛け、事実に対して忠実に真摯《しんし》に対するという姿勢を堅持するように努めて関わっていきますうちに、もちろん、相手に譲るということはおっしゃいませんけれども、父親もある種の頑なな態度から次第に協力的になり、またその方なりに子どもの幸せとは何かということをより現実的に考えるようになりました。殊に母親は自分は本当はこうしたい、子どもを二人とも自分が引き取りたいという意思は変わらないけれども、子どもの幸せは何だろうかということを次第に真剣に考えるように変わっていかれて、それに従い、当初に比べずいぶん姿勢が柔軟になりました。

たとえば、交差面接実施場面のことです。母親は久しぶりのこともあり、下の子に会うと、名前を呼んで抱き上げようとしたのですが、子どもの方は母親を忘れていたので大泣きしたのです。すると母親はその子を無理に抱こうとはせず、脅かしてはいけないというふうに、抱きたいのを諦めて、「ごめんね。脅かしちゃってごめんなさいね。おばちゃん悪いことしたわね」と、最初、「久しぶりね、お母さんよ」と言って入られたのが、自分のことを「おばちゃん」と言い、そして知的エスタブリッシュメントの高い方でしたが、ひざまずいて子どもと視線を合わせながらそう言って引っ込まれ、「無理をしない方が良いのですね」と自らに言い聞かすようにおっしゃいました。

このようなプロセスを経て、これは母親の方がそういう発達の遅れのある子どもを育てる上でも、よりきめ細やかな適切な関わりをされる人ということで、一審判決は二人とも母親が親権者ということになりました。もちろん、父親は控訴されました。二審も一審を支持するものでしたが、この間、実は父親が母親に無断で、実の子どもを自分の両親の養子にしたので、一審判決が出た時に判決の対象となったその子どもはいないということで、養子縁組無効の訴えから起こすということになり、また時間が経過することが生じ、高等裁判所の判決が出たのは少し時間を経た後でした。

その時点で、母親は、「争うことが目的ではない。元夫は変わった人で本当に子どものために理想的な滑らかな関わりをする人ではないとは思うが、鑑定の内容を見て、元夫なりにいろいろ考慮しながら関わっていることや周りの人々も子どもを育てることに協力的であるということがよく伝わってくるし、ここで発達の遅れのある子どもを判決どおりに自分が引き取ることが本当に子どもにとって良いのかどうかを考えると、むしろ継続して元夫に任せて、育っていく方が良いのではないだろうか。折り目の時期に会わせてもらえれば良い、そして、その時も親と名乗ることが本当に良いかどうか熟考したい」と、判決の内容とは違う形で上の子どもと自分が一緒に暮らすようにされ、下の子どもは父親の許でその後も暮らしていくことになりました。

その時に母親は、「こういう鑑定という状況で先生と知り合ったのでなければ、一生のお友達でいたかった。あるいは以前からお友達だったら家族が妙に崩れて、こんなに争うことにエネルギーと時間を割かなかったかもしれない。でも、鑑定人の方と私が友達になるのは変ですね」とおっしゃいました。

実際これは、普段の私が心理療法で面接するようなスタンスの取り方、姿勢とはまったく違った、いかにして対立する当事者に中庸を保って、必要な情報をきちんと得るようにするか、しかも、当然これは双方がこの鑑定書を読まれるわけですから、そうした視線に耐えて、やはりこれはあの時の事実でしたという得心のいくようなものでなければならないという意味で、それまで私が考えておりました心理療法の面接とは違う一面もありました。しかし、非常に頑なな方々の中にそうした変容が現れるということを考えてみますと、やはり最後に大切なことは、より当事者が納得されて、素直なお気持ちになられ、いかに核心をありのままに話されるかということであり、実はアセスメントというのは、面接の力と裏打ちし合うものだということを改めて強く考えた次第です。

三、「クマちゃんカード」について

次に「クマちゃんカード」（図3）についてお話しいたします。実は、これを実際に家事事件の中で使うとは私は夢にも思いませんでした。まず、「クマちゃんカード」創作の経緯からお話しします。

1　「クマちゃんカード」創作の経緯

子どもに限らず人間というのは、自分の中にある概念と実体として身近にあるものとの中間に存在するイメージによって、ずいぶんと行動が影響されると思います。そういうイメージの次元で考えてみますと、子どもというのは第三者から見て非常に問題の多い親であっても、心の奥深い所では自分の父母の存在を受け入れて、できたら分かち合いたい、非常に加害的な親であっても許したいという気持ちが強いということを私は養護施設の被虐待児や遺棄された子どもたちに接して認識しました。

行方の分からなかった親が突然淋しくなって養護施設に現れて、子どもに「お母さんだ」と言って一日連れ回して施設に連れ帰ってくる。子どもは「今度いつ会えるの」と問う。その親は非常に不安定で、確かな気持ちはないのに空約束をする。それを子どもは待っているというようなことがあり、施設職員は、「君のお母さんは当てにならないから忘れなさい。期待しないで」というようなことを告げます。しかし、子どもというのは、深い所で親をどこか許したい受けとめたいという気持ちを持っていて、期待を抱いて待っているというようなことを多く見てきて、考えさせられました。

虐待する親の気持ちをそのまま受けとめるようにと浅薄なことを言うわけではありませんが、ただ人間が、自分という存在を受け入れて、これからいかに生きて行こうかと自分自身に向き合うとき、他ならない自分という存在

①誰にほめられている？

②誰から叱られている？

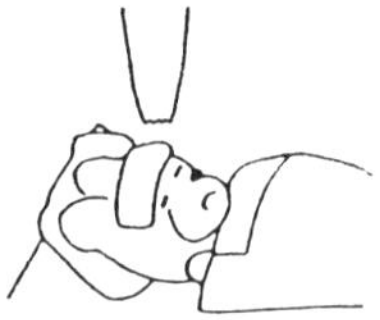

③病気の時，誰が側にいてくれる？

④ケーキを１個あげるとしたら誰にあげる？

⑤プレゼントを買ってきてくれるのは誰？

⑥夜寝る時おやすみなさいしてくれるのは誰？

⑦一緒に遊んでくれたり，お話してくれるのは誰？

⑧いじめられた時，助けてくれるのは誰？

⑨一緒にお風呂に入るのは誰？

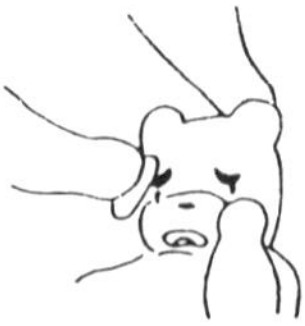

⑩悲しい時，慰めてくれるのは誰？

⑪誰かもう一人ボートに乗せるとしたら誰を？

図３

(注) 絵のタイトルは質問文ではない。一人ひとりの子どもたちに面接して，「これはどんなところかしら」と自然な流れの中で尋ねると，子どもたちは，「いい子，いい子とほめてくれるの」などと答えて，それにまつわる話をしてくれる。そうした子どもたちのイメージをそのまま伝えてもらうことが大切である。「誰がいい子とほめてくれるのかしら」などと聴くこともあるが，こちらが恣意的に選択した選択したような聴き方はしないようにしている。あくまでも個別に即応した対応が必要となる。

の根幹において、生物学的にまた人間関係の一番発端として関わったのは親であるということを考えてみますと、この存在の基盤を簡単に否定してしまうと、アイデンティティを形成していくのが容易でなくなってしまう。このことは難しい生育歴を持ち、家族の背景が非常に難しい方に対する時に配慮しなければならないことかと思います。

そもそも「クマちゃんカード」を作りましたのは、一九八〇年代半ばの日本法社会学会で、「近代家族の行方」というシンポジウムに臨床心理学の立場から発言を求められた折のことです。

その際、人口統計学の学者は「統計学的に言うと、女性が一人子どもを持つと、終生得るであろう生涯賃金が一割減になる。二人育てると一割八分から二割ぐらい減である。次第に女性は子どもを産まなくなるだろう」と述べられました。また当時、山羊のドーリーがクローンとして生まれたニュースが世界中で話題になっておりましたが、気鋭の社会学者の方は、「これから人間も人工胎盤から生まれるという方向に向かい、家族という形態はなくなる」というスピーチをされました。

その時、議論をするのは社会の中堅である大人がするわけですが、ではこれからの時代を担う子どもたちはいったい家族についてどう考えているのか、あるいは大人になった時に何を大事にしたいか、子どもの気持ちをそのまま素直に聞いてみたいとそのシンポジウムの会議中にふと考えました。

その際、子どもに話を聞くには、アニミズムと申しまして、子どもは動物に親しい気持ちを持っていますので、動物で日常生活の一番ポピュラーな場面を描いて、それを見てお話を作ってもらう中から、子どもが家族に対して抱いているいろいろなイメージを聴いていこうと創作したのがこの「クマちゃんカード」なのです。この調査は必ずしもその子どもの実際の家庭の調査ではなく、もちろん実体験が背景に影響してはいますが、それを基にしながら本人の中にこうあるといいな、こうだといい、こういうものだという、いわゆる曰く言い難い家族のイメージを知ろうと考えたのです。

チルドレンズ・アパーセプション・テスト（The Children's Apperception Test：CAT）という子ども用の物語を作

る既存の投影法検査があります。ただこれでは常にきちんと整った印象を与え、子どもの生き生きとした心の動きを喚起しないように思われましたので、むしろなるべく親しみやすく可愛くシンプルな、しかも日常の基本的な場面を描き出すために十枚くらいの絵にしようと考え、多くの絵を試作した中から選びました。

ところで、この絵がなぜこのように一見雑な色に塗ってあるかと申しますと、これも試作した上のことなのです。

一つは、綺麗に印刷したように隙間なく色を塗ったものと、もう一つはオーバー生地のようなシャギーという布をアップリケに貼ったものとを試作し、子どもたちに見てもらいました。人間の五感の中でも、触るというのは一番原初的なアフェクショネート（affectionate：愛情のこもった）な感覚を呼び覚ますものです。予備調査としていろいろな臨床群の子どもたちに使ったのですが、実親を知らず、今育てられている親との間が非常に厳しい状況になり、深い問題が生じている強い愛着障害を持っている子どもなどは、その布のもやもやした手触りを触っているうちに「切ないからよして」と言ったものです。

触る感じは人間のある微妙な感覚を呼び起こします。たとえば冬の寒い日、その日の仕事の準備が心もとなく、時間が来て「あっ、起きなければならない」、「あと三分」と思って、柔らかい毛布を被った時、あの柔らかい布の頬に触る感触というのは、えも言われぬ何かほっとする、あれが化繊のひんやりとする感触だと違和感があると思われます。つまり、触るという感覚がデリケートな気持ちを呼び覚ましますが、やはりあまりその刺激が強過ぎてもいけないのでしょう。

それから、綺麗に色を塗ったものを使いますと、子どもたちは「何か面白くない」と言いました。ところがこの図版を見せますと、「どこの子が塗ったの、僕塗ってあげようか」などと関心を強く示したりしました。

2　「クマちゃんカード」の特徴

このクマちゃんカードは標準化しておりません。今お話ししましたように、子どもの気持ちを調査表を配ってただ記入を求めるよりは、幼児と小学生、中学生、高校生に一人ひとり面接して、素直なところで、大人になって大切にしたいものは何か、家族というものをどうとらえているか、家族が人間の生活にとってどういう意味があると思っているかについて調べたときに用いたものです。むしろ、これは子どもたちの素直な気持ちをありのままに聞く一つの契機なのです。

したがって、これが標準化されたテストで、この答えがでてきたものはどうである、何個お父さん、何個お母さんという回答があったらこうであると、そういう次元で考えるためのものではなく、少し日常を離れてふっと自由になって、伸びやかに子どもがこちらにいろいろ伝えてくれるということを意図して作ったカードです。それがいろいろ応用されてしまったのですが、実はその当時も、これを本にするように、また標準化したらどうかと、出版社から提案されました。打ち過ごしているうちに、当初の私の意図したところとは違った形で、あるいは意味付けの仕方も、私が考えたのと違ったように用いられている現状があります。

このカードを創り出して思いますのは、結果の量的な比較よりもプロセスや反応の質が意味を持つということです。たとえば、「クマちゃんカード」を保育園で実施したところ、子どもたちは非常に喜んで「面白いからやらせて、やらせて」と言って、少ない子は二回、大抵の子は三回、多い子は四回繰り返しました。

これは副産物ですが、一般的に子どもの言うことは状況によって非常によく変わるというように考えられておりますが、このカードについての反応は、まずどの子も、回数を重ねても内容は同じでした。そして、大人が考えている以上に、子どもは家族やこれからの時代ということについて真剣に考えており、そういう意味でも、子どもの病理性が非常に強調されいろいろ論評されますが、こちらが聴く耳と姿勢を持ち本当にその子どもの中にあるものを汲み取ろうという姿勢があれば、この検査の結果から見ると、子どもは大人よりも良い意味で保守的であって、これから家族はなくなるとか、あまりそういう新奇なことを言う子どもは一人もおりませんでした。

小学校などの面接調査で、授業の妨げにならないように、鐘が鳴る少し前に途中でも「教室に帰って」と言いますと、「このお話の続きいつするの」「また続き聞かせてくれる」「今度何曜日」と尋ねるので、いつと答えますと「西側の昇降口の下駄箱の所で待っているよ」とか「階段の踊り場の所にいるよ」と話してきます。はじめは、この面接で自分の家のことを思い出すから嫌だという子どもがいたら、私は潔く調査を止めようと考えていたのですが、実際に始めてみますと小学校のホームルームで先生が「今やっている調査どうかい」と尋ねられると、子どもたちが口々に「面白い」と答えるので、先生方が「なぜあれが面白いのでしょうね」と不思議に思われるということもありました。

子どもたちにこういう一連の家族についての質問をするほかに、「非常に文明が発達して、地球の裏側に起きていることがわかるようになると、私たち人間はどこか静かに頭《こうべ》を垂れるという姿勢を失って、次第に人間は傲慢になったり、あるいは感謝するとか人のことを思うという気持ちが薄れるような気もする」という趣旨のことを、目前の子どもの状態に応じて表現を変えて伝え、「どう思う」と聞いてみますと、驚いたことに約七割の子どもが、「そうなったら、嫌だ、怖い、でも何かそうしてはいけない」と言いました。あと二割ぐらいの子どもは「そうなっていくな、仕方がないな」と、残りの子どもたちは「質問の意味がよくわからない、難しい」ということでした。子どもというのは、大人がきちんと「聴く」ということができると、真剣に考える力を発揮するものだと痛切に再認しました。

3　解釈について

さて、解釈の留意点というのは、あくまでも解釈は仮説であって絶対の断定的な根拠ではないということです。そう考えることによって、手掛かりや進展の糸口が見いだせる。決して、知識や意味付けの技術を披露するのが解釈ではないと思います。

たとえば、ある時プレイセラピー（遊戯療法）をしておりました自閉症の小学生男子が、一緒に部屋にいると異様な匂いがし、おやつのチョコマーブルを持参して食べているのかなと思っていましたが、よく見たら、兎の糞のように小さい自分の大便をズボンの中から取って食べていたのです。周りからも浮き上がり、家の中も難しい事情がある子どもでしたが、その母親はいろいろな相談機関で相談が継続せず、常に批判されたというふうに感じ、また子どもも重篤な自閉症ですべてのことに不信感を強く抱いておられましたが、自分の大便を食べているということに私が気付くその少し前の面談で、「私は初めて何か、素直な自分の気持ちに触れたような気がする。何度あの子を殺そうと思ったかわからない」ということをふと話されました。

一番身近にあって、保護し愛してくれるはずの人から、殺す対象として思われるということは、存在の基盤を揺るがされる感覚であって、そういう時に子どもは表現できなくても自分の存在を強烈に脅かされるのではないでしょうか。とすると妙なことですが、自分の体から出たものは一番安全であり、他から与えられたものよりはこれを口に入れたいとこの子どもは思ったのかなと、いやそれは本当に思ったかどうかはわかりませんしそうではないかもしれませんが、そのように考えることによって私がその子どもや母親に会う時に建前と本音が乖離したような状態でお会いするよりも、その人の必然性を察して、「あっ、でもそれを口に入れないでこうしましょう」とそれとなく関心を逸らすようにするうち、子どもの行動も変容していきました。ですから、解釈というのは文脈の中でしかもそれが本当に次の展開に活きるような意味を見つけることが必要だと思います。

「クマちゃんカード」でいいますと、家族と一緒に暮らしている普通の子どもたちは、これを自然に「お父さんグマ」とか、「お母さんグマ」とか、「パパグマ、ママグマ」と言いましたが、養護施設の幼児たちは皆、ただ「クマちゃん」「動物」「太っているのでカバかしら」とかいうような反応で、父とか母とか家族という概念がしっかりと自分のものとして持てていないようでした。

それから、これは赤ちゃんの時から血液疾患のために入院生活が長い、でもとても利発な女の子がおりました。ある若い研究者が「このクマちゃんカードを使いたい」と言って、小児科に入院中のその子どもにこのカードを使いますとその女の子は、どのカードに対しても普通の子どもが父なる者、あるいは母なる者を想定しますときに、黙って自分の鼻の頭を指して、「褒めるのも私、叱るのも私、何するのも私」というように自分の鼻を指すという反応をしました。それに対し、「子どもらしい集団生活ができず、社会性が遅れている。長らく病気であることにより、この子は人格も歪んでいる」という解釈をされたのです。

しかし、私はその子が知的素質は低くなくどうやら周りの事情もよく理解している、しかも自分の病気が容易ならざるものであり、同じ病棟の子どもが亡くなるということも知っていて、どのカードに対しても「自分」と答えるのは、この大変な状況にあって、究極幼い私であっても頼るのは自分自身だと、子どもなりにそう思っているのではないかと考える方が、その子に次に会い何か働き掛けをする時により意味があるのではないかとお話ししたところ、その研究者はびっくりされました。そしてその後、子どもさんに「辛いときは辛いと言っていいのよ。甘えたいときは素直に甘えていいのよ。周りの大人はあなたのことを大事に思っているのよ」と伝えると安心して、何もかも自分一人で引き受けるという姿勢が変わったということでした。

解釈とは、反応を数量化して導き出すというように単純に運ばないところが難しいところです。

4　「クマちゃんカード」の活用の実際

心理検査の一つの方法である投影法というのは、教科書ではこの図版に対してこういう反応をしたからこうだという形で解釈が書かれることが多いのですが、しかし、実態に即応して考えますと、実は図版だけではなくて、図版を提示する人、それからその状況がどんな性質を持つのか、何の目的でそれがなされているかということも、とても大きな意味を持っていると考えられます。

そういう意味でこの「クマちゃんカード」は、厳密な科学的に統制された手法ではありませんが、何か経験することが少しでもその人のプラスにほんのささやかでも残るようにと考えて創作いたしました。こちらだけがデータを収集するような研究は、生きている人を相手にする時にしたくないというように考えております。

たとえば、保育園に行きますと面接室を用意してくださいましたが、子どもたちにこのカードを見せる時、初めに子どもと一緒に外でサッカーや手遊びをして仲良くなってから子どもたちに好きな場所を選んでもらい、そこでこのカードを見せながら調査しました。

ある子どもは、ピアノの下に私と一緒に潜って面接しました。ある子は、後添えのお母さんとまだ馴染めていなくて「お母さん」という言葉を周りから強いられても言えず、かなり責められていた子ですけれど、「ここに座ってもいい」と言って私の膝に座り、そういうやり取りをしているうちに、「実はお母さんと呼べない私は、いつかお母さんと呼べるかしら」とか、打ち解けてそういう話をしてきます。

他にも「離婚したお父さんが、時々、保育園の隣に来て私をじっと見詰めている。私もそのお父さんをじっと見詰めている。でもそのことをお母さんに言ったら悪いと思うし黙っている。それでとても心配。でもお父さんを見て、お母さんが言うほど全部嫌いとか駄目とも思えないし、私はどうしたらいいの」と、このカードを見ながら話し出したりとか、いろいろなことを子どもたちが自ずと話し始めました。

この調査では、一人ひとりのお子さんについて、小・中学校の先生方と後でカンファレンスをいたしました。前述の場合は、子どもに対し「あなたが小さい胸でそうやって心配していても、困ってしまって何をやってもこころの底からは楽しめないでしょう。園の先生からお母さんに叱られないようによく話していただくようにするけど、どう？」と了解を得た上で、担任の先生にお話しいたしました。

このようにいろいろなことが起きてきたのですが、むしろこういう被調査者になる経験が少しでもその人の生活に意味を持つようになることが大切であり、そのためには厳密な方法を多少緩めることもやむを得ない、むしろ必要ではないかと時として私は考えるのです。

四、子どもの心に出会うということ

さて、子どもの意思というのは何歳くらいから確かであるか、これは難しい問題ですが、四歳くらいから言語化できる子どもというのは、基本的にそれほど考えはくるくる変わるということがないのではないかと、この調査を施行して考えています。

もちろん、手続が同じでそして結論が誰が施行しても同じように出てくるという方法があれば望ましいのですが、事例を数多く経験するほど、なかなかそうはいかないということを実感いたします。「聴く」ことに関してもそういう関係の質によって語られる話題が選択されるということがあります。ここで、もう一つ事例をお話ししたいと思います。

1　ある離婚裁判の事例から

これはアメリカで離婚裁判が始まり途中で両親が帰国され、日本で調停を経て裁判になり、結論が出たのが七年後という事例です。最初、その子どもさんに会った時が三歳十カ月で非常に不安定な状態になり、精神症状がいろいろ出ていました。

その時考えさせれられましたのは、アメリカのある州で裁判される時に、ご両親、いずれも知的で社会的なエスタブリッシュメントが高い方ですけれど、かなりお人柄的に強い個性のある方で、その裁判所でなされたいろいろの心理検査の結果が当然開示されて見られるわけですが、記録の開示をめぐって考えさせられたのです。つまり、事実を語りながら、でもそれが当事者にとってやむを得ない、そうなのだと納得がいくような表現ができるかどうかが非常に大事で、こう出たから結果がこうだというレベルでは、時に混乱を拡大するのではないかと思った次第です。

先ほどお話しした民事鑑定の事例で申しますと、当時小学校一年生とそれから幼児だった兄弟が大人になって、どうして自分たちの両親は別れたのだろうとその経緯を知ろうとして鑑定書を読んだときに、自分たちが生まれてきたこと存在したことは、基本的に親から受けとめられていたのだというようなことを、また、自分たちがいたことで親が争うようになったというような一義的な罪障感の種にならないように、もちろん事実でないことを書くことは致しませんけれど、どこかそういう人がそこからポジティブなものを見つけられるような、同じ事実を記述しても、そういう文章をどう書くかということがこの領域の課題であろうと思いました。

この帰国して離婚裁判を続けられた方も、非常にそういう意味で両方がアメリカでの自分についての心理テスト所見を見て「傷付いた」という受け取り方をされていました。

そこで、まず子どもが安定するように、それから当事者の親の方もなかなか陳述されることが一定しませんで、それを少なくとも当事者としてその場に臨めるようにというようなお手伝いの面接をしたのです。私は主に親の方の面接をし、子どもには節目のところだけで会っていたのですけれど、そのうちその子は成熟するにつれて目的に応じて話す相手を選ぶようになりました。今の生活気分を語り、それを伝えるために遊ぶのは私の若い同僚を選ぶ。どこにも持って行き場のない、「頭がよく社会的には立派な地位にあってもお父さんとお母さんは……、お父さんとお母さんが変わったら、こんな争いをしなくても落ち着いて暮らせますが、それは不可能でしょうか」と、そういう話をするのは村瀬先生。村瀬先生とは重い話、若い先生とは楽しい話というふうに分けていったのです。

そういうプロセスの中で、子どもは小学校入学の頃から代理人を交え、親御さんも交えた面接も行いました。その際、子どもがクリスマスの劇で主役をやる、自分がもう覚えてしまった台詞《せりふ》を話しますと、皆の前で台詞を話してくれました。その台詞というのは、本当にその時演じる劇の台詞そのままではなく、子どもは自分の願望を入れて、親が少しずつ人間的に変容して、本当のクリスマスのプレゼントは幸せな家庭だというふうに話を作り変えて話しました。付き添ってきたおうちの方は、「違うんじゃない。なぜそんな話を作るの」などと言われるのですけれど、その子どもは涙をにじませながら自分の願いを仮託した台詞を懸命に話しておりました。

そういう、どこにも訴えられない、自分の親に対してすらその微妙なところが言えない気持ちを、事態を全部変えて明快な、皆が満足する結論など出せるわけではないけれど、わかろうとする人がいるということによってその子は次第に症状も落ち着いてまいりました。そして、一応の結論が定まり、それなりに双方落ち着かれました。その時、その子は四年生の三学期終了頃でしたが、「人間って不思議ですね。どうして、好きだ好きだと結婚したのにあんなに激しく争うのでしょう。悲しいものですね。仕方がないのですねえ。でも先生、悲しくても人間は生きていくのですね」と話したのが最後の言葉です。

総合して考えますと、やはり早く明快にいろいろな結論が出ればいいのですけれど、現実は明快な結論が出るばかりではなく、当事者が自分で考えられるようになる力が育つための援助であって、私どもの臨床の仕事は種をまくお手伝いぐらいかと思います。自分のところだけで自己完結的に何か援助しようと考えるのは、妥当ではないと思います。

2　意を尽くした関わりについて

余談になりますが、先の民事鑑定の事例で出会いました上の子どもさんは小学校一年生でして、私が会ったのは四回か五回であったと思います。感受性の鋭い、でもいろいろな形で相手方に奪われないようにという意味で行動が制限されて、不自然な生活を強いられていた子でした。その子は交差面接をしました時に、お父さんと外のプレイルームでちょっと時間を過ごしてから、お母さんの待っている部屋に戻ってきましたが、その時お父さんが今日はチャンスだということで、高価なおもちゃを大きな紙袋いっぱいに詰めて渡されたのです。その子は、お母さんの待つ部屋に入る前に、その紙袋を廊下にそっと置いて素手でお母さんのところに行って、「終わったよ」と言ったのです。

私はそれを見て、自分の主張をどれだけ通すかということに夢中になっている大人の当事者に比べ、その一年生の子どもはこういう状況下で本当に深くいろいろなことを考えながら、自分の行動を選び取っていると胸を打たれました。

鑑定人ですから私は余計なことは申しませんが、その子が帰るときに「今日はご苦労さま。お友達がいまの時間だったら塾やサッカーで過ごしている時に、こんななじみのないところで何か不思議な時間、ちょっとだけお父さんに会って、しかもこれからどうなるかということを私はあなたにお約束できない、今日は一言では言えない経験をしたと思うけれど、ご苦労さまだったわね」とねぎらいました。すると、この子はじっと私の顔をのぞき込んでうなずき、私が「長い人生っていろんなことがあるの。体を大事にしてね。さようなら」と言うと、それまでお母さんと離れていたのですけれど、お母さんの手を取って二人で帰って行きました。

私はすっかり忘れていたのですけれども、その人が二十歳になった時、お母さんが突然電話してこられ、「実は子どもはその後レベルの高いところに進学したけれど、それも行きあぐむと、まあ大変な状態になっている。あちこちと面接に行ったけれども続かず、不信感が強くて困っていた。すると子どもが突然、『あの人はまだ生きているかなあ』『あの人はまだ仕事しているかなあ。亡くなったかもしれないね』って言うので、私はとっさに先生のことだと思い、『いや、まだお元気で現職で仕事をされている』と答えると、『あの人に会いたい』と言ったので、面接はできましょうか」と訪ねていらっしゃいました。詳細は省きますが、最終的には相応に落ち着かれて、お母さんと精神的な和解をされました。

平凡なことですが、人に会うときにややもすると私たちは「大勢の当事者の一人」という感覚を抱きがちですが、相手というのは、この人、この時というように会っているのであって、私はむしろ「どういう自分であったら相手がより素直に開示されるか」ということにもう少しウエイトを置いて考えるべきだと、最近つとに思っております。

おわりに

テストとしての結果というのは、これは結論でなくて手掛かりであって理解のヒントであり、むしろ総合的な思考によってより精度の高い仮説が導き出されると言えましょう。それから、心理臨床家として私が紛争の場におられる子どもたちやご家族にお会いして思うことは、「意を尽くした関わりを自分が受けたか」どうかということが逆説的ですけれど、必ずしも満足ではない結論をも受けとめ次第に納得される素ではないか、そうしたことに向けたプロセスの緻密さ、きめ細やかさの大切さを痛感している昨今です。

誰が使っても均質な答えが得られるというマニュアルがあればよろしいのでしょうが、現実は常にマニュアルを越えており、むしろ臨床というのは常に創意をそして理論や技法が単なる折衷以上のものになるように、いつも現在進行形の形で自分自身を維持していくということが、平凡なことではありますが、臨床の基盤ではないかと考えている次第です。長時間にわたってご静聴いただきましてありがとうございました。

（ケース研究、二八五、家庭事件研究会、二〇〇五）

【補　遺】

一九八一年に、離婚に伴う未成年の子どもの親権・監護権の帰趨に関する、わが国では多分始めてといわれる民事鑑定を命じられた。子どもの意見をどのように聴くのか、子どもを囲む全体状況をどのように捉えるのか、そして将来についてどのような展望があり得るのか、こういう問いに適切な答えを見出そうとするのは、これは本質的問いであり、極めて難しい。この時の鑑定書は、その後、このような事件への面接調査、鑑定書作成の一つのモデルとなったと聞いている。そういう経緯で、離婚に伴う子どもの意見を聴く、あるいは生活の現状についての所見を求められることがその後も時折あった。その中の一つの事件が、法手続きその他諸々の観点から、論議の対象となり、その事件をめぐって、法学専門雑誌に論考がいくつか掲載された。

これを契機として、その事件に所見を提出した者に、その事件や資料の解釈について、話すようにと裁判官研究会より求められることになった。最高裁まで上告され、確定した内容について、私の立場で申し上げることはご遠慮したい、と重ねて申し上げた結果、それでは「臨床心理学のあり方について」と題して話すようにということで、お話しした内容の要旨が本章である。

心理臨床における基本的人間観、行動上の問題や症状をどう理解するか、問題解決のために理論や技法をどのような基本姿勢で援用していくか、そうした心理臨床の営みに携わる者に求められることは何か、というような内容をなるべく具体的現実的に公共性のある言葉でお伝えしたい、と意図した。

当日の聴き手は裁判官、司法修習生に限られていたが、「用語は異なるが、考え方やその展開過程は極めてわれわれに通底している」「心理臨床というかこころにかかわるという世界を何か茫漠としたものという印象を抱いていたが、今日は非常にすっきり納得できた……」「その世界での仕事が容易なものではないことが理解できた」というような感想を口々にいただき、私が心理臨床の何であるかをお伝えする任には不十分と案じていたのが少しはほっとしたのを想い出す。

看取るこころと看取られるこころ

逝く人から遺される人への贈りもの

神庭先生、御丁重な御紹介を下さいまして誠に有難うございました。ホスピスで働いた経験もなく、こういうテーマに関しましてはほとんど素人とでもいうべき私に、このような機会をお与え下さいました学会役員の諸先生方に心から御礼申し上げます。

昨日、ランチョン・セミナーの庄司先生の御講演から夜のイブニングセッションに至るすべてのお話を拝聴させて頂きまして、一言に尽くせないさまざまな思いが去来いたしました。

ただ今、神庭先生がご紹介下さいましたように、二十五年間共に暮らしました義母は、近代医療の元では、人は最後にいろいろ管を付けられて逝くことになる、不自然だというような主旨のことをかねてより強く申しておりました。家でずっと看護しておりましたが往診して下さる先生が「もう家庭看護の限界である。今夜の九時までに返事をいただかないと確保してある病室は塞がってしまうからご本人に今日はお話しなさい」と言われたのです。私は当日、教授会の席をそっと立ち机の上に書類を広げたまま急いで帰りました。けれどいざ義母にその話がきりだせませんでした。

義母は亡くなる四日位前から昼夜を分かつことなく、自分の一生を振り返って語っていたのです。昼間看て下さっているお手伝いさんには主として楽しかった若い頃の想い出を話し、夜間は私が隣に休んでおりましたが、ほとんど夜通し昼の話の続きと戦時中、戦後の苦労、そして未成年の子どもたちを残して逝った夫を見送った後の年月のさまざまを語りました。一通り現在まで参り、これからこういうふうに暮らしていったらいいということをちょうどその前夜、私に告げ終えた頃でございました。

入院の話は言い出しにくく、食事が済んだら、食後の薬を飲んだら、そして布団を敷いてその後にと、次第に伸ばしていき、それでは布団を敷いて電気を消す時にお話しすれば、九時ぎりぎりに間に合うか、しかし「やっぱりこのまま家で」と逡巡しました。もう体力が無くて家の中をおぶって歩いていたのですが、用を足されて戻る時に背中の手の力が抜けて狼狽致しました。その日は珍しく帰宅していた主人を呼び、私より華奢《きゃしゃ》な方だったので抱きかかえているうちに私の両腕の中で眼を瞑《つぶ》って逝かれたのです。

生きられる時間を求めて

主人の病は、専門誌に症例として載っておりますが、非常に特異な肺炎で、結局これと病名が付け難い、真に稀な症例ということでした。特に施す手だてはない、体力の消耗を減らす工夫と酸素吸入、感染しない注意でどこまで……、ということで最後は家で看とりました。「ガンはあと何日とほぼ予測できるけれど、ひょっと咳き込んだ隙にことときれられるかもしれない。これまで何年か生きられ、仕事をされてきたことがその肺の状態からすれば不思議、学会で誰一人知らない人はない症例である。もう少し生きられるかもしれないし、何時亡くなるか分からない」と言われ、四カ月後に亡くなりました。

それまで時間をずいぶんぼんやりと「流れる時間」として暮らしてきたことに痛切に気付きました。時間というものは自分が生きていく、そして時間は流れるものでなく、生きられるものでなくてはならない、活かすように過ごさなくてはならないことに思い至ったのです。

病状が進みまして後も、それまで同様に、主人は人の幸せを素直に喜び、私が代筆いたしますお若い方の就職の推薦状のサインだけ漸く自分の手で書くという、そして筆記具も万年筆からボールペン、次には2Bの鉛筆というふうに、体力の衰えに合わせて工夫致しました。そういう状態にあって、終わりが来ることが分かっていても、今在るということを大切にし、ささやかなことにも喜びを見いだしておりました。病人の傍らにあって、私は時間というものが、生きられたものとして、一瞬がまことに貴重なものに実感されました。

このことについて、作家としての筆名は加賀乙彦、精神医学者の小木貞孝とおっしゃる先生が若い時法務省の医官をされていて、全国の刑務所に収容されている重罪犯の面接、死刑と無期懲役の人を選んで面接されています。こういう刑を受ける人は犯罪の態様としてはかなり同様ですけれど、そこで気が付かれたことは無期懲役の人は何となく無感動で全体にインディファレントな感じであると、一方、死刑囚の中には、——死刑囚には執行の日が知らされず、毎朝七時に突然お迎えと言われる。当時はそういう慣わしのようでしたけれど——、毎日が二十四時間刻みで生きているので、一瞬一瞬を慈しんで生きている人もあることに気付かれたという、示唆深い論文をお書きになっていらっしゃいます。思えば私たちにはすべて必ず終わりがあるのですが、何となく無事な時は今日の平安はずーっと続くという感覚でいるような気がいたします。

病者のこころに向きあう

それにいたしましても、「看取るこころと看取られるこころ」という神庭先生がお考え下さいましたテーマは、狭い意味で医療の中の営みだけと言うよりは、むしろ人であれば看取る立場にあるわけでございまして、つまり人間としていかに病という、あるいは病む人に対するかという課題です。これは重い課題ですが、避けて通れないとも言えます。

重いという事実は事実として受けとめながら、そこで少し無駄な肩の力を抜いて、そのことはあることとして受けとめていく、そのために意味を持つであろう視点をいくつか考えてみましょう。

まず言葉です。ご承知のように学問が進化発展して参りますと、それにつれ日常平素でも難しい言葉で話すということが多くなりますけれども、病んでいる方にかかわる時には使われる言葉が自分の身体の中をくぐった柔らかい言葉であるかどうか、その言葉の内包している意味を本当に自分の中で生き生きと思い描くことができるかどうかが問われていると思います。支えるとか支持という言葉一つとっても、それはこんな営みを自分は今この人に対して考えているというふうに、いきいきと思い描けるような言葉を本当に使っているであろうか、「言葉」を大切に、意識的でありたいと思います。

次に受容という表現です。私は聴覚障害の上に視覚障害やあるいは精神疾患、知的な障害などを併せ持つ重篤な重複聴覚障害の方にお会いするようになって、それまでにも増して一層考えるようになったのですが、受容とはもちろん理想の状態です。しかし概して私共が使う言葉というのは、よく考えてみるとそれは健やかで障害を持つ方の傍らにある、看取る立場の者にとってむしろそういう状態であることがどこか救いになるのではないか、という所もあって使う言葉ではないでしょうか。受容とはご本人が自ら本当にそう思われるということであれば、望ましいことでしょう。しかし、重く厳しいことはどこまで受けとめていけるか、というように考えていくほうが現実に即しているのではないでしょうか。たとえば、最近ではレスパイトケアなどという援助システムができたり、障害を持つ人の世話をしてらっしゃる方が急病のような時はショートステイというようなシステムを利用できるようにもなりましたが、こういうシステムが無かった頃は、特殊学級の先生がその子の特徴をご存じなのでご自身の自宅にしばらくお預かりになるとか、あるいは保護者同士お互いに助け合うというようになさっていらっしゃいました。その中でもとりわけ重い障害をもつ子どもさんをよく受けとめて立派なお母さん、という評価が確立していらっしゃる方とお話ししていたある時のことです。ふとその方が毎年七八人の仲間と一月の某日にその日は誰かに子どもを頼んで朝から晩まで飲み潰れて、普段の良き親良き妻を演じている自分を忘れると、そのことが後の一年を過ごす力になっている、とおっしゃいました。そう話されてからはっとされ、「私は自分の子どもの障害を受容したという役を演じており、こんなこと言うつもりはなかったのに、ふと安心して真正直な気持ちを出してしまった」とおっしゃったのです。人のこころの中には行きつ戻りつする、そういう側面があることを、傍らにある健康な者というのはむしろそれは自然なこと、というふうに受けとめることが必要だと、それ以来いろいろな折に触れて思います。

苦痛に耐える病者を労う言葉

この講演をお引き受けしてから、あるいはその前からでもありますが、こういう領域の文献、著書を読んでみますと、「がんばる」という言葉が非常に多く使われております。求められているのは患者の努力です。（この講演の後、『がんばらない』というベストセラーも出版されたが）もちろん、努力は大事です。しかし苦しい検査やその苦痛に耐えられることを労う言葉、その方にふさわしい表現でさりげなく労う言葉をもう少し、あらゆる場面でがんばろうという単一な励ましではなく、その人に即応したかかわりがあったならば、病む方はこころが楽になられるのではないでしょうか。近代医療、あるいは近代科学というものは、言い尽くされていることではありますが、ディジーズ（disease）としての、疾患単位として、病は因果律によってどのようなものかということを同定し、それにどう対応するかということについては、狭義の意味で深く鋭く迫って進化発展を遂げています。しかし、一方で、その病んでいる人が、疾患を持つという体験がどのようなことなのか、つまり病むということのその人の意味を相対化して誰かが確かな眼差しをむける、全体を捉える眼差しで受けとめるということが非常に大切なのであろうと考えます。

疾患をもつという体験とは

病気になるということは、言うなれば、当然ながら自分をいろいろな意味で「委ねる」という状況に置かなくてはなりません。社会にあってはいろいろな役割を担い自分なりの社会経済的な立場を持っていた一個の存在、社会的人格を持った自分というものが、いわば受身的な赤ちゃんに近い立場になるわけです。そういう立場をそのまま受けとめる患者の方が扱いやすくて良い患者というふうに思われる気配がなきにしもあらずです。このことは多くの病む人が半ば諦めと悟りをもってあまりおっしゃいませんけれど、忍んでいることでしょう。狭義の生理学的な意味の苦痛もさることながら、自立心や自尊心をある程度制限して生きざるを得ないという、この辛さは慢性疾患や重病の場合の辛さで、これは本当に当人でなければ分からないことではなかろうかと思います。

病気とは自分が意図して招くものではございません。そこで予期しない形で自分のこれまでの生き方とこれからどうなっていくかという不確定要素の大きい将来、しかも見通しは既に自分が主体的に計画して運ぶことができない、限定された条件の中でどう生きていくかという、主体性を脅かされた状態で、病む人は自分の人生の総括と展望をしなければならないわけです。ここには当然苛立ち、無力感、あるいはもしこうなったらという儚《はかな》い希望や憧れや、中には普段忘れていたいろいろなことが鮮やかに思い出されて感謝する気持ち、そしてまた一遍の望みに託して自分を奮い立たせるという非常に複雑なものが去来するのではないかと思います。こうした気持ちを抱きながら自分の病以外の問題について疑問を述べたり希望を述べたりすると、「病人なのだから」というふうにそういう社会的な存在であるということをややもすると、本人によかれという配慮ではあるが制限されてしまう辛さ、これを患者は時として感じていることを、看取る立場にある者はこころに留めておくべきだろうと思います。

必要とされる臨床の知恵、きめ細かな工夫

看取る立場について考えてみますと、技術的には日進月歩とは申せましょうか。たとえば主人が発病しました当初は、酸素飽和度を知るためには毎回新鮮な動脈血の採血が要りました。そのうち小さな箱型の機械で測れるようになり、ついで最近は指先をちょっと入れれば数値が出てくる機械ができて、検査などはずいぶん負担が少なくな

りつつあると申せましょう。しかし、看取るという営みは人間関係をどうもっていくか、というようなことを考えることに加えて、一方で平素の日常生活のセンス、きめ細やかな工夫、そうした生活の本当の知恵がこれほど必要とされることはないのではないでしょうか。もちろん、病院では採算性がありましょうから、給食やそういうものに全部生かされることは無理なことで、わずかに知る限りでもその中でずいぶんご工夫なさっていることは承知しているつもりです。しかし同じ食欲がない時でも非常に微妙な味付けや喉越しの良いようなゼリー、それも硬めがいいのか液状に近いものがいいのか、状態が悪い時はほとんど液体に近いものがいいのかというそうしたデリケートなセンスがあればと望まれます。これは衣類一つとってもそうで、衰弱した方は縫い目が当たるというだけでも実は苦痛であって、体位を交換したからまだ床ずれの心配はないというレベルより、縫い目が当たること自体が過敏で辛いこともありますから、おしゃれ気も失わないほどよいセンスも残しながら、でもいろいろその治療のケアをするのに便利な服を工夫する、実はそういうような日常生活の延長の非常にきめ細かな工夫というものと、高度の医療技術とが裏打ちしあっていくことが求められている。病んでいる方の感じる単位と健康で看取る立場の者のそれは違うかも知れない。そう考えますと、患者さんがご自分の状態を受容されるということは、もちろん、その方が安らかな気持ちになられるということではありますが、そのことによって実は私共も非常に救われている、むしろ実は深く尋ねてみると私などは自分が一番救われていた、そしてほとんど苦痛や苦情を言わなかった主人はむしろ周りの者に対する配慮で、最後に少しでもそういう家族の負担を減らそうというような思いやりの基に、ああいうすべてを受け入れるという態度であったのではないか、というふうにも考えます。看取るということはむしろ営みの過程そのものに自分が参加できるというそのことに意味を感じ、代償というものを求めない、——人間は百パーセント純粋にはなれませんけれども——、その過程に自分を置くことができるのかということが問われていると思います。

そう考えますと、最後に臨終近いあるいは死期が近づいた人の傍らにあるという時できることが何か、というとほとんどございません。その時そこにいる自分という者は本当に言葉も無く、今日まで生きてきた自分という人間がどんな人間かという、自分の醸し出す雰囲気そのものしかない、黙って傍らにあるということです。ですから重篤な方を看取るということは、それに直接毎日携わっていらっしゃる方のご苦労は私の想像を越えるものがあると存じます。私のささやかな経験からいたしますと、十二年前の義母との別れ、それから三年前の主人との別れ、他のことは非常に忘れっぽいのにそれはつい先ほどのようなことで、そのことからいろんなことをいまだに考えさせられます。ということは逝く人というのは自分の存在を賭けて最後に私たちにいろいろな考える種を贈り物として残していって下さっている、そのように思います。

当事者の孤独を受けとめる

先ほど障害児のお母さんの例を申し上げましたが、障害児を持ったという時の告知を受けた親の気持ちというのはキュブラー・ロスが死に至る病の過程、五段階と類似しているというふうな一つの定説があるようです。親は子どもの障害を受け入れるべきであると……、時々発達障害児に関する治療のカンファレンスで「この親はまだ障害受容ができていない」などとさらっと言われるのですけれど、果たしてそうなのだろうか。私は人の気持ちというのは与えられたものを受けとめて、その中でできる最善のことをどうしようかと思いながらもなお且つ逡巡する、そのことをそのこととして、それもその人の必然として受けとめるというような眼差しがなかったら、当事者というのはまことに辛く孤独ではないだろうか、これはおそらく病んでいらっしゃる重い病の患者さんが通底して抱かれる心持ちであろうと思います。

生と死について学ぶ、近年、死生学について関心が高まり、書物も多く、死について考える機会も増えてまいりました。高層住宅では動物を飼うこともできず、具体的なものに触れることができませんので子どもは命というものがどういうものか、自分のかかわり方によって動物がどのように変化するか、人や物との距離の取り方、生命というものにどうかかわるか、というようなことを現実経験を通して触れることが少なくなっております。そのことが人間を非常にどこか感受性を鈍くしていくようなところがあるような気がいたします。そういう意味でこの学ぶということは大切なことではあろうと思います。けれどこれは幾ばくかの安らぎであって、学んだからそれが全部分かるとか、それからこういうプロセスを辿っていってこういうふうになることが望ましいというように、あまりにも理念形が知的な理解のレベルで広まってしまうということにも一抹の危惧を抱きます。人は一度しか死ねない、その人の人生の一つの終わりとしてあるその死とは、その人その人が存在を賭けて私共に何か伝えてくれているというように受けとめていきたいと考えます。

事例　Aさん

終わりに今回の学会のプログラムを拝見いたしますと、告知の問題やそうした重い状態の方にどうチームワークをとってかかわっていくかという問題ですとか、こうした領域に必要な側面が遺漏なく網羅されていますが今日のようにそういう関心がさほど高くなかった以前のことですが、人を看取る、見送るということ、そして仮に不幸にして良き別れ方ができなくても、つまりその人が存在を賭けて自分の一生を終わられるということをどこか不十分なまま終わられましたら、遺されてある者はもう一度その方の生を自分の中に生き直すようなこころでその方の人生を味わい直し、収めていくことによって、そこから多く学び自分の生が豊かになっていくことを、事例を挙げてお話ししたいと思います。

初めはAさんです。お父さんというよりはこんなお年の方に中学生の娘さんが、と思われる六十を過ぎたお父さんが「一人娘が緘黙で既に小学校中学年から不登校である」と来談されました。お母さんという方は心を病んでいらっしゃり、今日は児童虐待防止法もでき世の関心も高くなりましたが、まだそれ以前のことです。言葉の暴力で娘に辛く当たり、そして母親自身が自分自身を持て余していて消化器系の疾患をあちこち患っている、但し結婚して以来ずっとそれらの病気は心因性だとあちこちの医療機関で言われている、と。それで、「自分は子どもが二人いると思うことにし、妻や母親は私の家にいないのだと諦めています」ということをおっしゃいました。この女子中学生はかすれた小声で「大人になるのが怖い」と言って後はもうほとんど話せませんでした。ただ、紙の隅に「お母さん嫌い」と書きました。

自分の親を心の底でどんな子どもでも受け入れたい、和解したいと思っているのではないかと、まあこれは多くの例で思いますけれど……、また例でなくても自分の存在というものを生物学的にそして精神的に一番基盤のところを規定している親を否定しては、自分というものを人間はなかなか受け入れられませんから、私はあまり表面だけ見て「あんな親のことは諦めた方がいい」というような言動は厳に慎むべきと思うのですが、ここでお母さんにお目にかかりたいと思って来ていただきました。確かにこれは大変だろうなというお母さんでしたが、でもまあ体調が良い時は自分もこちらを訪ねて、あの子が少しはものを言うように少しは外に出て行けるように私が役に立つなら、ということを帰る時におっしゃってくださいました。ただ、席を立つ時に足がもつれて倒れそうになられた、私はとてもそれが何か心配で、お父さんは、「家内はヒステリーで心因性の病気だということをあちこちの病院で言われている」と言われましたけれど、「お加減が悪いのですか」と伺うと、「今日もプラットホームで眩暈がして足がもつれてホームに落ちそうになったし時々真っ直ぐ歩けない」と言われました。私は素人ですけどこれは本当に心因性でヒステリーの人がよろよろするのだろうか、と思い「取り越し苦労であるかとも思いますが、心配です。万一ホームから落ちたら大変です。どうぞもう少し大きい病院で精査をなさって下さい、お子さんのためにも大事なことです」と申しまして、その後来られたお父さんにもそれをお願いしました。ところがお母さんの状態は、思いもかけないことで脳腫瘍であと三カ月ということが分かり、即日入院となりました。そこでお父さんは大変混乱されて、こういう時に子どもにどう言ったものか、妻はこういう性格なので近所や親戚とも折り合いが悪くて手助けが無いということを言われます。私は、子どもさんに大変ですけど受け入れられる程度に話して、一緒にできることが何か探すことが残る時間の意味のある過ごし方ではないか、と迷いながらですけれどそのようにお話をしました。

翌朝本人の中学生から電話が掛かり、昨夜夜中に親戚のおばさん、――非常に折り合いの悪い、まあこういう方々なので皆さんと上手くいっておられませんでしたが、――から突然電話があり「あんたのお母さんはあと三月だ、ガンだ、と言われた。私どうしよう」と言ってそれまで話せなかったAさんが途切れ途切れですけれど泣きじゃくりながら訴えました。私も本当に思わぬ展開で驚きましたが、「三月と言われても看病の仕方で、大体告知された期間より長い方の方がどちらかというと多いし、大変だろうけれども私のできることで手伝うから」と申しました。細かいことは割愛いたしますが、そこでAさんは思い切ってお母さんの命のある間に学校に出席した自分を母親に知らせたいと決心し、無我夢中で学校に行きました。しかし、長く話していなくて発声も上手く出ない、人の前に行くととても話せない状態でした。お父さんと相談し、現在はこういう状態であるということを担任の先生にも、それからクラスメイトにも全員に話して理解をもらいました。そしてこの時間を意味のあるようにご家族で過ごしてください、そしてこの子どもさんが一人で往復するのが無理ならば私共の研究所のスタッフが送り迎えのお手伝いぐらいはいたしますということにし、まあ普通サイコセラピーではそういうことはしないことになっているようですけれども、私の電話番号もオフィスの他に伝えました。そういう中で担任の先生や友達やそれから養護の先生、校長先生始め理解してくださいまして、この子が病院に付き添うために学校の時間も出入りを自由にすることを認めてくださいました。私はそんな高等な精神的なお話ではなくて喉越しの良い食べ物の調理の工夫ですとか病院に物を持っていく時の入れ物の工夫ですとかいろいろ買い物の知恵など、そんなことをAさんと一緒に考えました。お母さんは六カ月後に亡くなられましたが、この限られた時間の中でこの子どもさんは本当に急激な成長をされたように思います。もちろんその後父と娘の寂しいひっそりした生活は残りましたけれども、でもその時病院で主治医始め看護のスタッフの方々も彼女のこれまでの経緯、親子関係をご理解下さったこともあり、紆余曲折は経ましたけれども一人で生きていける職業、人に頼らないでも暮らしていける職業ということで、看護師さんになりました。

事例　B君

次はB君という少年です。ある日大企業の相談室から「自分のところの有能な社員が子どもと家族の問題について悩んでいて、これはむしろ企業の中で話すよりも貴所に依頼する方がより適切な問題だと思う」ということで紹介されて、初老期のお父さんが来談されました。父一人息子一人という家庭でした。開口一番、親に全然似て似つかない子どもで、今もほとんど家出していて家に居ない。非行もいろいろたくさんしている様子である。それから自分は再婚したけれど再婚家庭を壊したのもこの子が母親を試すようなことを言って夫婦仲を壊してしまったので、これまでの経緯を考えてもこういう子どもは一刻も早くどこかに収容して欲しい。それで自分は早く再婚したい、もう残る人生もわずかだからいい家庭を作りたい、とおっしゃいました。ただ、話をきいてみるとこの子なりにそういう行動をとる必然性も非常に納得ができるわけです。いささか私は過激でしたけれど、「あなたは早くこの子を排除してご自分の幸せをつかみたいとおっしゃるけれども、そうして排除したところで、あなたと出会って二人だけでいい生活をしたいと思う人とずっと生活を長く続けていくとどういうことがあり得るとお考えですか?」とお尋ねしました。お父さんははたと思い当たられたように、「自分が今の立場にいなくなったり、あるいは病気になった時、そういえば見捨てられるかもしれませんね」と呟かれたので、「そういう可能性もなきにしもあらずではないでしょうか。私はやはり子どもの立場になって考えてみるということも必要なように思う」ということを申しました。B君の家出というのは遠くへいくというものではなく、日中留守の間に鍵を開けて家へ入って食物を食べたり、着替えを持ち出しているのです。そのようすから、この子はどこか自分の本当の良い居場所があるかもしれない、こんな家は嫌だという気持ちもあるかもしれないが、一方、遠くに行かないというのはどこか父親に受け入れられたい、家の子どもでありたいという気持ちがあって、どこか遠くですとかあるいは暴力団等に入らないでいる様子にみえる、とその家出の状況からそう考えました。お父さんにすぐ捜索願を出すようにお話しし、警察の防犯で相談することをお勧めしますと、もの柔らかな、しかも毅然とした口調の警察の方が私に電話を掛けてこられました。「本来なら、もうこの少年は速やかに身柄を取り押さえて施設収容しても当然だが、あの父親があまりにも自分本位で子どもを排除しようという態度を見せるので立腹した。一度は、父親の息子というそういう納得をさせなければこの少年は本当に立ち直れないように思われる。いきなり逮捕するよりも、あの地域を私服の警官が巡回するようにして、もし彼が見つかったらソフトな応対をする、そして今電話でやり取りをしてみたら先生は柔らかな人のように思えるので、見つかったらば何らかの方策ですぐ施設というよりは先生に本人とまず会って欲しい」ということを防犯課長が言われました。これは異例のことだと思いますが、そこにひとつの光を私は感じました。

私はB君が時に家に帰ってくるというので、「お父さんが本当は心配してらっしゃること、そして彼のために何か役立ちたいと考えている……」という主旨の手紙を書きました。当時、父親は自宅から通勤されていましたが、B君が出生前から小学校六年の終わりくらいまでは一年に一カ月くらい国内に滞在され、あとは国外出張され、家族との同居が非常に少ない。子どものことはほとんど分からない、小学校低学年の頃から某地の児童相談所に係属していたので、B君のことを理解するには、そこに連絡して紹介してほしいとお父さんは言われました。そこで、その児童相談所に問い合わせると、「そのように父親が思い切って相談にいかれたということで安堵している、当初から予後が案じられた難しい子どもであった……」と手紙が附されて、記録が送られて来ました。

児童相談所の記録によると、「知的な素質は非常に高い、しかし小学校低学年から怠学していて、生活が崩れている中・高校生たちと対等に付き合って、窃盗の他に薬物に親しんでいた……。母親が精神的に極めて不安定で、一人っ子としてB君を年齢不相応に溺愛する一方、感情の起伏に委せて、幼児期に生爪を剥がしたり、みそ汁をかけて熱傷を負わせた等々」の記述がありました。彼の心理テストのローデータが附されていましたが、持っている素質は高いのに、自分や世の中への不信感が強く、物事を斜に構えてみるような態度が顕著で、素質が適切な発現のチャンネルを持っていない、でも抑制されてはいますが、鋭い感受性と人との繋がりを希求しているのが読みとれました。ことにロールシャッハ・テストの最後の反応に「こんなものを見せて答えさせ、人のこころが解ると思っているおろかな人間のこころ」という叙述が印象的でした。これだけの素質が発現の道を誤るとはとても惜しいという気持ちも抱きながら、手紙を簡潔明快に余計なことは書かずに投函しました。

何度か手紙を出した後、突然このB君から電話が掛かってきました。この子の声が父親と酷似していたので、うっかり「先日は来談なさってご苦労さまでした」と応対しましたら「粗忽者！　父ちゃんじゃない、倅じゃわい！　落ち着け！」と。中学生で「粗忽者」という言葉を使うわけです。それに私も落ち着いて対応するべきでした。私はもう正直にとこころを決めました。彼は「自分は人間を誰も信用していない、父親から本当は子どもとして認めてほしいという気持ちとそれにふさわしい中身が無い自分を考えると……、う−ん、自分は天涯孤独ですごく不安でもある。でも大人は信用できない！」と繰り返しました。彼はかつて、釣り仲間を装って近づいた職員から、身柄を拘束された経験があるのですが、私に絶対にそういうことをするな、警察を呼ぶなという約束をして現れました。会って開口一番、私はいつも地味な服装をしているつもりですが、「もっと郵便局のおばさんみたいに紺色の上っ張りを着てでっぷり太っていて欲しかったのに、声を聞いたらばうんと年配でうんと歳を取って落ち着いた人だと思ったけど、なんかこれでは俺はどういう距離を取って話したらいいか難しい」と申しました。この表現を聞いて、彼の素質の高さが推量され、このままでは惜しいなとか思いながら話しているうちに、ようやく彼は少し安堵したかのごとくで「これから自分は時々電話を掛ける。それから自分にも電話を欲しい」ということで、ベルが二回鳴ったら受話器を置きまた二回、それ以上続けたら自分からの電話だと思って欲しいとコール・サインを決め、一応のコンタクトができました。中学三年で将来のことも考えよう、まったく勉強も分からないけれど登校しようということで家に戻りました。お父さんも朝目覚めて横に子どもが寝ているというのは不思議な新鮮な気持ちだとおっしゃいましたが、何故か私はこれはまだ上辺の所の変化で何か深い課題が底にあるような気がしておりました。登校してみると、非常に越境入学者が多く、平均学力の高い中学でして彼の居場所は無く、学校の方でも彼の登校を歓迎しないようなところもあり、たちどころにまた不登校になり、今度は活発にいろんな他の仲間と遊びだしたようでした。ある時それを案じて私がはっきり言いますと、彼は横を向いて、首筋に黒子があるのですが、それを指しながら初めてお母さんのことを語り始めました。

母親は小学校六年の時に全身に転移したガンで、最後一カ月の間はお父さんが日本に帰国してずっと病室に付ききりで亡くなった。その間自分はまったく置き去りにされていた。父親はまったく自分のことを顧みなかったし、お母さんは亡くなっていく時に一言も自分に何も言ってくれなかった。両親はそれぞれ自分自身のことを案じながら手を取り合って、そして母親は亡くなった。だから人間のもとの親を信じられないしすごく腹が立っている、大嫌いだ。こう語りながら、「朝顔を洗うと、その度に首筋の黒子が見える、母親にも似た黒子があった。母親を思い出す。自分はあの母親の子どもであると考えると自己嫌悪で一杯だ」と語ります。私は親の立場に加担するというのではなく、でもその当時のお父さんやお母さんの気持ち、それから本学会のような腫瘍の患者さんの精神保健を考える会がまだ無かったその頃、療養や闘病の様子がどういうことであったかというようなことを話しますと、彼は私のことを「先生と呼ぶべきだろうけど、俺には俺の立場があって先生というよりは村瀬さんと呼びたい」と。もちろん基本的にそれで結構だと。「村瀬さんは自分を見捨てないだろうか」「それはできるだけそういうつもりでいたい」と言うと、「でも非常に大切な話があるのだけれどもそれは他人である村瀬さんには言えない」と申しました。様子からしてこれは何か非常に大きなことをやっているのではないかと思い、せっかく一緒に暮らすようになったのだからお父さんに話してごらんなさい、そして今日私に話したお母さんと十分なお別れができなかったこと、そしてその時両親から自分がまったく除け者になっていたように感じた寂しさも、自分の言葉でお父さんにただ反抗するような態度でなくて真面目に伝えてごらんなさい、そこから何か新しいあなたの生活が始まるような気がする、と私は申しました。「難しいな」と言いながらも、でもそれを私に手伝ってもらうことよりは自分でやってみる、と言って帰りました。

まもなくお父さんから大変狼狽された声で電話がありました。息子が夜「これは盗んできた」という牛乳を前に差し出して、「どうぞこれを一緒に半分ずつ飲んでくれ」と言ったと。「牛乳なんか買うお金は家にある、そんな盗んだものなんか飲めない」と言ったけれども、一緒に飲んでくれなければ死ぬというくらいに大袈裟に言ったので、自分はついその盗んできたという牛乳を飲んだけれど、吐きそうな気がしてたまらなくなった。そこで彼は、自分がやっていた、実はいろいろ高価な電子機器を遊び仲間と一緒に盗んでおり、ここの家は日中留守なので、それらの盗品を家の奥に隠してあることを告白した。自分は驚愕のあまり腰が抜けたような状態です、とおっしゃるわけです。急遽来て下さいというのでやむなくまいりますと、この子は私が来ることを心待ちにして待っていたというのですけれど、私がお父さんにご挨拶をしている間に、よく助走もなしにそこから飛び出されたと思うのですが、高い窓から飛び出して一目散に逃げていきました。私とお父さんがきちんと話すというのを見届けて逃げていったのかと思うのですけれど。

私はこの少年が盗んだ牛乳を父親に「半分飲んで」と迫った気持ちをこう想像しました。いっぱいスティグマを持っている、いっぱい過ちを犯してきた自分、それを一人にしないで自分の罪をお父さんも分かち持って欲しい、そうしてくれたら自分も変わっていきたい、というサインではないかと。牛乳を盗んだことは悪いですけど、今お父さんができることはこれから帰ってきた本人と話し合って、この盗んだものはどこからかわかれば非常に体面が悪いでしょうけれども息子さんを伴って一緒に一軒一軒謝って欲しい、他の誰かがやった誰がどうだということよりは、あなたが子どもとそれを分かち合ってきちんと、しかも行いを引き受けて対応されるということが大切な転機で、それを私という他人がしたのでは意味がないのではないでしょうか、と話しました。エリートのお父さんははじめとんでもないという面持ちでしたが、少し考え込まれ、まあ最後の覚悟を決めてそれを実行なさいました。

親子の絆の再生

この事件に関連してこの少年は家庭裁判所にも係属致しましたが、コンステレーションの不思議というのでしょうか、「家裁の人」という漫画が一時はやり、テレビドラマにもなりましたけれど、この事件の担当裁判官は「家裁の人」のモデルのような方でいらっしゃいまして、彼の状況をよくご理解くださり励ましてくださって試験観察の間、直接彼の書いた日記をご覧くださいました。これが励みで彼は生まれて初めて辞書を引き、最後の二カ月間は猛スピードで集中して勉強いたしました。中学卒業と同時に家裁の試験観察は不処分で終了し、昼間働きつつ定時制高校へ通うようになりました。

その時お父さんに、もう一度お母さんとの始めての出会い、その他仕事で留守にせざるを得なかったその間の諸々、そしてお母さんが病気をされた時どんな気持ちだったか、ゆとりがなかったその大変さ、そしてガンという病気がその当時どうであったかということを彼に分かるように話して下さるよう、私から示唆致しました。B君も家庭医学の本などを読んでお父さんのその時の混乱をいくらか想像して理解し、お母さんもご自分の病名が分からず何か不安のうちに亡くなられた、その時の両親の悲しさ、苦しさ、やるせなさをいくらか胸におさめて、ここで父と息子の一応の和解ができました。その後お父さんの再婚のお見合いには彼が率先して一緒に立ち会い、その後家庭を再構築なさったようです。その後五、六年の間は年賀状を頂きました。そのうちに「今とても幸せで、やっと息子もお母さんと呼ぶようになりました」と最後のお便りにありました。そもそも心理臨床の援助者の仕事というのは「そんな人がいたかしら」と言われるくらいにさりげなく忘れられて消えていくはずのものです。そういう次第で、このお父さんと子どもは、お母さんの死を何年か経ってこういう形でもう一度自分たちの中にとらえなおすことによって、父と子の絆が再生し、生活が立ち直っていかれました。

理想的な終わりの別れ方とは

こう考えて参りますと、理想的な形の告知ですとか理想的な終わりの別れ方というものはあり、それはそれで望ましいことではありましょう。しかし、先ほども申しましたように、やはり存在を賭けて人が最後に伝えてこられるもの、それはすぐれて個別的なものである。そこからは普通に言う楽しく明るいなどということに直結しなくても、あるいはそうではないがゆえに一層深く厳しく、しかし豊かに教えられる、そしてそのことによって自分たちの生が深くなっていく、そういうものが伝わってくるのではないかというふうに考えております。

ご清聴下さいましてどうもありがとうございました。

（第十四回日本サイコオンコロジー学会総会　教育講演、二〇〇一年六月二十一日）

統合的心理療法のすすめ――個別的にして多面的アプローチ――

一、問題意識――実践・理論・技法――

まず、心理臨床における理論と実践の関連について、考えてみたい。臨床の営みとは、目前のクライエントが少しでも生きやすくなられるように、より適応的に自立的に生きていかれるように、そして自分の存在を受けとめられるようになる、そのために役立つことを目的にしているので、理論と実践が裏打ちしあっていることが前提であろう。

クライエントに少しでも役立つというためには、心理臨床の営みは、帰納的な姿勢で進められることが基本であると当初より今日まで一貫して考えてきた。もちろん、先人が提唱された理論や技法を学び、基本的に主なものについて会得することが前提である。したがって、パーソンセンタード・アプローチ、精神分析（ユング派の分析心理学をも）、行動療法、家族療法、少なくともこれらについては、ある基本を共有できるレベルの学習は必要であろう。さらに、時代の推移につれて、心理臨床の対象とされる問題は様相や質をさまざまに変えて現れ、対象領域は漸増しているので、常にそれらのこれまでにわれわれが経験してこなかった課題にいかに対応するかについて、新たな効果ある理論や技法の創出、工夫を不断にしなくてはならない。

理論や技法を学ぶに際しては、それらが創案されるに至った背景の事情、つまりどのようなクライエントに対応しようと考えられたのか、それは心理療法の理論や技法の発展過程のどのような文脈の中にあるのか、さらに、それらが適用されている社会、文化、経済、および歴史的特質について十分に考慮することが必須である。そして、そういう背景事情をもつ理論や技法が自分の目前にあるクライエントの特質にどこが適合し、どういう点については検討を要するのかについて考えねばならない。

一方、臨床の場は一部の例外を除いて、他職種とのチームワークや諸機関の連携を必要としている。したがって、用語は内容を明確に伝え、かつわかりやすい公共性を持つように努めたい。使用される術語が具体的に何を、さらにどういう状況をさすのか、具象的に思い描け、他者と共通感覚で共有できる表現が望ましい。

改めて言うまでもないが、クライエントは一人一人独自の存在である。理論は大切だが、一方現実には、指の隙間から砂がこぼれるように既成の方法では対処しきれない、と思われる局面が少なくない。この既成の方法で対応しきれないことに注目することに意味ある気づきが得られることが稀ではない。これは、ワクテル（Wachtel P, 1997）が「探索的解釈的な心理療法においては、実質的には患者のあらゆる発現はマニュアルにはない。……治療者は個々の特定性に対するあらゆる感受性を発揮する必要があり、今それが出現している特定の形態と情動的・歴史的文脈においては、いまだかつて来たことがないものを理解する必要があるということである。その上で、はじめて治療者はそれを自分がかつて聞いたことのあるものの一例とみなす創造的選択を行うことができるのである」と語るところに関連している。つまり、臨床実践のプロセスとはそれがたとえささやかであれ創造の過程であり、現実の経験をもとにそこにある普遍を見出す、そして普遍を手懸かりにまた個別へ眼差しを注ぐ、という普遍と個別の間を往復する不断の営みである。

自分が関心を抱く理論や技法に即応する部分だけを現実の中から取りだして、自分の依拠する理論や方法の正当性を主張することは避けたい、と私は一貫して考えてきた。目前の臨床場面で求められていることは何かについて模索を続け、次第に統合的アプローチの現実的有用性を考えるに至った過程を次に概略する。

二、潜在可能性への着目、事実の共有から生成する関係、学派の違いを超えて通底するもの

統計や実験心理学的手法による発達心理学を主として学んでいた私には、家裁調査官となって戸惑いは大きかった。目前の少年の言葉を大切に受けとりたい、と思う反面、その信憑性を検討しなくてはならない。非行少年と一言で称し、仮に生活の実態は非行親和性がかなり高くとも、二十四時間非行をしているわけではない。立ち直り、健康に育っていくには、問題点や病理性の指摘とその発現の因果関係を捉えるに止まらず、潜在可能性を見出してそれを処遇意見に反映させる必要性がある。ある医学部医局の精神分析の輪読会に参加させていただいた。理論に則りこころのあやが明らかにされる過程や論理的整合性は鮮やかに思われ、事実、親子や家族の関係を考えるのには参考になった。だが、目前の多くの少年については、社会・文化・経済的背景と照合して、その適用には十分な吟味が要るように思われた。自分の長所と短所について訊ねると、ほとんどの少年が長所はわからない、そんなものはない、と答えた。それが一見些細に思われることであれ、根拠にもとづいて、潜んでいる可能性を見出そう、という姿勢を持っていることは、少年との繋がりを生じる契機になることを多く経験した。

一方、相手の言動をただ受け身的にきくばかりでなく、事件記録を丁寧に読み、その状況を自分の中に臨場感をもって、描き出しうるか、申述の矛盾や不審な点を見落とすことなく、しかし、そう振る舞うに至った加害者、さらに被害者、関連する人々に身を添わせて考えてみる、そして、全体状況を考える、という過程を踏むことが必要なのだ、と気づいた。厳しくはあるが、事実に素直になる、この相手は自分について善いことも悪しきことも含めて解ろうとしている、と少年が感じるとき、立場の違いを超えて、率直な関係が生じるのであった。それにしても、概念と現実の関連は課題であった。

非行少年の特徴をＴＡＴを使用して捉えようと試みた小論が今は亡き文化人類学者、我妻洋先生のお目に留まり、

家裁在職のまま、留学する機会に恵まれた。わが国では、ロジャーズのクライエント中心主義が紹介され、広く支持される展開を見せていたが、かの地では、講義も実習も力動精神医学、力動心理学にもとづいて進められた。先生方の表現や雰囲気が私のイメージしているクライエント中心主義と通底するものをしばしば感じたが、「Don't analyse, try to understand!」という精神分析学者ポッター博士が講義中ふと語られた言葉にはっとした。含蓄の深い表現である。学派を超えた普遍性、すぐれた心理療法のもつ共通の基盤、ということがその時から課題となった。折しも、C・ロジャーズの講演がバークレイ・キャンパスで開催された。友人等は、「彼はマイノリティだが、まあ聴いてみよう」という皮肉な調子であり、千人をゆうに超える聴衆が詰めかけた会場にも初めは醒めた関心が漲《みなぎ》っていた。臨床現場で生じた課題とそれへの解決を目指した過程、そこから生まれた彼の理念と方法が具体的に語られ、言葉の背後から人間存在への畏敬と事実に直面する姿勢が伝わってきた。わが国でノンデレ（non-directiveを揶揄調に）と表層的に捉えられたり、教条主義的に語られるのとは次元を異にし、ロジャーズその人の経験と思索に裏打ちされてその説が語られていた。醒めていた聴衆は次第に引きこまれてしわぶき一つたてずに聴き入り、終わるとしばし万雷の拍手が鳴りやまなかった。経験事実に裏打ちされた内容、人間尊重が貫かれた姿勢、学説や技法はそれを提唱したり適用する人の特性と分かちがたく関連して効力を持つ、ということを痛感した。

三、さまざまなレベルの主訴、行動上の問題を持つ人々とその経過

帰国後、最高裁家庭裁判所調査官研修所でしばらく研究員を務めたあと、一度は家庭に入った。その後、単科精神病院や総合病院の中の精神科、教育センター、心身障害者センター、大学付属のカウンセリング研究所などで、常勤、非常勤と形態はさまざまであるが勤務してきた。さらに、単発ではなく、長期にわたり継続的にスーパーヴァイザー、講師あるいはボランティア・スタッフの経験をさせていただいた機関は療育相談所、思春期・青年期の

人々のための通所施設、児童養護施設、重複聴覚障害者施設などがある。一方、いわゆる狭義の心理的援助という性質の仕事ではないが、二十数年間、家裁調査官の方々と調査官研修所での講義・演習、その他研究会を通して、家族と少年非行について考える機会を持ってきた。さらに、親の離婚に伴う親権・監護権の帰趨が問題となる事件でわが国で初めてといわれる民事鑑定を行い（本書、三十一頁の事例）、その後子どもの親権にかかわる意見書の作成、といった領域についても触れることになった。このように対象とする領域の広がり、質的な変化に出会う中で考え、要請されることについて考えた経過と内容の詳細については、紙数の限定もあるので他に譲る（村瀬、一九九五、一九九六、一九九七、二〇〇一、二〇〇三）。ここでは、心理的援助を成り立たせる要因について、これら問題の質とレベルを異にするクライエントへかかわる過程で、どのような場合でも、共通に基本的に考えるべき要因を次に挙げて検討してみよう。

1　援助する対象は誰で、どのようなことが主訴や問題となり援助を必要としているのか

まず、クライエントの心理・生物学的・社会的特質を個別的に捉え、それが現在の主訴の発現にどう関連しているかを考える。さらに家族、もしくはある集団が援助の対象となるときは誰を中心にかかわるのか、その理由を確かにする。援助を必要としている問題の性質を的確に捉えるように努める。これらの営みはセラピィの過程の進展につれ、微妙に変化していく。

2　何を目的として援助しているのか

何を援助の目的とするかは、的確なアセスメントにもとづくものであることは当然であるが、クライエントの希望や期待を確かめ、双方向性をもって、可能な限り目的を共有することが望ましい。重篤な発達障害児や病態が極めて重い人、あるいは非行性が高度に進み、容易にクライエント本人の意向や同意が得られない場合、保護者や他

の専門家、関係機関等の意見を参考にしながら、援助が総合的見地から本当にクライエントの利益になるか否かについて、慎重に検討することが必要であろう。

さらに、発達障害児をはじめ援助が長期に及ぶような場合はとりわけそうであるが、長期の目標とさしあたっての目標について、現実の状態を検討しながら進めていくことが望ましい。

3 援助者にはどのような特質が求められているのか

一見、人を避けているかに見える自閉症児であっても、あるいは強い内閉状態にあって現実感覚が薄れているかに見える統合失調症者であっても、さらに威嚇的、反抗的、時には極度のアパシィな態度を示す反社会性に親和性を持つ人であっても、基本において、人として出会う、遇するという基本姿勢をセラピストは堅持すること。重篤な発達障害児ほど、彼らはこの世の利害得失にとらわれて、ものを見る目に曇りがかかるということが少ないだけ、より一層セラピストの人間性の本質を察知する力があるのでは、という経験をしばしば重ねてきた。

さらに、基本姿勢の上に、目前のクライエントの状態に即応するように、セラピストは自分のスタンスの取り方に配慮が取れるようであることが望ましい。これは同一のクライエントであっても、援助過程の変容に応じてセラピストも自分の表現の仕方に配慮がなされることが望ましい。たとえば、重篤な自閉症児に初めに出会うときは、むしろセラピストの態度はさらりと淡々と、しかし内心では緻密に感性を働かせて、相手を観察し、危険性のない限りはクライエントのオリエンテーションに添っていこう、としている。向かい合って対峙するというより、そっと傍らに横並びして、一緒に同じ風景を静かに眺めるという心持ちである。もちろん、このとき、半身は全体状況を捉えていて、クライエントの突然の危険な衝動的行為からは彼（彼女）を護る体勢をさりげなく持っていなくてはならない。ついで、相手の動きについていく、相手と同じ行動をそっと軽くユーモアを含んで行ってみる、そして、関係がどうやら安定してきたら、こころもち半歩先んじて今、クライエントが会得することが望ましい、と思われる行動の会得を助けるようなかかわり方を少しずつ織り込んでいく。次第に外界への関心が広がり、学ぶことの歓び、他者と繋がる楽しさへいざなうステージに至ると時には積極的に、しかし強要ではなく、セラピスト自身がそういうことを自然に享受し楽しんでいる、という姿勢をもってかかわることである。同様に、統合失調症者に出会うときも、何かをする、援助する、という能動性ではなく、セラピストがまだこの世の葛藤をあまり知らず自分が在ることを素直に受けとめていた頃を想い出して、純粋で計らいの少ない自分を思い出し、そんな自分をそっと素材として差し出すようなこころもちがよいように思われる。ついで、クライエントの変容に即応し、セラピストのあり方も適時工夫することが望ましいのは、発達障害児に対する場合と似通っている。

子どもの行動上の問題、障害などのため、疲労困憊し現実を受けとめかねているような母親に会うときは、いわゆる心理的話題をとりあげ問うよりも、何から、どこから着手できるか、そうすることはどういう意味、効果をもたらすかというような現実的な姿勢を持つこともしばしば有用である。また、知的社会的エスタブリッシュメントが高く、内心には悲しみ、痛み、困惑を抱きながらそれを率直に表現し得ないような父親には、その内心を十分に汲みつつ、淡々と裏づけのある論理性のある話し方、あえて感情に直に触れない態度をとることが安心とゆとりをもたらすことも稀ではない。一方、プレイセラピストとしてクライエントに出会うときは、現実的な目標を熟知しながらも、ファンタジィと現実の中間領域にあることが可能な、クライエントからするとどこか見知った大人とは違う新鮮な、しかし良識はあるらしい、という存在であることが望まれる。なお、これらの例は援助過程の中でクライエントが示す変容に応じ、それに適合するように自然に柔軟に変わっていくことが理想である。

4　どんな方法で、どのように援助することが適切なのか

援助過程において、クライエントが示していく状態像とそれに伴い、今何が必要とされているか、を常に的確に捉えて、用いていく援助の技法に創意工夫が求められる。初めに理論や技法ありきで、その技法にクライエントが

合わせる、ということは援助期間やその他諸々効率からして、そしてクライエントの負担を軽くする上でも再考すべきであろう。今、どのようなことをクライエントは必要としているか、どのようなことから着手していくことができるか、その結果どういうことが期待できるか、を援助過程の変容に応じて検討し、セラピストが自分の手の内に入っていて（山中、一九八一）、技法が妙に浮き上がらないように方法を選び取っていくことが求められる。妙に切れ味の良さや派手さを求めるのではないが、中井（一九七九）も「一つの技法を使い続けるとマンネリ化して効力が薄れる」と指摘している。クライエントからすれば、用いられる方法とは、さりげなく自然で、自分も自ずと参与でき、一方的に操作されると感じられることが少ない方法である。

こう考えてくると、セラピストが、クライエントに良質な対応をするには用いる方法に豊富なヴァリエーションを持っている上に、常に必要に応じて独創性を発揮できることが望ましい。開かれた関心を常に抱いていたい。

5　今はどういう過程にあるのか

心理的援助の過程とは、クライエントに対する援助的なかかわりとアセスメントが表裏一体をなして進行するものである。初めに見立てを立て、それに則った方針に従っていく、というのではなく、アセスメントは仮説である、援助過程の進展につれて、より深い事情が明らかになる、あるいはクライエントの状態像も変化していくので、当然修正、あるいはより的確な見立てがなされる、ということになる。今は過程の中でどういう状況にあるのか、援助目標に照合して、把握することが要る。

6　心理的援助活動を進めるに際して必要な情報、コラボレーティヴな役割を期待したい人、機関、こととの繋がり、こころ癒される精神風土の醸成、など

サイコセラピィとは、クライエント‐セラピストの二者関係が基本ではある。だが、関係は手段であり、目的で

はない、ということを当然ながら確認したい。クライエント‐セラピストの閉じられた二者関係に終始する自己完結性の高いサイコセラピィの適用範囲は、どちらかといえばかなり健康度の高いクライエントを対象に創案されたものであることを想起したい。セラピストは自分のできること、できないこと、してはいけないこと、責任のとれないこと、について自覚しており、クライエントの必要としていることに応じて、自分の提供できる以外のどのようなことが援助の方法として役立つかについて情報を駆使できるようでありたい。

いたずらに「自分の頑張り」を主張するクライエントに少なくとも基本的な薬物の知識を持って、投薬の援助を受けることも生きる知恵の一つであることをさりげなくすすめることや、一時の入院もその間の過ごし方で、家族間の溝を深めるより、かえって双方が冷静になれたり、枠づけられた生活は崩れかけていたクライエントの諸々に歯止めともなりうることを適切に伝えることも要る。

また、詳細な手続きはソーシャルワークの専門領域ではあるが、医療や教育扶助システムの活用、その他、疲労困憊している家族にショートステイ、レスパイトケア、デイサービス、家庭相談員、その他今日次第に整いつつある社会資源についての情報を提供し、生活の負担を和らげることが心理的治癒、立ち直りを支えることに繋がろう。

一方、心身共に成長途上にあって、社会経済的に大人に依存している状態のクライエントや病態が重篤なクライエントにかかわっていく場合、環境の影響を大きく受けるので、家族からの支えや学校などの教育機関、雇用先の理解、コラボレーションが当然必要になってくる。なお、家族について付言すれば、一九八〇年初頭から紹介された家族療法は心理的援助のあり方に幅と深み、効率化をもたらしはしたが、現実には虐待行為を行う親や家族が家族として形をなして存在しえていない場合、あるいは親も精神を病む人である場合など、むしろ方法論にそのまま乗らない例が少なくない。具体的な留意点、工夫のさまざまについては他を参照されたい（村瀬、一九八九a、二〇〇一）。全体状況をよく観察して、淀んだ池に小さな一石を軽く投じる心持ち、硬直化した緊張が緩むような安堵感を奇を衒わずにそっと贈ることによって、繋がりの契機をつかめるか、が始まりのポイントであろう。

学校や勤務先への連携を取るに際しては、的確な説明を行いながらも、押しつけがましさがない、相手が理解を示してコラボレーティヴに動くことに意義を覚えられるように運べるかがポイントである。このセラピストに協力したい、という相手の姿勢はセラピストとしての自分がいかにあることによって可能か、相手への説得ばかりでなく、むしろ自己を問い直してみることが意外に大切である。チームワークや連携が円滑に運ぶ要諦も、上手く運んだ場合はチームメートや連携機関のおかげ、上手く運ばない場合は、潔く自分の責任と考えることである（村瀬、一九八五）。

さらに、援助の輪に、非専門家に所を得て適切に加わってもらうことも効果的である。メンタルフレンドなどという制度が発足するずっと以前のこと、ある時重い自閉症児のお母さん方が、当時の流行とは違って一様にショートカットにされていることに気づいた。美容院へ行こうとしても子どもを暫く見ていてくれる人も頼みがたいゆえではないか、と思い尋ねてみるとその通りだと言う。また、下校後は遊び友だちもなく、ＴＶの前でスナック菓子を食べつつ過ごす、余暇を上手く活かせない、という事情が明らかになった。治療者的家庭教師（村瀬、一九七九）を発案し今日まで多く適用してきた。活用次第ではセラピィの効果を汎化させ、クライエントが周囲の環境との繋がりを拡げていくために意義ある方法である。

一方、心理的援助の働きをするのはセラピストや他の人々ばかりではない。クライエントがそういう出会いを必要としているときに、動植物、自然と出会うことが意味深い治癒機転となりうることについてはすでに多くの事例にもとづいて報告した通りである（村瀬、一九八六、一九八七）。

さらにセラピスト個人に止まらず、その機関全体がほっとこころくつろいで緊張が緩み、ここは人が大切にされるところだ、という暗黙の雰囲気を持つように、スタッフのよきチームワークの様子から「他人ですらこのように信頼協調しあえるのだ、人は信じてもよいのであろうか……」というメッセージがクライエントに自ずと伝わるようなそういう空気を醸成したい（村瀬、一九八九b）。

おわりに――普遍と個別の間を行き交いつつ，より上質の援助を目指す――

これまで素描を試みた統合的アプローチとは次のように要約されよう。

（1）緻密で的確な観察をもとに，個別的にして，多面的なアプローチを行う。クライエントのパーソナリティや症状，問題の性質に応じて，理論や技法をふさわしく柔軟に組み合わせて用いる。技法を用いる場合，セラピストの好みやオリエンテーションではなく，クライエントのニーズに合致すること，治療過程の中に技法が妙に浮き上がらないように自然であることを目指す。

（2）クライエントの回復の段階，発達，変容につれて援助の仕方（理論や技法の用い方）を変容させていく。

（3）チームワーク，他職種や他機関との連携，多領域にわたる協同的かかわりをも必要に応じ適時行う。

（4）セラピストは客観的事実のみならずクライエントの主観的事実をも大切に考える。分かることと分からないことを識別し，分からないことを大切に抱えて，さまざまな方法でその分からない部分に分かる部分が増えていくように努力を続ける。つまり，セラピストは不確定な状況に耐えて，知性と感性のバランスをほどよく保っていいたい。

こう考えてくると，統合的アプローチとは極めて普通の平凡なアプローチである。ただ，理論や技法を用いるセラピストの姿勢こそがバランス感覚を維持して何事にもほどよく開かれていること，かつ摂取することを統合していく不断の努力があってこそ，理論や技法が折衷以上のものとして，臨床場面で意味を持つのであろう。これは一つの完結したマニュアルなどに示しうることではなく，セラピストは自身の質の向上を常に志すことが求められているのである。

文　献

村瀬嘉代子（一九七九）「児童の心理療法における治療者的家庭教師の役割について」大正大学カウンセリング研究所紀要、二、一八‐三〇、In：村瀬嘉代子（一九九七）『子どもと家族への援助』金剛出版

村瀬嘉代子（一九八五）「地域社会におけるネットワーク」In：白橋宏一郎・山崎晃資編『児童精神科臨床5　発達・社会・展望』星和書店［村瀬嘉代子（一九九六）『子どもの心に出会うとき』金剛出版］

村瀬嘉代子（一九八六）「子どもの心理療法と自然」大正大学カウンセリング研究所紀要、九、一‐九、In：村瀬嘉代子（一九九五）『子どもと大人の心の架け橋』金剛出版

村瀬嘉代子（一九八七）「心理療法と自然」大正大学カウンセリング研究所紀要、一〇、三八‐六二、村瀬嘉代子（二〇〇一）『子どもと家族への統合的心理療法』金剛出版

村瀬嘉代子（一九八八）「不登校と家族病理——個別的にして多面的アプローチ」児童青年精神医学とその近接領域、二九巻六号、In：村瀬嘉代子（一九九五）『子どもと大人の心の架け橋』金剛出版

村瀬嘉代子（一九八九a）「家族成員の育ち直りを助けた治療者——家族統合促進機能に果たしたその象徴的及び実際的役割」In：『家族療法ケース研究3　境界例』金剛出版［村瀬嘉代子（一九九八）『心理療法のかんどころ』金剛出版］

村瀬嘉代子（一九八九b）「外来相談における環境療法的アプローチの試み」大正大学カウンセリング研究所紀要、一二、二三‐四〇、In：村瀬嘉代子（一九九六）『子どもの心に出会うとき』金剛出版

村瀬嘉代子（一九九五）『子どもと大人の心の架け橋——心理療法の原則と過程』金剛出版

村瀬嘉代子（一九九六）『よみがえる親と子——不登校児と共に』岩波書店

村瀬嘉代子（一九九七）『子どもと家族への援助』金剛出版

村瀬嘉代子（二〇〇一）『子どもと家族への統合的心理療法』金剛出版

村瀬嘉代子（二〇〇三）『統合的心理療法の考え方』金剛出版

中井久夫（一九七九）「芸術療法ノートより」In『芸術療法講座1』星和書店［中井久夫（一九八五）『中井久夫著作集1巻　精神医学の経験』岩崎学術出版社］

Wachtel P (1997) Psychoanalysis, Behavior Therapy, and the Relational World. The American Association.（杉原保史訳（二〇

〇二）『心理療法の統合を求めて』金剛出版）
山中康裕（一九八一）「治療技法より見た児童の精神療法について」In：白橋宏一郎・小倉清編『児童精神科臨床2　治療関係の成立と展開』星和書店
（「統合的アプローチ―個別的にして多面的アプローチ」臨床心理学、三巻三号、二〇〇三）

心理的援助と生活を支える視点

はじめに

その昔、ルームメイトだったフランス人のミス・Dは、「花びらの沈黙は深い思いを語る」と題辞を書いて、フラワーアレンジメントの本を、帰国する私に餞別として贈ってくれた。さりげない一輪の花に慰められたり、簡素でも、あるじが心をこめて暮らしておられる様子が伝わってくるそんな部屋に招じ入れられると、ほっと安らぐ想いになる。

小学校高学年の頃、大戦後の復興期ですべて品薄、新刊本も少ない頃、手当たり次第に何でも乱読していて、文藝春秋社を興し大衆小説の神様と言われた菊池寛のエッセイの次の一節が、ふと印象深く、納得しながら思わず笑ってしまったのを今も憶えている。「夫婦げんかをした後で、論理的弁明を聞くより、おいしく入れた一杯のお茶を供されるほうが、気持ちが和む……」。後年、ある時期、子どものクライエントに家庭で供される食事についてさりげなくたずねることをしていた。すると、主訴はさまざまで、そのうち適応力が増して、心理的援助は終了する、というゴールは同じでも、仮に質素であれ、家庭で細やかに工夫して調理された食事をとっている子どもたちが、こころなしか良い意味での柔軟性、しなやかさを持つ方向へ育っていくようにみてとれた。生活とこころのあり方とは深く裏打ちしあっている。

一、「生活」という言葉をめぐって

さて、心理的援助を「生活」という視点で考えていくに際して、言葉の意味について少し検討してみよう。今日、「生活」という言葉から容易に連想されるのは、「QOL（生活、人生の質）」という言葉ではなかろうか。この言葉についての田中（一九九八）による解説を次に要約してみよう。生活の質とは本来経済用語であり、第二次大戦後、多くの国家がGNP（国民総生産）の増大を目標としてきた。資源やエネルギーを大量消費して経済成長を成し遂げたが国民生活のゆとりや快適さを犠牲にし、自然環境破壊など放置できない事態にいたって、国民が日々の生活の中で満足感や充足感をもって暮らせること、またその達成を保証する社会的条件をつくることを重視する方向へ、価値観の転換が求められるにいたった。〈より多く〉から〈より良く〉、という価値の転換である。日本でも一九七〇年から経済企画庁が社会指標として〈生活の質〉の指標化に取り組み始めた。生活の質を個人の意識の問題として満足感・充足感として定義する見解、個人生活を取り囲む社会的環境の問題として暮らしやすさと定義する見解、その両者を統合する見解とがあり、社会指標として用いられる場合は第三の統合する見解がとられている、のだという。

筆者は養護児童、とりわけ被虐待児の心理臨床に触れて、伝統的な心理療法も有効ではあるが、深くこころに傷を負い、しかも心理的に発達が極めて遅れている子どもたちには、日々の何気ない営みにセラピュウティックなセンスがさりげなく込められた、日々の二十四時間の生活を質の良いものにすることの大切さを痛感し、その意味で生活臨床と表現した（村瀬、二〇〇一a、二〇〇二、二〇〇三）。同様の見解を西澤も生活環境を重んじる視点で述べ（西澤、二〇〇一）、同じく情緒障害児短期治療施設での経験から四方、増沢も日常生活の質を高めることによる治療的意味を指摘している（四方・増沢、二〇〇一）。なお、施設内の二十四時間の生活すべてを個々の子どもの必要とすることに応えるべく、さまざまな職種のスタッフによる子どもへの関わり方はもちろん、調度備品、食物、建物の特質、地域社会との繋がりの持ち方にいたるまでを、的確なアセスメントに基づいてこころのこもる緻密な配慮のあるものとしたベッテルハイム（Bettleheim B, 1974）の実践は、貴重な先例といえよう。

一方、生活臨床という言葉は、統合失調症者の生活指導をもとに、薬物療法はもちろん、生活相談と称する支持的な精神療法、生活療法的環境療法を併用するものとして、提唱されている（臺、一九七八；臺・湯浅、一九八七）。

本稿では、こうした援助の展開のあることを参考にしながら、目前のクライエントの必要としていることにどのように効果的に、現実的に応えていくか、というスタンスに立って、生活という言葉を個人の問題としての満足感・充足感と社会的環境の暮らしやすさとを統合的に考える立場で用いていくことにする。

二、こころと生活の関連

心理的援助については当然ながら、クライエントと援助者の関係やそこで用いられる技法について考えるという視点が通常採りあげられてきた。だが、クライエントの具体的な生活を視野に入れて考えることが臨床的には欠かせない。ここで、この視点を採りあげる理由を挙げてみよう。

人のこころのあり方は、その個人の時間的流れ（時間軸、過去、現在、未来へと向かう）と空間的繋がり（空間軸、人やこと、ものとの繋がり）の交差する接点によって規定されている。したがって、あるこころの現象に焦点づけて、人を理解しようとする場合、焦点に瞳を凝らしながらも、焦点の周りの空間的そして時間的繋がりや広がりを視野に入れていることが、その焦点の特質の理解をより的確なものにする、といえよう。内面と外面、内界と外界、あるいは「今、ここに」、「今日、これから」というような表現はこれまでも心理臨床においてなされてきてはいた。これをより統合する方向で考えると、心理臨床の営みにおいて、ことに当たっての理解とそれへの対応に際しては、この時間と空間の軸を考えること、言い換えれば、全体を捉えつつ目的に沿って焦点づけた観察と思索がバランスよく行われると、より現実的で適切な援助が行える、ということである。

表層をなでるような理解や対処も不十分ではあるし、深い内面理解もそれがクライエントの人生に資する程度を増すには、この全体的統合的視点に支えられることが望ましい、と思われる。こう考えると、心理臨床の営みの中に、クライエントの生活の状況をどう捉え、対応するか、という視点の重要性が明らかになってくる。

さて、心理臨床の事例研究では、当然ではあろうが、クライエント－セラピスト関係の推移に中心がおかれ、この関係の中で生じること、あるいはこの関係の質の変容がクライエントの適応力のありかた、改善に影響をもたらしていくのだ、という視点を中心に語られてきた。だが、クライエントを中心にそこで生じていること、あるいはクライエントと繋がりを持つ大小さまざまなことをも含んで、クライエントとセラピストの内面はもちろん、そこにあるゲシュタルト、全体を観察してみると、クライエントの治癒と成長にとって、実にさまざまなことや人（必ずしも狭義の専門家ではない）が時には重要な治癒機転をもたらしていることに気づく。筆者はこれらのセラピスト以外の治療的要因の一つとして、動植物の持つ意味とそれらを心理療法の過程に活用する上での留意点を指摘したが（村瀬、一九九五、二〇〇一b）、中井（二〇〇四）は、より幅広い視点でセラピスト以外の治療的要因に注目することの意義を指摘している。

三、実体をより的確に理解するために——アセスメントの質をあげる——

心理臨床で用いられる用語や技法はどちらかというと抽象度が高い。これは公共性、普遍性を持つという長所はあるが、術語に慣れて、それが内包する意味がどういうことかいきいきと思い浮かべることができるか、また、それを目前の個別のクライエントに即応して用いることが適切なのか、吟味をときに怠る陥穽《かんせい》がある。その言葉を使うことで、分かったような錯覚に陥っていないか自問することが要るように思われる。抽象的表現に内包されている具象を大切にしたい。あるパーソナリティを記述する用語一つでも、その言葉で特色づけられる人の生活の実際の様子をその言葉を用いながら思い描くことが要るであろう。

面接に際して、抽象度の高い、しかも価値概念に結びつきやすい用語や表現を用いることは、紋切り型で平板な答えが返ってきやすいように思われる。抱いている葛藤やこだわりをいたずらに直撃するような質問は、訊かれた相手も緊張してしまいやすい。かえって実りある情報をもたらさないのではなかろうか。何気なく生活のあり方を描き出すような質問や話題によって、結果的に家族の関係や絆の質が浮かび上がってくる、と経験的に思われる。すぐそうだ、と分かったつもりにならないで、その表現の背景にある暮らしぶりを想像してみることも大切だ。

たとえば、あるカンファレンスで、一人の自閉症の幼児について、睡眠のリズムも定まらず起床は昼近く、就寝も遅かったり早かったり、と報告された。なるほど、発達障害児は睡眠のリズムが整わない傾向はある。そして、母親の養育態度云々という定石めいたコメントが付された。だが、この幼児の場合、一家親子四人の狭い一間暮らしのところに、都会に働き場所を求めた地方の遠い縁者二人を同居させていたのである。子どもの父親と上京してきた縁者等三人は早朝出かける仕事につき、消耗の激しい労働ゆえ、熟睡が大事とまず働き手三人の睡眠と食事時間が優先されていた。子どもたちは働き手が出かけてから、布団を敷いてもらって、朝方眠りにつく、という事情がわかった。また、登校を渋りがちのある小学二年生の女児は、無気力で、たまに登校しても子どもらしい活力なく、二時限終了時から、床にしゃがみこんだりする、と紹介状に記されていた。実のところ彼女は、反発や怒りを感じつつも親を裏切るのではと躊躇い口を閉ざしてきていたのだが、生活にはりを失ったその母親は、一見事理常識ある発言をする人ではあったが、久しく朝起きないほか、家事を放棄していたのであった。朝食を食べていないその子は、とりわけ一時間目に体育がある日はエネルギーが切れてしまうのだ、と分かった。

一言で養護施設といっても、改築されてほどほどに快適な、子どもが相応の生活空間に生活している施設も存在している。だが残念だがすべての施設がそうではない。生活環境には開きがあるのが現状である。ある養護施設に措置されている小学生女児について、「ものぐさだ、たとえば時間割ひとつ調べようとしない、すべての教科書と勉強道具の類をいつもランドセルと手提げに入れて持ち運んでいる」と評されていた。しかし、実際の生活環境といえば、数人のしかも年齢に幅のある子どもたちの狭い部屋の共同生活では、収納スペースも限られており、彼女は他の子どもの持ち物と自分のそれらが取り紛れたりした経験から、学用品は出し入れしないことを得策としていたのである。

こういう例は枚挙にいとまがない。個人の行動傾向やそれはパーソナリティの云々と考えるとき、そうならしめている事情はないかと全体状況を考えてみる必要がある。

四、生活を支えることが適応力を増す

障害そのものは解消せずとも、あるいは症状が完全に消褪せずとも、生活の仕方、生活の知恵を創意工夫することによって、クライエントの適応はより向上するという場合も少なくない。人格の中核の問題や、疾病や障害の問題部分に焦点をあてて、それを解決しようと正面から迫るばかりでなく、生活の仕方を工夫し、障害や疾病がもたらす生き難さを和らげることによって、よりよい適応が得られる契機になる場合もある。何を、どこから、どのように着手していけば現状より暮らしていきやすくなるか、というアプローチも大切だと考えられる。例を挙げてみよう。

たとえば、一応急性期を過ぎ社会復帰へ踏み出し始めた統合失調症の人々のために、進展した作業所として開設されたパン工場でのこと。どちらかといえば、統合失調症の人には朝が弱い、という人が多い。パン製造は早朝から、というのがこれまでの常識であったであろう。当初、朝出勤できないメンバーに対して、スタッフは何とか平

均的な生活リズムをと躍起に早起きを求め、それがかえって一部のメンバーを追いつめる結果になり、調子を崩す契機ともなった。やがて、パンは昼から夜間にかけて売り出してもよいのだ、と活動時間を切り替えることによって、メンバーの欠席も減り、自ずとスタッフからの苦言も減って、メンバーに主体的な動きが増してきた、という例もある。また、当初は焼き上げるパンの品目はスタッフが種類別に個数を決め、かつメンバーにはどのパンも作れるようになることが期待されていた。だが、中に、特定の種類のパン作りにこだわり、それのみ作りたがるので、スタッフや仲間のメンバーとトラブルを起こすことを繰り返している一人のメンバーがいた。彼は自分は脱落者だと感じ始め、休み始めて服薬も怠りがちとなり、全体的に調子が落ちてきた。そこでスタッフは考えを切り替えて、他のメンバーに説明し、彼には「まず、○○パンのスペシャリストになろうね」と励まし、その一種類のパン作りにまずは専念することをすすめたところ、次第に彼のかたくなさが和らぎ始めるという傾向が見られるようになった。

幼い三人の子どものうち、二人がかなり重篤な自閉症と診断され、どこへ行っても状態を聞かれるばかりで、「受けとめること」を告げられても、実際に日々は重く、忙しいばかり、と相談することに期待を失っていた一人の母親が来談した。彼女は見るからに疲れ切っていて、何か皮肉な視線をこちらに向けながら、「たとえば、朝、洗濯を終えても、屋上の洗濯物干場に行く暇さえない、多動な子どもたち、特に第三子の女児に振り回されている……」と語った。

「そのお子さんを負ぶい紐でおんぶして、洗濯物を干すのはいかがでしょう、家族五人分なら、あまり完璧に皺を伸ばそうなどしなければ、十分くらいで干せないでしょうか、はじめはおんぶしても、背中に添わないような感じがされてたぶんご苦労でしょうけど、お母さんの背中の感触はきっと子どもさんにもプラスになることがあるはず……」と筆者は応えた。母親の視線はふと穏やかになり、「帰宅したらやってみます、これまでは夫に子どもたちを病院や相談機関へ連れて行ってもらっていましたが、私自身が通ってきます」と言われた。それから、子ども服を着脱容易に改造し、子どもが自分で服を脱ぎ着できるようになるための工夫、偏食を改めていく調理方法の工夫……など、行動上の問題があっても、少しでも生活しやすい、日々の家族の緊張が和らぐ工夫を、いわゆる自閉症の子どもの発達を促すような関わり方の工夫に加えて話し合っていった。後年、「はじめて会ったときは、物静かで山の手風。ああ、これまでと同じような『いかがですか』ときいている、可もなく不可もなくまあ頼りにならない感じ、と思ったが、意外にもおや、と耳を傾けさせられる具体的で役立ちそうな、やってみようということを提案する人だった、それなら、と自分が通い始めたが、毎回、現実に何かしら役立つことがあって、それで何年も続いてきている……」と笑いながらその母親は述懐された。

長らく自室に引きこもり、食事も部屋の前のお盆に載せられたのを人気のないのを見計らって部屋に引き入れて食べる、姿を見せようとせず、ドア越しの母親の話しかけにも応答しないという学齢は中学生の長男を案じた母親が、遠隔地から来談された。夫は自死、一人っ子の長男は二年近い引きこもり、家族の生活が崩れてきたのは自分の無力不甲斐なさによる、自分の人生は虚ろ、失敗と繰り返された。毎日食事を運ぶことだけでも大きな仕事と素直に感じ入り、気持ちを伝えられることなく夫に遺された胸中をそっと思い描いた……。しばらく沈黙の時が流れた。母親は少し自分が赦されるような気持ちがたった今すると語った。「何を考えているの、学校はどうするの、先のことは……」。それは当然の質問だが、それはその子の口を開いた傷に触れることかもしれない、人はまず生きてあることが大切、今の生が大切、と存在の安全保証感を抱けるようなメッセージをその子に贈れたら……、と提案した。母親は「今日は抜けるような青空で、遠くの山の稜線が常にもましてくっきり見えた」、あるいは「久しぶりの雨で、疲れて見えた木々の緑が心なしか蘇ったように見える」、「雀が軒先で休んでいた」、「近所のパン屋のお祖母さんが小康状態を取り戻して退院された」、などなど、何気ない日々の出来事、だがそこには慎ましくも生きることを享受している、そんなメッセージをたんたんと記して、食事のお盆に添えるようにした。とある日、少年はドアを開け、背中まで伸びた髪を切ってほしい、と母親に頼んだ。ほんの少しずつだが、少年もメモ書きに気持ちを書き記し、空になった食器に添え始め、次第に母親とのコミュニケーションがよみがえり、やがて現実的な課題を話題にするようになった。

並木（村瀬・並木、二〇〇四）は重複聴覚障害者の施設での心理的援助場面で、入所者である自閉症のある青年が自閉症の中核症状も重く、コミュニケーションの手段として、手話も指文字も、もちろん書き言葉も使用できず、終日、仲間の入所者と離れて一人床に転がり、常同行為にふけるか、激しく興奮することを繰り返している、ほとんど無為のうちに、周囲からも諦められた存在になっていることに着目した。数を知らない分はシールと照合することで十枚ずつチラシを束ねることが可能になるよう、その他いろいろ、彼のペースで作業に参加できるよう関わりを工夫した。また、調理の流れの中で、彼が食材をこねることや、型に添って野菜を切れるようにした。こういう施設生活の中に能率はともかく参加できるような配慮をいくつも凝らすことにより、次第に彼の方から歩み寄る気配が生まれ、手話を憶え始めたり、入所者の仲間と一緒の行動を楽しむ動きが生まれ、行動にまとまりが生まれてきたのである。

五、生活を支えることが心理的援助になるために――むすびにかえて――

何気なく流されて過ごす日常ではなく、生活が自然なさりげない治癒と成長をもたらすための要因は何であろうか。援助者にどのようなことが求められるのであろうか。「共に生きる」「共に行動する」とはこれまでも謳われてきたことである。ただ、援助者がよかれと方向性を決めて、クライエントに操作的に向かうことではあるまい。

まず、援助者は、人は生きてあること自体が意味あることだ、と人を人として遇する姿勢を基底に持ちたい。ついで、何気ない小さいことをも見落とさず事象を的確に観察すること、観察事実の背景や細部に潜む意味について考えること、そして、現実的に意味のありそうな着手できるところと、どのように着手するのか具体的方法を創出することが求められる。そして、目指す方向については、援助者が一方的に定めるのではなく、できるだけクライエントのニーズを確かめて双方向性のあるように進めたい。そして、援助者はこういう営みの過程に参与できることに素直に意味を感じ、自己完結性にこだわらず、ケルンの石をそっと積むくらいの姿勢が望ましい。援助者自身が自分の生や生活を静かに享受している人でありたい。

文献

Bettleheim B (1974) A Home for the Heart. Alfred A Knopf.
臺弘編（一九七八）『分裂病の生活臨床』創造出版
臺弘・湯浅修一編（一九八七）『続　分裂病の生活臨床』創造出版
村瀬嘉代子（一九九五）「心理療法と自然」In：村瀬嘉代子『子どもと大人の心の架け橋』金剛出版
村瀬嘉代子（二〇〇一a）「児童虐待への臨床心理学的援助」臨床心理学、一巻六号、七一一-七一七
村瀬嘉代子（二〇〇一b）「心理療法と自然――子どもの心理療法に登場する動物の意味」In：村瀬嘉代子『子どもと家族への統合的心理療法』金剛出版
村瀬嘉代子監修（二〇〇二）『子どものこころと福祉』新曜社
村瀬嘉代子（二〇〇三）「被虐待児への理解と対応」子どもの虹、児童虐待、思春期問題防止センター紀要、創刊号、一四-三七
村瀬嘉代子・並木桂（二〇〇四）日本学術振興会科学研究費報告書（基盤研究C）課題番号 13610615「重複聴覚障害者への心理的援助の理論と実践」
中井久夫（二〇〇四）「生活空間と精神健康」臨床心理学、四巻二号、二一八-二二三
西澤哲（二〇〇一）「子どもの虐待への心理的援助の課題と展開」臨床心理学、一巻六号、七三八-七四四
田中恒子（一九九八）「生活の質」In：『世界大百科事典』平凡社
四方耀子・増沢高（二〇〇一）「育ち治りを援助する」臨床心理学、一巻六号、七五一-七五六

（臨床心理学、四巻二号、二〇〇四）

子どもが心理的援助を受けるということ

はじめに

いただいたテーマは「子どもに心理療法を行うこと――アセスメント、ケースワーク、環境調整」である。ただ、心理療法を行うに際して、セラピストの意図は当然必要であるが、それを受ける当事者がどう経験し受け取っているのか、を吟味検討することが現実には不可欠である。さらに、援助という人へサービスするという営みには、それを提供する者、その受け手のありかた、そして、そういう営みは全体状況の中でどういう意味を持っているのか、というロングショットで捉え検討する、という三つの視点がある。クライエントのために役立つ援助であるためには、これら三つの視点を併せ持つことが必須である。子どものクライエントは自ら進んでということは少なく、周囲の大人に伴われたり、薦められてセラピィの場に現れることがほとんどである。基本的にはすべてのクライエントに対してではあるが、とりわけ心理的かつ社会経済的に受け身的立場にあり、かつ心身ともに成長途上に未だある人々に対するときは、自立心、自尊心を護るように心懸けたい。子どもの心理療法において、「よき素材、鏡、同行者、そして治療の自己完結性にこだわらず、あたかも夢の中の存在のように、消えるセラピスト」（村瀬、一九九一）でありたい。少なくとも「先生の治療のお陰で良くなりました」ではなく、「『先生にも助けてもらいましたけど、結局は自分なりに頑張ったのが良かったのだ、と思います』と言ってもらいたい」（村上、二〇〇四）というス

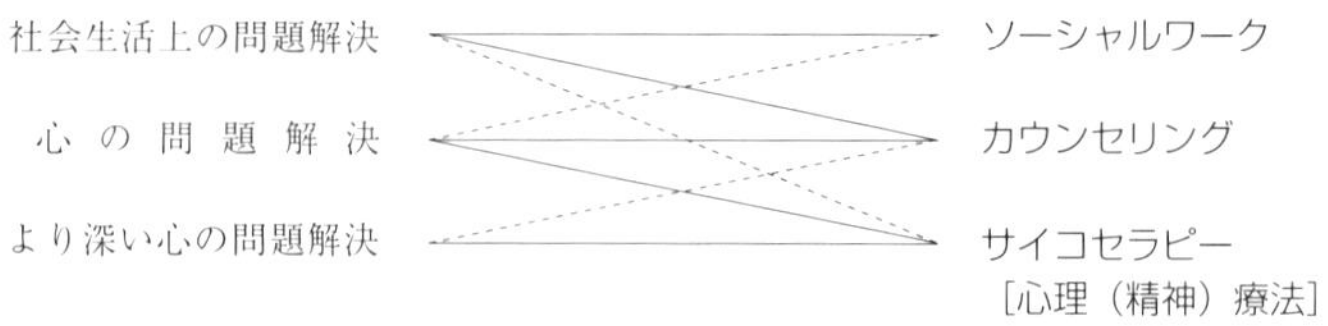

図１　心理的援助，ケースワークの特質（村瀬，1990）

タンスを基本としたい。

なお、心理的援助、ケースワークの特質については、図1の実線で示すように定義上は考えられているが、実際には破線でしめすような現象が生じていることはしばしばある。子どもへの心理的援助に際しては特に具体的営みを通して、深い意味が伝わるということも稀ではないことを付記したい。

一、十一歳から十五歳の心的世界の特徴と現代の社会文化的状況

そもそも不適応とは、個人の側の要因（身体的条件、知能的条件、パーソナリティの特質）と環境要因との関連によって生じてくるが、子どもの場合、心身の機能が未分化であり、自我は発達途上にある。とりわけ、十一歳から十五歳という年齢、おおむね思春期と言い換えられるが、この時期の人々は次のような課題に直面している。第一に、幼児期や児童期では、大人になることはまだ遠い先で、未来を考えることは憧れを含んだゆめの要素を持っているが、この時期に、自分の意志とは関わりなく、突如大人になっていくのだ、いやすでに大人である証としての身体的変化が訪れる。そう、訪れるというより、「やってくる」という感じであろう。

いやでも現実を受けとめることが課題になる。幼い頃の幼児的な万能感はもはや通用しない。「まぎれもなく自分も大人になるのだ、どんな大人になるか、なれるのか」。誰しも身体的変化に直面して、意識的無意識的に自分自身を問わざるを得ない。この時期までの発達課題を達成し、積み重ねができている子どもはともかく、その蓄積がおぼつかない子ども、つ

まり基本的な対象関係が満たされておらず、自分の存在やこの世を信じ受けとめがたい子ども、あるいは集団生活のひろがりにつれて出会う相対評価の眼差しに自信喪失した子どもたちにとっては重い厳しい問いである。

この時期の第二の特徴は、児童期で次第に気づき始めていた、理念と現実の不一致、あるいは親も一人の人間である、という現実認識がはっきりしてくることであろう。現実は理想通りというわけにはいかない、しかし、生きるということは矛盾、パラドックスをどう生きるかということなのだという課題に目覚めることになる。よきモデルに出会えるかどうか、そして、その試行錯誤の道を同行し、支えてくれる人に出会えるのか、あるいは気持ちを分かち合ってくれる友人があるか、これらはこの時期を生きていく大切な要因である。

かつて、都内の同一地域の公立中学生に対するほぼ十年の間隔をおくフォローアップ調査の結果、巷間指摘されるように世代間の境界が淡くなり、父母は物わかりよく許容的傾向が増した、という傾向が顕著になったが、それに対し子どもたちは居心地のよさと反面、より明確な保護と権威のモデルを求める気持ちもあり、幾分心許なさを覚えているのが看取された（村瀬、二〇〇一）。これは滝川一廣（一九九五）が、現代の思春期像の特色として、まず、現代社会では以前よりも、思春期の人々は高度消費社会の中で洗練された消費文化の一翼を担えるほどの経済力があること（もちろん、社会経済的重荷にあえぐ環境にあって、望む方向を変えざるを得ない子どもたちもいる）と、伝統的な社会規範枠による抑圧的枷も少なく、生活の中で自由度が増していること、さらには、家庭養育が〈性愛〉的な神話的なものになったため現代の思春期は養育者との対決的な反抗というより、養育者との一体性からの離脱という色彩の強いものになっている、と述べていることと表裏一体をなしており、実態であろう。厳しい抑圧や貧しさなどという障壁に阻まれることは少ないが、手応えの乏しい許容的な淡い浮游感のある人間関係、そうした中では見つけにくい人生の目標、そこで生じる茫漠とした不安を現代のこの時期の人々は抱いているのが特徴であろう。薄い透明な膜を通して、何か手応えの乏しい漂っているような人に会っているような感じを抱かせられることがある。昨今の非行少年について、神谷信行（二〇〇四）が自己感覚の空洞化、他者感覚の空洞化を指摘するところにも通じると考えられる。

一方で、本来は愛情と保護を与えられるはずの親から、虐待され、物心両面の苛酷な扱いを受けるという、基本的人権や人間としての尊厳を脅かされ、深く傷ついている子どもたちもいる。つまり現代のこの時期の人々については、思春期をかつては養育者からの独り立ちに伴う自立と依存の激しい葛藤状況にある疾風怒濤の時代と考えられたようにはひとくくりにできず、多様な発達の課題を前にさまざまな問題がある、と考えられる。

二、発達途上の人々にかかわる心理臨床に求められること

1　この年齢の人々への心理的問題の現れ方とそれへのアセスメント

①不快や不安、苦痛を感じつつも、自分の問題は心理的なものだという自覚を本人は持ちにくく、治療理解や援助を受ける意欲は乏しい場合が多い。援助の場に彼らを伴い、その問題点を説明するのは多くは周囲の大人である。彼らによってもたらされる情報はそれが他者から見た現象記述としては正確でも、当の子ども自身がその行動や症状の背景に抱いているであろう怖れ、怒り、悲しみ、不安、恥、困惑については概して十分に捉えられていない。心理臨床家は参考資料を活かしつつも、子どもの訴えや行動からのメッセージを虚心に受けとること、あるいは言葉にしきれない喉元一枚下の想いをそっと汲み取るべく想像することが求められる。

②かつてアンナ・フロイト（Freud A, 1966）は、この時期の人々の症状の顕れ方について「思春期は、神経症や精神病、境界状態における症状と類似した症状を示し、ほとんどすべての精神障害を覆い尽くすような形をとってあらわれる。このような両極端に広がった変動の幅は、人生の他の時期ならば高度に異常とみなされるほどのものである」と指摘した。これは今日も該当するように思われる。したがってアセスメントを行う際には、単に疾病や症状の名称をつけることを超えて、問題そのものの認識、問題を生じた因子、問題を持つクライエ

ントについて、彼（彼女）の背景事情をも含む総合的理解が必要である。つまり、診断的理解、名称診断的アプローチに止まらずに、多軸で観察思考する、内面的深層理解と全体状況をとらえる視点との統合が必要である。

③この年齢のクライエントは鋭く相手の肺腑をえぐるような本質直感的な言葉を発するようなこともあるが、言語を自分の意志を伝える道具として十分会得していない場合も多い。交流の手段として言語のみでは不十分で、さまざまな技法的工夫が求められる。

2　セラピストに求められる留意点

①柔軟性、押しつけがましくない能動性が求められる。

②前出の（1）に述べたようなことを考えると、この年齢のクライエントが援助者を受け入れるには、それまで見知ってきた大人たちとはどこか違う何かしら新鮮で純粋な存在——子どもが信頼をよせ、よい意味での同一視の対象とできるような統合のとれた人物でありながら、他方、柔軟でとらわれない姿勢の持ち主——であることが望ましい。

③一方、秘密保持は大切であるが、ことの内容によっては、心理臨床家一人で対応することが不適切、もしくは責任が取れないような場合には、子どもの同意を得るように努めて時機を捉え、関連領域の専門家や機関との連携、リファーすることが必要になってくる。

④症状や問題行動を疾病学的に理解するのはもちろんのこと、それらの行動によってその子どもは何を訴えようとしているのか、その発現状況や、生育・環境的背景をも併せて理解し、症状や行動上の問題に込められるメッセージを汲み取らねばならない。

さらに、発達の状態、その特質を的確に理解するように努め、行動や症状の改善、消褪をはかるばかりでなく、発達や教育の達成を促すことも併行して進めることが必要である。

⑤セラピストは自分の土俵でなく、その子どもの土俵に上がって、その子どものアルファベットを使えるか、少なくとも使おうとする努力をするか、その子どもが今用いているルールをまずは知ってみることが望まれる。換言すれば、セラピストの得意な技にクライエントをのせるのでなく、そのクライエントの今の状態——つまり障害の性質、パーソナリティ、発達状態、年齢、性別、社会文化的条件——にとって、どの技法がよいのかを考えていく、同一クライエントでも、援助過程の進行につれて、状態像が変化する、それに併せて技法も即応したものを用いる、というようでありたい。奇を衒って、いたずらに目まぐるしく技法を変化させるということは論外であるが、クライエントは何か特定の技法、あるいはその援助者の得意とする技法の切れ味を試すためにいるのではないことをこころに留めたい。

さらに、用いられる技法が援助の過程の中にしっくり自然に必然的に収まっていることが大切で、そうあることによって、クライエントは自分が本当に主体性を認められているのだ、操作的に扱われているのではない、と感じることにもなる。さまざまな技法を自然に自在に駆使していくためには、平素からユース・カルチュアに関心を抱いていること、好奇心を持ち、たくさんの「心の窓」(山中、一九八一)を開いていることが望ましい。

狭義の専門的学習は言うに及ばす、幅広い教養の習得、経験の蓄積、さまざまな事柄に対する開かれた関心をもつ態度が要るであろう。

⑥この年齢の人々は精神的に自立の課題に遭遇しているとはいえ、精神的・社会経済的に周囲の環境の影響を多く受けている。彼らの精神風土に関与している家族、学校、種々の医療機関、社会福祉、司法機関、その他の関係者との緊密な連携や調整活動が求められる場合が多い。とりわけ、環境の中でも、昨今、親となる世代が少子化、都市化の進む中で、生活経験を確かに積むことなく、いわゆる生活の知恵が乏しいまま親になり、意

識では子どもを可愛いと考えつつも、気持ちを具象化して伝える技が伴わない、したがって親子の間の疎隔感、ずれが埋まりにくい、という状況が少なくない。このような親への現実的、支持的アプローチの技が心理臨床家に今後ますます必要とされるであろう。

三、環境調整

1　親、家族へのアプローチ

昨今の家族、親の問題についてはしばしば指摘されており、あえて繰り返さないが、先が見えにくい時代の閉塞感が基底にあること、疑似体験で大量の情報を入手できるようになり、具体的な試行錯誤の経験の中から生きた知恵を会得する機会が減り、われわれの想像力や思考力は殺がれがちだという現実がある。こういう状況にあって、心理臨床家はいわゆる狭義の臨床心理学の理論や技術に加えて、よきコモンセンス、生活感覚、生活の知恵を豊かに持つことが期待される。クライエントの親が親として育っていかれるのを見まもりつつ、状況に応じての具体的な情報提供、生活の知恵や技の会得を助力することも必要になる。

しかし、未熟に見える親だからとて、人として遇する姿勢を忘れてはならない。責任感が薄く見える行動をとる親は自分の内に恃《たの》むものを持たない心許ない存在なのである。そこを汲んで、親へのアプローチの要諦を挙げてみよう。

①親の内に潜む自然治癒力を大切に。親がそうせざるを得なかった必然性を考え、まずはよい聴き手であること。
②過去を責め、悔いることより、今ここからできることを考える。親にすべての原因があるという印象を持ちやすい危険性が援助者にはある。
③親も一人の人間である。当面の葛藤から自由な話題を共有してエネルギーの再生産をはかること。一方、親自

身の課題や問題解決を手伝うことも必要。

④どのような親であっても、子どもはこころの底で親との精神的和解、受け入れられることを望んでいる。親と子どもを繋ぐというこころもちを忘れずに。

⑤援助に際しては、セラピストはできること、できないことを正直に伝えて援助方針を率直に示し、親の希望や見通しを聴き、現実的に方針を共有するように努める。

⑥親が強迫的によい親であろうと、自分自身を束縛しないように。「ほどよい母親（good enough mother）」（Winnicott, 1965）を念頭におく。

⑦一方的解釈に陥るのではなく、症状や問題行動の意味を親と一緒に考える。ただし、次に列挙するような親の不安を和らげるための努力が必要であろう。

a　疾病や状態像について、親がその時受け入れられる限度を考慮しながら分かりやすく説明する。b　その状態をどう捉え、着手できるところからどのように始めればよいか、時には先例も挙げ具体的に考える。c　実際にどのような態度をとったらよいか、ことにクライエントの両価的言動の意を汲んでいたずらに振り回されないように。日常生活に即応した現実的工夫をこらす。d　援助方針や現時点で考えられる見通し、予後についても可能な範囲で伝える。

⑧親の認識や対応の変化に対しては素直に敬意を表現する。

⑨両親のいずれに対しても原則として公平に。家族成員の誰かに対して、援助者の未解決の感情を交えて加担することがないように自己省察を。

⑩親や家族の変容を一方的に期待するのではなく、セラピストも親や家族との出会いから学ぶ姿勢を持つ。

2　チームワークや連携を円滑に運ぶために

親子・家族であっても亀裂や反目し合うというような人間関係を経験してきているクライエントは、援助者側のチームワークの質の程がいかほどかを問うような反応をすることも稀ではない。「他人同士ですらチームのメンバーの特徴を相互に理解し認め合って、相補的にそして協力し合える」ということを示せることが、クライエントの人間関係に対する不信を和らげることになろう。難しいクライエントに会っていると、とかく関心はクライエント－セラピストの二者関係に集中しがちであるが、むしろチームのメンバーや周囲の同僚、機関内他部門の人々とよい関係を作る配慮が治療的環境を醸成する意味でも大切になってくる。

学校を始め、他の関連機関と連携協力する場合も、こちらの説明を行うことに急になるより、相手の立場や機能を理解することに努めること、ことが滑らかに運ぶときは相手に感謝し、滑らかに進まないときは原因を外在化させることに夢中になるより、責任を引き受ける覚悟、自分のあり方を考えることがコラボレーションを円滑に進める基底である。そして、オフィシャルな連絡会、協議会の類を大事にしながらも、平素から、人間関係を広げ、豊かにすることを心懸けること、平素の積み重ねが役立つと思われる。

重篤なこころの傷を癒し、ときに育ち直りを助けるということは、心理臨床家一人で自己完結的に行うには多くの場合、無理がある。事態が複雑に輻輳してくると、教育、医療、福祉、司法、時には産業、そしてその子どもの生に意味を持つ市井の人、というように関連するさまざまな機関や人々と連携し、協力協調して援助の営みを進めることが不可欠である。

おわりに

子どものこころを支える営みは、「迅速に、大量に、均質に、巧みに」という今日行き渡っている原理になじまない面がある。子どもは援助者に次のようなことを求めているように経験上考えられる。ベクトルが一方を指す思考様式ばかりでなく、ほどよい調和点を、矛盾した課題に出会う局面でどう見出していくのか。原理原則やマニュアルを知悉《ちしつ》しつつも、とらわれない、対象の必要に即応して責任を負える範囲でかかわること、つまり「よき創造性」を持ちうるのか。おもねるのではなく、子どもと共に育ち子どもから捉えられる存在であり得る要因は何か、しなやかに常に考え続けることが必須である。

文献

Freud A (1966) The Ego and the Mechanism of Defence. International Universities Press.（牧田清志監訳（一九八二）『自我と防衛機制』岩崎学術出版社）

神谷信行（二〇〇四）「弁護士の立場から見た青少年犯罪の諸問題」In：『青少年犯罪——その病理と社会』明治安田こころの健康財団

村上伸治（二〇〇四）「心理療法における治療的変化の場と自然治癒的要因」In：村瀬嘉代子・青木省三編『すべてをこころの糧に——心理援助者のあり方とクライエントの現実生活』金剛出版

村瀬嘉代子（一九九〇）「サイコセラピー・カウンセリング・ソーシャルワーク」青年心理、八五、二六-三五

村瀬嘉代子（一九九一）「プレイセラピストに求められるもの——現実と非現実の中間領域を生きるために」季刊精神療法、一七巻二号、一一九-一二五

村瀬嘉代子（二〇〇一）「子どもの父母・家族像と精神保健」児童青年精神医学とその近接領域、四二巻二号、一八四-一九八

滝川一廣（一九九五）「思春期心性と現代の家族」精神神経学雑誌、九七巻八号、五八六-五九八

Winnicott DW (1965) Maturational Processes and the Facilitating Environment : Studies in the theory of emotional development. Hogarth Press.（牛島定信訳（一九七七）『情緒発達の精神分析理論』岩崎学術出版社）

山中康裕（一九八一）「治療技法よりみた児童の精神療法」In：白橋宏一郎ほか編『治療関係の成立と展開』星和書店

（臨床心理学、五巻三号、二〇〇五）

自閉症児への統合的アプローチ

一、ひとりひとりの自閉症児と自閉症論

心理臨床の立場にもさまざまなオリエンテーションがある。ここに述べることは私が模索的に実践を通して考えてきた結果であり、すべての方法論を網羅しているわけではないことをお許しいただきたい。そもそも非行や家族の問題にかかわることから出発して、統合失調症、次いで、いわゆる境界例と呼ばれる人々へと臨床実践の対象が広がる過程で、私が自閉症児に出会うようになったのは一九七〇年代半ばのことであった。

当時、子どもの可能性を信頼して大幅な自由と主体性を子どもに認めるような遊戯療法（主にクライエント中心主義）は無効、科学的アプローチが必要、精神病理を考える大きなアプローチを仮に、①社会・人間関係、②器質、③機能、にそれぞれ原因を求める立場があると大別するならば、①から②へと大きく展開したところであった。こうした自閉症論の推移については、他に詳細を譲るが、次々と学説、さまざまな領域の実践記録、家族の手記が発表されていた。これらの諸説と私が目前に出会っている、いわゆる高機能自閉症児、アスペルガータイプの子どもたち、そして中核症状が強く出揃い、知的障害も極めて重篤な自閉症児たちとを観察対照して模索しているうちに、私の問題意識は次のように集約された。

1　遊戯療法と一言で言っても、セラピストの特徴によってその効果は違うのではないか、いわゆる自閉症児に出会うにふさわしいセラピストの要因として何が求められているのか。しかも、初回面接や導入期、さらに療育過程の進展につれて、セラピストのあり方、動き方も自閉症児の必要性に応じて、少しずつ変容することが要るであろう。

2　器質的な要因が基底にあることは事実であるとしても、なかには社会的・人間関係的要因が極めて大きな影を落としている場合もある。仮に、器質的と固定的にア・プリオリな態度で望む面接者には、クライエント側は受容器の質とサイズに応じた情報を告げるに止まるのではないか。聴き手として受け皿は広く多元的である必要があろう。聴き手の容量に合わせて大切な情報が伝わらないということがないようにしたい。

3　自閉症をいかに識別するかという研究、議論は多くあったが、治療方法、長期にわたる予後の詳細についての情報は確かな手応えを得にくいように思われた。

4　一見明快に説かれる単純な、あるいは単一の因果論では、どう考えても、目前の自閉症児を理解するには納得が十分いかず、手の指の隙間から砂がこぼれ落ちるような、しかもそのこぼれる砂に注目することが、現実には意味があるように考えられた。

5　自閉症児が人間関係を適切にもちがたいのは事実であるが、「人間関係を避けている」あるいは「その能力が欠損している」と断言できるのか。極めてデリケートな感受性、あるいは相手のチャンネルに合うかかわりの契機を見出したとき、コミュニケーションが成り立ちうる。

6　自閉症児については、特異な中核症状、行動の特異性を中心に観察、記述されるが、いずれの子どもも緩やかに発達の道筋を辿っている、その子どもなりの緊張の緩む対象、時間がある。

7　家族・学校・近隣社会など環境の影響も状態像に影響を多くもたらす。当の自閉症児ばかりでなく、こうした環境への留意、働きかけが極めて必要。

二、自閉症の捉え方・かかわり方の基本

従来は、自分の依って立つ理論的立場を特定し、それに基づいて対象へかかわる、というスタンスが心理臨床では多く採られてきた。しかし、上述したような問題意識のもとでは、到底単一の技法論で対応することでは足りない。私はまず、心理的援助の過程で、その都度、その自閉症児と彼をとりまく全体状況をできるだけ的確に観察して、まず状態を捉え、少なくとも「害はない」と考えられるその状況にふさわしい方法を援用していく、そして、遊具や教材も必要に応じて創り出す、医療をはじめ、必要な福祉、教育と連携を密接にもって進める、手をつけられることから着手する、という基本姿勢を採ることにした。

発達障害としての自閉症は、器質的要因と社会的環境要因とが複雑に輻輳して発症にかかわっており、器質的負因がまさる場合から、より環境的要因の比重が重いと考えられる場合まで、個人差はかなり大きい。自閉症を人間関係の障害を中心とする発達障害と捉え、いわゆる中核症状に代表されるような特異な行動上の問題が、どれくらいの質で、どれくらいの頻度で、どういう状況でより多く現れるか、という視点からの理解と、基底にある発達の道筋がいま現在どのようにあり、どの面が順調でひずみや遅れがあるのはどの面か、さらにその子どもなりに、どういう状況であれば落ち着くのかという、問題となる焦点とそれらを含む全体的理解とが必要である。

三、自閉症児への心理的援助に際して

自閉症を症候群、その状態像の発現にはさまざまな要因が輻輳していると考え、行動上の問題原因を性急に狭く鋭角化して捉えるより、問題を和らげ、固執している対象や行動をより適応的なものへ置き換え発展させるように、

できていることを伸ばす援助をして、適応的行動が全面により目立つように、問題行動が自ずと背景へ退くように、つまり、生きやすくなる援助を目指す。

このアプローチについて具体的に次に列挙しよう。

1　自閉症児に出会うとき（初回、初期）、素材として自分を提供するような心持ちで、安堵感を贈る工夫をする。行動の異質さに目を奪われずに、一人の人として出会う。自閉症児のA君、ではなく、A君は○○の特徴があり、たまたま自閉症でもあり、というような視点をもてるように。

2　子どもと親に対しては生活の質が少しでも向上するために、着手できることから具体的に。

3　発達の状態を捉え、当面の課題が何であるかを考え、焦らずしかし弛《たゆ》まず積み上げていく姿勢をもつ。発達の捉え方は、たとえば、同一の発達評定尺度を用いて療育担当者、親、子どもが通う幼稚園や保育園などというように、それぞれの場面でいかに捉えられるかを比較して検討することから、共通理解、かかわり方の端緒を見出す手懸かりとなりうる。

4　何が課題であるかは、療育者、親の観察事実、希望とすりあわせ、双方向的に確かめ合うことを原則とする。

5　取り組みたい課題、問題となる行動を列挙して、あれもこれもと焦るのではなく、緊急度が高く、かつ発達的観点から妥当な課題からとりあげる。一週から二週間に一～三の課題をとりあげ、それを順次積み重ねていく。

6　セッションで取り上げている課題の意味、あるいは援助者が当面の課題だと考えている内容を親にも伝え、セッション以外の六日と二十三時間の日常生活の営みと療育場面とが連続性をもつように。

7　課題は生活に即応するように工夫し、ユーモア、楽しみの感覚がもてるように。泥水遊びにこだわる子どもには、時には調理の中で、こねる作業を一緒にするなど。大人は座っていて、させる、指示するという姿勢ではなく、基本的に一緒に、同じ地平で汗を流す行動を厭わないこと。

8　援助の活動がいかにも療育、訓練、治療として、日常生活の流れから際立ち、浮き上がるようになることが少ないように。自閉症児にとって日々の流れが自然なもの、それなりのリズムをもって流れていると受けとられるように工夫する。

たとえば、プレイルームでのプレイと学習、日常の生活スキルの会得が自ずと繋がっていくものであるように、次のような工夫など。

小学校三年のB君はいろいろ行動上の問題を多発し、その学期に親からの課題とされていたことをほとんど守れなかったので、お誕生日のプレゼント、メルクリンの電車模型（彼は電車へのこだわりを強くもち、絵は電車のみを描き続けていた）を貰えないことになった（この悲しさを当時のB君は十分痛感し、元気をなくしていた）。そこで援助者はなまじ購入した品物ではなく、と考え、画用紙を張り合わせて全長五メートルくらいの電車の絵を描いてプレゼントした。彼は、驚きかつ大喜びし、その絵を自分の部屋の壁にぐるりと貼ってもらい、それを眺めることが感情の高ぶりを治める手だてにもなった。ついで、プレイルームでの電車ごっこに切符作りを入れて、金額を記入することから、数字と現実生活場面を結びつけ、料金の計算から、算数の課題に結びつけた。そして、地図、山手線と、彼が当面必要とする地下鉄の地図を双六遊びの手作り版にして、地理、距離感覚を会得するようにし、次は実物の切符を買う練習をし、さらに乗り換えなしの距離間を一人で乗車する練習を重ねた。

9　巧拙にこだわらずに、趣味のある、何か生活の中にその子ども独自の楽しみ、歓びの対象があるように。

たとえば、知的障害も重く、発語のない自閉症である上に、視力を失った子どもをもつある両親は、たえずパニックを起こすわが子に、何か少しでも楽しめるものをと腐心し努力していたが、父親は出張先から買い求めてきた土鈴の音に、その子が耳をじっと傾けることに気づき、その後、各地の土鈴を出向く機会のあるごとに買い求めてきたが、その子は長じてからも、土鈴を振ってはその微妙な音の違いを聴きわけることを楽しむようになった。

さらに、こだわりが趣味と実益に繋がった例がある。中学二年時に初めて出会ったC子さんは突発的暴力が激しくなり、登校も自粛することを求められていた。主治医によると、服薬効果もあまり期待できない、とのことであった。彼女は居場所のなさを強く感じており、衝動的に通行車両の前に飛び出したりもしていた。

初回の来談時、彼女は「死にたい」と繰り返し訴え叫んだ。筆者はそれまでの療育過程での彼女自身の辛さ、忍耐、それだけ努力しても、なぜか平均的級友のように振る舞えないもどかしさ、他者から向けられる眼差しによって確認させられる異質者の自分という、おそらくぬぐい去ることが難しい感覚、そして家族の事情などを思い描いた。彼女は部屋から走り出し、駐車場で大の字になって仰向けにねた。そうしている彼女の傍らに屈んで、話しかけた。

「腹が立つし、悲しいのだと思う。私などがしたことのない苦労を沢山沢山してきたのだと思う。でも、今日まで生きてきて、ここで死んだらもったいない、辛かったこれまでの途中で終わりにしなかったのに！　今日まで、少しでも生きてきてよかった、と思うことを見つけましょう、私に起こされるのでなく自分で起きられるでしょう」彼女は一瞬、驚き、筆者に視線を合わせてからむくむくと立ち上がり屋内へと歩み始めた。そこで、手につくことから自分でも少しは楽しく、周りとも折り合えるように考えて工夫してやっていこう、と一応合意した（その話し合いの途中にも、突然こちらの目をめがけて図版を投げつけ、咄嗟にかわした筆者が彼女の手を取り、この手で壊すのでなく、何か作ったり、生み出していこう、と話す状況もあった……）。それからも紆余曲折はあった。自閉症の他に、さまざまな場所で激しく虐められてきた経緯も明らかになった。

C子さんがこだわり集中することに、奴さんを一センチ直径くらいに小さく折りあげる折り紙があった。ある日のセッションで、こまかく精緻に織り上げた奴さんを繋いで配色のセンスよいテーブルセンターを作り上げた。このこだわりの精緻さを実用性と、もっと大きな歓びに展開できないものか、編み物を提案してみた。やがて、少々編み目が詰まりすぎて堅くはあったが、マフラーが仕上がり、これに気分をよくした彼女は編み物に打ち込むようになった。中学卒業時に進学先はどこも見つからず、自宅で将来編み物で自活できるように、を目標にした。筆者はニット・スーツを彼女にオーダーした。家族、とりわけ母親も再び療育へ気力を取り戻し、彼女と一緒に編み物を始めた。彼女の編み上げたオリーブ色のニット・スーツを着用した筆者を見て、「似合うよ！」と晴れやかに彼女は笑った。初めて見る自然な笑顔であった。

折しも、編み物は機械生産される製品が席巻する時代へと移りつつあった。よい着物はおそらく手縫いが残るはず、そして和裁は洋裁のように一人一人の客に採寸し、何かと応対をしなくても、基本の裁ち方は決まっているし、布地や柄合わせのセンスを磨けばよいわけである、そうだ、この緻密な手仕事ぶりを和裁に活かしては、と提案した。母親は始め怪訝な面持ちであったが、運針から始めてみると、縫い目は堅いが強迫的な傾向が和裁には活かされそうだと納得され、わが子と一緒に理解ある三年制の和裁塾へ通い出された。「高校へ行けないぶん、あたしのこれが学校」とC子もこの頃は落ち着いて課題に取り組むようになっていた。和裁塾の他の塾生は家庭婦人が多く、

C子のいささか奇矯な話や振る舞いにも自然に応対してくれるよい雰囲気に恵まれた。筆者が見学にいくと「これは私の先生だよ」と彼女は大喜びして皆に紹介してくれた。

その後、彼女と母親は訪問着が縫えるまでになり、母親が応対をしながら、二人で一緒に自宅で仕立て業を始めた。

10　自分について、自分の障害について、自閉症児自身が知ることを望んだとき。

障害の程度や知的素質、環境の特質などによって、個人差はあるが、自閉症児自身が成長の途上で、男女の違いのあること、人間の生命の有限さ、生物と無生物があること、あるいは相談機関に来談する子どもたちの中でも、比較的短期に問題が消腿して来談しなくなる人々があるのに、自分がこれまでも長期に通ってきている、これからも何らかの援助の下で暮らしていく自分らしい、等々、契機はまさにさまざまだが、自分について、自分の抱える障害というものについて疑問や知りたいという気持ちを表明するようになるときがある。本当に知りたい、と願っていることはどういうことなのか、どういう場面で誰がどう話すのが適切なのか、を十分考えて対応しなければならない。まさに答え方は個別的なものであり、一様に述べられないが、伝える者は障害をもっている人に対して人として基本的に遇する姿勢があるか、かつ自分自身生きるということを本当に受けいれているか、が基底に問われる事態である。こういう局面で、どういう出会いをするかが、自閉症者のその後に相当影響をもつことを認識しておきたい。

四、親・家族・その他の環境に対して

1　何か問題が起きたとき、夫婦が本当の相互信頼性をどれほどもつかという、その質の程度があぶり出されるかのように明らかになりやすい。予想だにしなかった子どもの障害をどう受けとめていくか、子どもへの援助と併せて、必要に応じて、過剰な関与にならぬよう留意しつつ、両親や家族への支えが求められる。

この援助に際しては、具体的で現実的な意味をもつ内容であることが望ましい。多くの医療・相談機関を訪れてきたある母親が次のように語った。

「何れの機関へ行っても、状態像ばかりを聴取され、差し当たってどうしたらよいのか、現実的なことの話題が少なかった。こちらへ来談して、これまでと同じだろう、と期待していなかったが、とりあえず、そうか、それを今日帰宅してやってみよう、という気持ちになる具体的提案がなされ、それならと次回も、そのまた次回も、来談を重ねるうち、ついにとうとうこうして長く通って来ることとなり、何時とはなしにほんとにこころの内を素直に話すことになった」（最初、二人の自閉症児の兄妹の多動に振り回され、洗濯物を干す間もないことを嘆かれるのに、妹をおぶい紐でおんぶして、さっと干す提案、偏食をそれと気づかれずになおす献立の工夫などを話した）。

①援助者は、親は親であると同時に、一人の人であることを忘れない。子どもへいかにかかわるかという話題ばかりではなく、葛藤から自由な話題をとりあげる時間も面接の一部に時には入れて、エネルギーの賦活化を考えることも有効であろう。

②援助者は些細であっても、子どもはもちろん、親の変化、変容に気づくように。子どもの成長した点を伝え、親の努力に敬意を払う。

2　親は焦り、期待、相手にかける負担への配慮、見通しのもちにくさなどなどから、保育園、幼稚園、学校への適切な対応の仕方に戸惑うことがしばしばある。親の気持ちを確かめながら、親と保育機関、教育機関、さらには医療や福祉機関との関係が円滑になるよう、繋ぐ役割をすることも時に必要となる。心理臨床的援助が自己完結性を目指したり、自分と自閉症児やその家族との関係の中での営みと狭く考えるのではなく、この関係が大きな療育的文脈の中でどのような意味、位置にあるのかを常に考える。

3　家族の中でのきょうだい関係にも配慮が行き届くように。親が発達障害のある子どもの療育に心身共にかかりきってしまい、他のきょうだいに強い寂しさを感じさせたり彼らに我慢を強いられたという気持ちが高じないように、障害をもつきょうだいを受けとめるよい関係が将来にわたって続くような配慮、工夫がなされることが望ましい。

4　子どもの成長を促す方向が現実生活の適応をよりよくするものであるように、そして自立的になる方向を志向する。

たとえば、ある母親は養護高校生の息子に数学の方程式の解を一生懸命覚えさせても、それが現実にあまり裨益《ひえき》しないことに気づき、千円で四人分の夕食の食材をどう買うか、を自分と一緒に練習させ、食事の用意を分担できるようにすることで、息子に自信をもたせ、かつ金銭感覚を学ばせた。

5　社会福祉の領域と一部重複するかも知れないが、社会資源の利用法についての知識を心理臨床家ももつことが望ましい。レスパイトケアやショートステイの制度など、地域により充足度に違いはあるが、時に親は、社会資源の利用によって、冠婚葬祭への参加をはじめとして一人の人としての時間をもつことで、英気を新たに、明日に向かうことが可能になろう。また、筆者は二十年前くらいから、学生による治療者的家庭教師なるものを、子どもの下校後の時間に遊び相手、生活経験の広がりをもたらす刺激、学習援助の相手として、かつその家族にとっては新鮮な外の風が軽く吹き込むような刺激になるようにと考え、実践してきた。

おわりに

援助に際しては、理論や先行経験に学んだ知見の裏づけは当然ながら必要である。だが、それらの理論や技法も、試行錯誤の中でよりよい方向を目指して変容しつつあることについて、絶えず注目している必要がある。自分の依って立つ理論や技法への問いかけ、工夫を不断に行わねばならない。たとえば、ある時期までは「九歳の壁」という表現でそれまでに言語表現のない場合の予後の厳しさが指摘されたりもした。しかし、筆者の経験では、ある自閉症児が動物に愛着心を示すようになり、それに気づいた母親が九官鳥を一緒に飼育することでその子どもの満たし、九官鳥に話しかけることを繰り返すうちに、当の自閉症児も次第に発語が増えていったという経験もある。また、全寮制の作業所に入所したある三十代の自閉症者は、筆者と手紙の交信を重ねるうちに、辞書を引き、文に推敲を加えて、二十代はじめの頃には想像しえなかったような内容、表現ともに進歩した手紙を書くようになられてもいる。焦らず、しかし堅実な継続努力は意味をもつ、と考えられる。

親の面接では、生活設計、将来計画へと話題が移っていくこともある。長期の療育目標をどう考えるのか、それを念頭に置きながら差し当たっての短期の療育目標をどう設定するか、というような焦点と全体を見通そうとする視点も必要である。自分の経験例も含め、長期にわたる経過のさまざまについて、知見を増す努力を続けたい。

自閉症児と一言で称しても、その総合的適応力には非常に大きな開きがある。ただ、共通して強調したいことは、彼らが理解ある良質な関係にさまざまな面で出会うことの大切さである。成長途上での熱心さが高じすぎての厳しすぎる（と本人に受けとられる）訓練や虐められる経験は、長じてから予期せぬフラッシュバック様の行動化を呼び起こすことが時にある。異質に注目することに急であるより、さまざまな生があることを認め合うようでありたい。

自閉症児やわが子の療育に励む親への理解が一般の人々に深まるように志した活動も、心理臨床家の役割の一つであろう。

（「自閉症児の療育　心理臨床の立場から—統合的アプローチ」そだちの科学、創刊一号、二〇〇三）

心理臨床と被害者支援

はじめに――被害者支援活動に臨床心理士がかかわるようになった経緯とその展開――

臨床場面で出会うクライエントは原因や状態像の違いはあれ、ほとんどが何らかのこころの傷、苦しみを抱きかかえてきた人々である。この意味で、従来より臨床心理士は日々の実践を通して、被害を受けこころ傷ついた人々に対する心理的援助には相当以前からかかわってきた、と言えよう。しかし、自然災害や人的災害が新聞その他のマスコミュニケーションによって報じられる際に、被災者や被害者に対する諸々の救援の一環として、「こころのケア活動も開始され……云々」、という記事を目にすることも、昨今では珍しくはなくなってきたものの、「被害者支援」という言葉が心理臨床の世界に取り上げられるようになった歴史は浅い。

臨床心理士では、久留一郎（一九九〇、一九九一、一九九二、他）が文部省在外研究員として、ロンドン大学精神医学研究所のユール（Yule W）の許で、「ＰＴＳＤ」の研究に着手したのが一九八九年のことであった。帰国後、いくつかの国内学会で発表したが、当初、積極的関心は持たれなかった、という。しかし、この知見は、一九九三年の鹿児島八・六水害や一九九七年の鹿児島北西部地震、同年の出水市土石流災害等への久留を中心とする支援活動に活かされ、さらにはその後、事故による被害、犯罪被害者への支援へと展開し、今日に到っている。ほとんど時を同じくして一九九三年、藤森和美は北海道南西沖地震の津波による奥尻島被災者に対して、心理的援助を行い、加えて被災後精神的健康がどのように回復していくかについて追跡調査を継続している（藤森、二〇〇四）。

一方、犯罪被害者相談は一九九三年、東京医科歯科大学に「犯罪被害者相談室」が開設され、小西聖子がこれに携わったのが始まりであろう（小西、一九九六）。さらに、一九九五年一月一七日の阪神・淡路大震災の被害に遭遇した人々に対して、地元の兵庫県臨床心理士会の会員諸氏は自らも被災しながら、全国各地からはせ参じたさまざまな支援者らと協労してかなり長期間、被災者の心理的支援活動に当たった。この阪神・淡路大震災、地下鉄サリン事件を契機に「ＰＴＳＤ」の概念がコンセンサスを得られるようになり、被害者支援についての認識が一般にも広まったと言えよう。

その後、各地で発生した事件・災害について、臨床心理士はその都度、模索しつつ支援に携わってきたが、大きく報道される事件・災害の他にも、校内自殺発生後のケア、犯罪被害者相談、虐待やドメスティック・ヴァイオレンスへの心理的援助など臨床心理士は個別的に、あるいは支援チームのメンバーとして活動してきた（日本臨床心理士資格認定協会、二〇〇二）。

そして、被害者へのこころのケアはさまざまな領域の専門家による英知を結集しなければならない今日的課題であるという認識から、日本臨床心理士会は被害者支援という視点を明確にして、一九九九年一月に被害者支援専門委員会を立ち上げ、以後毎年、全国レベルの研修会を開催し支援に際しての姿勢や技法について研鑽を重ねてきた。一方、各地に被害が発生すると、必要に応じて支援活動を行ってきたが、二〇〇二年より、各県の臨床心理士会から被害者支援担当理事を選出し、被害者支援連絡協議会を発足させ、より緊密でスピーディ、適切な被害者支援活動を協力して進めていくことを目指している。さらに、秘密保持、事件が持つ諸々の特殊な事情から、それら事件に関わる活動記録を公刊することは控えているが、基本的な記録は被害者支援委員会が保管し、急な事態が生じた場合には、それに参考となるような先行経験の記録を参照できるように備えている。

事件や災害は一つ一つが重大な意味を持ち、どれ一つとして同じものはない。個別に即応し、適切な心理的支援を行うにはどのようなことが望まれるのか、心理臨床家が行う被害者支援の現状と今後の課題について検討しようとするのが本特集の目的である。

一、被害者支援という活動の特質

被害者支援活動と一言で表現しても、これには次のようなさまざまな特質がある。

①対象領域が広い。自然災害（地震、津波、火山噴火、出水など……）、人的被害（犯罪被害、交通事故、児童・高齢者虐待、ＤＶ、大規模事故災害など……）。

②いずれもこれらの災害は予想だにしないとき、突発する。状況をどう認識するか、今は何からどうしたらよいのか、という機敏な判断、対応が求められる。たとえば、阪神・淡路大震災の後、自らも被災した当事者でありながら、大混乱のさなかにあって、救援活動に多忙を極める現地の方々に、宿の手配や交通への配慮を求めてくる援助者（主観的には善意の人々であるが）への対応は負担になった、と述懐されている（安、一九九六）。極めて控えめに記されているが、今後、この類の同じ轍を踏んではならない。

③対象領域の広さ、問題領域の独自性などから、アセスメントのための幅広い的確な知識が求められる。狭義の心理学的知識だけでは不十分である。

④従来の伝統的心理面接のパラダイム（面接室内の一対一の関係を中心に据える）から、状況の必要性に応じた展開が求められる。現場に赴く、他職種、他機関、地域住民と適切にコラボレーティヴな関係を作る、連携、チームワークを維持することが、必然的に求められる場合が多い。

⑤人の生にはまず、基本的な生活の安全が保証されることが基盤だ、というあまりにも当然なこと、この認識が基本である。いわゆるこころのケアに先立って、衣食住の少なくともミニマム・エッセンシャルが満たされて

いるか、それを考えずにいたずらにこころのケアだけを突出させて提供しようというのは不適切である。被災して間もない日常生活が混乱状況にあるとき、水くみやゴミ処理を手伝う、犯罪被害にあって外出の気力もない当事者のためにそっと買い物の手伝いをする、「もしお役に立てば」とメモして、さりげなく食材の包みを置く……、ということが優先して必要な場合がある。狭義の臨床心理の技法ばかりにこだわらず、状況に応じては生活の基盤を援助、維持するような行動も、まわりの状況を考慮しながら行うことが要る場合もある。そもそも被害者支援は人の生活に根ざしたものである。この点、安（一九九六）が、〈こころのケア〉が独立して活動するよりも、一般的な救援活動の中に〈こころのケア〉を盛り込んでいくことがよい、としてデビッド・ロモ[注]（一九九五）の言葉を引いている。

〈被災者の巡回や訪問をするスタッフ〉は「カウンセリングをしましょう」などと切り出すべきではないし、「精神医学」「心理学」などの専門用語もタブーです。
　こころのケアをするのだと気負うことなく、その場で役に立ちそうなことを何でもやればいいのです。（中略）住民はまず、現実的な手助けを必要としています。メンタルヘルスの援助者は、他の部門の動きや公的手続き、交通手段の確保に到るまで、地元のあらゆる情報を知っておく必要があります。

⑥自明のことではあるが、援助者は人の自尊心、自律心を大切に考えるという共通基盤を持たねばならない。被害者は援助を求める気持ちやなぜ自分がこういう被害を受けなければならなかったのかと不運をかこつ気持ちと、かたや災害や被害に遭遇した自分のことは無事の他者には到底分かってもらえるはずもない（実際、想像する閾にとどまるのが事実である）、という孤独、孤立感を抱く場合が多い。その心中には、援助を受けることへの躊躇、自責、怒り、戸惑い、先の不確定さへの不安など複雑な気持ちが名状しがたく混在している。一人

一人の対象者の今現在のニーズをどう的確に汲み取るか、押しつけがましくなく、しかし必要な対応を考えねばならない。マニュアルは参考であって、絶対の指針ではない。

⑦心理学や精神医学の知識ばかりでなく、関連領域の機構、制度、機能などについての基本的理解が求められる。たとえば、犯罪被害者の援助に際して、時に法廷への付き添い人の役割や証言することを要請される場合もあり、司法手続きについての基礎的知識が必要になる。また、支援活動を進める上で行政機関といかに滑らかに連携していくか、いわゆる社会良識のセンスが必須と言えよう。さらに、「児童虐待防止法」、「配偶者からの暴力の防止及び被害者の保護に関する法律」など、支援活動に関連する法規についての理解なども実務には欠かせない。

二、支援活動を行うに際して

①事態についての的確なアセスメントを持つ。生物学的、社会的、心理的に、つまり全体状況を総合的に捉える

注）デビッド・ロモ（David Lujan Lomo：1959～）

精神科看護師としてさまざまな臨床現場を経験した後、アメリカ、カリフォルニア州ロスアンゼルス郡精神保健局精神科救急チームに配属され、犯罪、虐待、暴動、大事故、災害などのおりに出動して、カウンセリングやアセスメントを行ってきた。長年の激務と職場で起きた殺人事件によってPTSDを患い治療のため退職経験もある。一九八九年に退職し、PTSDやアルコール依存に関する教育プログラム、研修教材の開発を行うフェニックス・インターナショナル・コンサルテーションズ（アメリカ赤十字社の災害専門ボランティアでもある）を立ち上げる。一九九四年のロスアンゼルス州ノースリッジ地震で被災、即時にボランティアとして住民のこころのケアにあたった。阪神・淡路大震災の一月後に来日し、「災害時の緊急支援」のためのワークショップの講師を務めた。

視点を持つ。その状況には、どういう支援が必要なのか、それに関わる機関や団体と連絡をとりつつ、自分のスタンスは何かをまず考える。支援体制の中で、いつから、どこに、何をどんな方法で行うのか、機敏に的確に判断せねばならない。事態は一つ一つ異なっているが先行の活動経験は参照しつつ、行動の手順を考える。

②被害者は本来は精神的に健康であった人である。その自尊心、自立心を損なわないように留意する。概念理解と適用に正確さを期したい。概念を杜撰《ずさん》に用いて、「問題を持つ人、病める人」と固定化しないように留意したい。たとえば、「被虐待者のこころの傷は癒えない、トラウマは残る」と強調して語られるのにときとして出会う。トラウマという言葉の強調が虐待防止への関心を広く喚起する方向へ作用するという面もあろう。しかし、「トラウマを抱える人」と固定化されたスティグマのような印象を抱かせる方向に働きはしないか、という留意も要るであろう。確かに、こころの傷は容易には癒えないが、傷を抱えながらも人はしなやかに生きていかれるようになることを願って、支援者はそっと寄り添うのであろう。

一方、引き受けられることと否とを適切に判断することも必要である。一般的な支援対象のレベルを超えた状態の人には、速やかに医療に繋ぐ。支援と治療とを即応させていく配慮が求められる。その意味でも概念理解や状態像の把握は的確に、このためには相談する対象や紹介先の機関に関する役立つ情報を持っていることも大切である。

③支援活動を進めるに際しては、当然さまざまな技術を適用することになるが、まず、被害者の気持ち、視点を大切にすべきであろう。一例をあげると、状態像を把握する各種の質問紙は確かに裏づけの意味を持つし、場合によっては、貴重なデータの価値を持つ場合も少なくない。だが、辛いとき、幾度も似たような調査は大変だった、と言う声も過去になくはなかった。この点、三宅島噴火のため、急遽、東京都郊外へ避難を余儀なくされ、集団で合宿し学校生活を送り始めた児童・生徒たちに対し、当事者に記入を求める調査でなく、支援者が観察事実を整理したものでも、支援活動遂行のためには十分意味を持ち得た（岡本、二〇〇四）、という報告

は記憶しておくべきであろう。

④前例や文献（時に先進地を見学）に基づき、新たな知見を会得する努力は必要であるが、新しい技法を適用するに際しては、その効用と限界、適用対象について吟味を怠らないこと。

⑤支援活動にたずさわる者の思慮を欠く言動によって、二次被害を生まない留意を。「頑張る」「このように回復しつつある……」という方向性を持った表現が、被災、あるいは被害当事者のペースに先んじて強調されないように、そっと傍らに添う心持ちでありたい。自らは善意で発する励ましの言葉やコメントは、掘り下げて考えると、その言葉を発している当の本人にとって楽になる言葉であったりするのではなかろうか。

安は前出のデビッド・ロモが「アクティブ・リスニング」と名づけて、傾聴を説くことに自らの阪神・淡路大震災での支援活動体験を重ねて、次のようにまとめ、記している。

〔アクティブ・リスニングの基本〕

・「聞き役」に徹する
・話の主導権を取らずに相手のペースに委ねる
・話を引き出すよう、相づちを打ったり質問を向ける
・善悪の判断や批判はしない
・ニーズを読みとる
・安心させ、サポートする

これは、心理療法の基本と言えよう。まず、しっかり安定した関係ができ上がってから、個別化したその個人に即応した関わりが始まる、ということであろう。

⑥最前線で支援に当たる人々のエネルギーが枯渇しないように後方支援体制が必要である。活動の仕方などについてのアドヴァイスを含むいわゆるスーパーヴィジョンやカンファレンスも大切ではあるが、平素からよい人間関係、自分の理解者をもって、そうした自然な人間関係のなかで、素直に話せるということも望ましい。この支援体制（後方支援システムの構築）の実例が向笠（二〇〇四）の論文である。

⑦被害者支援活動はさまざまな職種の人々、さらにはいろいろな機関が事態の進展につれて関わり、コラボレーティヴに進められる場合が多い。コラボレーティヴな営みが円滑に運ぶためには、第一にアンサンブルの総譜を読むような、全体のチームワークの中のそれも今の展開はどの辺りなのか、自分はどの辺りにどう動くのかについて常に自覚的であること、第二には、ことが上手く運ぶ時はチームメイトや他機関の力に負うと素直に感謝し、ことがはかばかしく運ばない場合は、自分に引きうけて省みてみることである。事態が難しく、互いに疲労の度が増すと、この逆の相手の非を見出すことに敏感になりやすいが、原点は被害者に役立とうとする共通目標を持つ者同士であることを思い出し、謙虚に相互支持的でありたい。

おわりに

災害や事件は待ったなしに起こる。考えてから行動に移すというように事情が許さず、支援活動は考え模索しつつ行動する、という場合が多い。常時からの研修が望まれるゆえんである。そして、平素からよい人間関係を積み重ねて持っていることが大切である。

そもそも臨床とは、二律背反的状況に直面する場合が少なくない。そこで全体状況を視野に入れ、自分のスタンスと行為の意味、位置づけを考えながら当面の必要とされることに働きかけていくわけであるが、この意味でも被害者支援は複雑で一義的判断になじまないところがある。たとえば、伝統的心理臨床のアプローチを熟知しながらも、責任性を考えつつ目前の必要性に応じて、新たな心理臨床のパラダイムに添う動きをする柔軟性と勇気が求められる。さらに、援助の押しつけにならずに、しかも相手の微妙な気持ちを汲んで、自律性を脅かさないように個別化したかかわり方を編み出していかねばならない。そして、相手の自律性や自尊心を大切にし、いたずらに援助者主導で、「頑張る」ことを求めるのでなく、そっと傍らにある心地でその生活が回復するのを待つ関わりに求められる敏感さと現実性が大切である。そっと寄り添って、出過ぎず忘れない……。

被害者支援とは、対象領域が広く、ことがらの全体を理解し、関係者とコラボレーティヴに現実的に動くには、関連領域はもちろん、幅広く深い知識が必要になってくる。さらに、掘り下げて考えると、対象領域の境界は場合によっては一線を引きがたい、難しさがある。たとえば、加害者である非行少年の多くは苛酷な被害体験を持つ。事件の中には、被害者、加害者が微妙な関係にある場合もある。また、近年、「被害者、加害者、コミュニティの癒し、回復、再生」を課題とする修復的司法――絶望の淵に沈む被害者、社会から排除される加害者、不安と疑心と敵意に満ちたコミュニティの修復はいかにしたら可能なのか――という考え方やその試験的な実践もある（坂上、一九九九；高橋、二〇〇三）。心理臨床の立場としては、これらの広がりを持つ深い課題に関心を持ちながらも、偏らない良識あるバランス感覚を維持することが肝要であろう。

不慮の被害に遭い、戸惑い、怒り、悲しみ、苦しむ隣人にそっとさりげなく手をさしのべるという、惻隠《そくいん》の情を元にするのが被害者支援である。そもそもは人の不幸に端を発する営みであることを常にこころに留め、研鑽を怠りなく謙虚でありたい。

文献

安克昌（一九九六）『心の傷を癒すということ』作品社
藤森和美（二〇〇一）「被害者感情の理解と対応」In：藤森和美編『被害者のトラウマとその支援』誠信書房
久留一郎（一九九〇）「心的外傷後ストレス（PTSD）に関する心理学的研究（I）」九州心理学会第五十一回大会発表論文

久留一郎（一九九一）「心的外傷後ストレス（ＰＴＳＤ）に関する心理学的研究（Ⅱ）」日本小児科学会鹿児島地方会第八八回大会抄録集
久留一郎（一九九二）「心的外傷後ストレス（ＰＴＳＤ）に関する心理学的研究（Ⅲ）」日本学校保健学会発表論文集
金吉晴編（二〇〇一）『心的トラウマの理解とケア』じほう
小西聖子（一九九六）『犯罪被害者のこころの傷』白水社
中井久夫（二〇〇四）『徴候・記憶・外傷』みすず書房
岡本淳子（二〇〇四）日本臨床心理士会第六回被害者支援研修会シンポジュウム「被害者支援システムの構築にむけて」のシンポジストとしての準備中の会話から
Romo DJ（一九九五）『災害と心のケア』アスク・ヒューマン・ケア
坂上香（一九九九）『癒しと和解への旅』岩波書店
高橋則夫（二〇〇三）『修復的司法の探求』成文堂
（財）日本臨床心理士資格認定協会（二〇〇二）『被害者支援と臨床心理士の課題』
向笠章子（二〇〇四）「緊急支援システムと学校心理臨床」臨床心理学、四巻六号

（臨床心理学、四巻六号、二〇〇四）

生きられた時間を求めて

はじめに

日本描画テスト・描画療法学会の機関誌「臨床描画研究」が発刊二十周年を迎えた。第一回の特集「描画テストの読み方」に始まり、その後、臨床との関連を重視することを基盤に置きながら、描画の特質やそれをいかに活用するかについて、さまざまな技法を取りあげてきた。一方、描画を適用する疾患・問題領域を新たに広げつつ、実践的、理論的に検討が深められ進展してきている。

ただ、描画が臨床的に効力を持つためには、単に理論や技法を会得するだけでは、不十分である。換言すれば、描画が真にその意味を持つためには、描画理論や描画技法の質だけでなく、それが誰によって、いかに用いられるか、それを用いる人にはどのような特質が求められるか、という課題こそが重要であろう。

本稿では、人の生にとって、描くということはどのような意味を持つのか、あるいはどのような要因が整うことによって、描くことは意味を持ちうるのか、といういわば原点に立ち返って、描画が秘めている可能性とその適用にまつわる留意点について、検討したいと考えた。

一、「描く」ということ

ほぼ一万五千年前、旧石器時代後期、人々がまだ文字を持たなかった時代に描かれたスペインのアルタミラの壁画はその優れた写実性を通して、当時の人と動物のかかわりの有様について、見る人々に多くの感動を与えてきた。長らくこの壁画は食物である動物の狩りの成功を願うものと考えられてきた。だがその後、描かれた動物は当時、食用の対象ではなかったことが判明し、洞窟の壁画は最初から実用ではなく芸術活動であった、神話や世界観を表すものではないかとさまざまな議論が展開されているが、中原（二〇〇一）が「洞窟にある壁画でなく、壁画のある洞窟」という視点を重視し、「描くという行為の始まりは、描く場所、描く空間を選ぶということと不可分であったのではないか」と述べている。また、千住（二〇〇三）はアルタミラの壁画について、洞窟の音響効果のよいところに、重ね描きされていることから、「絵はあとから鑑賞するとか、残すという目的よりも、『絵を描く』という行為自体がそこでは大切ではなかったのか、描く音が最初の音楽であり、ホールに人々は集い、描く音が音楽となり、舞踊を舞い、あらゆる枠組みを超えた総合的な表現活動がそこにはあったのではないか。描くという行為を通して、人々は未知と交信し、ある種の夢、希望、ロマンを生み出していたのではないか」と語っている。

このように、完成した絵を後から鑑賞するというだけではなく、描く場所、空間、時間を共有することに意味があったということは、今日の描画の臨床的適用の本質と共通していると言えよう。

描くことには、完成された作品としての意味ばかりでなく、描く過程そのものにも大きな意味がある。ようやくクレヨンを持てるようになった幼児が、何やら呟きつつ錯画を描くことに熱中している様子。頑なに表面的な話題を連ねたり多罰的な口調であった青年がバウムを描きつつ、独りでに幹に傷痕をいくつも描き、それを眺めながら、自分の来し方を振り返り始めるなど……、描く過程そのものが完成される絵のもたらすそれとは別の意味を持つことが多い。また、臨床的にはそこへの着目が重要である。

描くという行為、描かれたものを受け取る営みは、表象機能を用いる言語表現に比べれば、はるかに直接的、直感的に描き手と受け取り手との間に交信関係を作る。そして、そこで受け取られる情報量も受け取り手の姿勢、器の程の函数である。また、聴覚に頼る音の表現に比較し、描かれたものは保持し、時間の推移の中で反復して味わうことが可能で、新たな意味の発見をすることもより容易である（音も録音という方法はあるが……）。

二、描画を臨床に適用する効用とその際の留意点

描くという営みが臨床において効果を持つためには、次のような課題について意識的であることが望ましい。①何を目的として、②誰に向かって描くのか、③描くのはどのような時に、④描くのはどのような場で、どのような空間で、⑤どのような方法で描くのか、⑥描かれた絵はどう受けとられるのか、あるいはどのように受けとるのが望ましいのか、⑦そもそも受け取り手にはどのようなことが期待されるのか。

さて、本稿を書き始めて、香月（二〇〇四）による「〝絵を描く〟ということ――臨床場面における描画の意味と、その有効性」と題する描画に関する、多くの文献を渉猟し、人類史、個人史、臨床場面の三層構造を描き手の背景に想定しながら描画を受けとめることを提案した優れた論文を読む機会を得た。この論文には、描画が「表1　臨床場面においてどのような意味、有効性を持つのか」と「表2　描画を施行する際の留意点」と題して、諸家説が簡潔にまとめられている。これを次に引用させていただく。

さて、これらの表には、臨床場面に描画を用いる有効性、その際の留意点については必要な要素はほとんど網羅されているといえよう。そこでこれに付け加えて、臨床場面において、「クライエントが描いている傍らにある、あ

表1　臨床場面における描画の有効性

	描画の有効性	説明	出典
猫き手順	(1) 無意識内容の解放・カタルシス	無意識内の葛藤や空想や夢を想起し，それに伴う情動を表出し解放することによって，、精神的緊張が和らぎ，意識の拡大と支配力の増大が生じる	Naumburg (1966), 徳田 (1969) Furth (1988)
	(2) 情動体験を促す	作ることの喜び・生み出すことの苦しさ・悲しみなど，さまざまな情緒体験が喚起され，情緒との関わりの回復を可能にする	中川 (1989), 大竹 (1999)
	(3) 主体性の回復	自ら行うという体験が，ひいては主体性の回復，世界との関わりの回復，そして健康の回復へと繋がる	徳田 (1969), 安彦 (1975) 中川 (1989)
	(4) 葛藤と距離を取る・問題の対象化	問題や葛藤との間に適度な距離を保ちつつ，関わり続けること，対峙しながら検討を続けることができ，治療過程を促進する	Jung (1963), Naumburg (1966) Furth (1988), 増野 (2001)
	(5) 自己洞察の手がかりをもたらす	描画面に託された心の動き(イメージ・観念・感情)を見ることが自己発見へと繋がり，自己理解の進展や自己洞察の深まりを助ける	Naumburg (1966), 徳田 (1969) Furth (1988), 村瀬 (1996) 伊集院 (2000)
	(6) 備忘録・経過記録として活用	イメージの忘却を防止するため描画への結晶化が必要であるほか，一連の描画を通じて描き手の変化や治療経過の確認を可能にする	Jung (1963), Naumburg (1966) 大村ら (1972), 安彦 (1975) 中川 (1989), 藤原 (2003), 香月 (2003)
	(7) 意識と無意識の対話を促進	無意識内容が必要なだけ意識に参入し，相互の対話を経験することで，心的エネルギーが解放および活性化され，心はさらなる統合を目指す	Jung (1963), Furth (1988)
	(8) 心の発達の方向づけ	新しい生き方，心の発達(個性化過程)の方向性の発見を助ける	Jung (1963), Riedel (1988) 増野 (2001)
	(9) パーソナリティ再構築・統合	パーソナリティの再構築や自我同一性の回復，象徴機能による再統合が促され，癒しの体験となる。	大村ら (1972), 三根 (1996) Riedd (1988), 高石 (2001)
	(10) 自律性を養う	患者が自らの問題を把握できるようになり，治療者への依存が解消される	Naumburg (1966)
	(11) 言語化の促進	絵画表現を促すことは，しばしば言語化の端緒となる	Naumburg (1966), 中井 (1976) 村瀬 (1996)
	(12) 言語表現力の不足を補う	小児や精神障害者，海外からの留学生などの言語表現の不足を補助する	村瀬(1996), 増野(2001)
	(13) 言語化の迂回	言語では表現しきれない領域を，描画を通じて伝達することが可能となる。また，言語化がもたらす衝撃を抑えつつ，それとなく伝えることができる	Naumburg (1966), 村瀬 (1996) 岡田 (2000), 香月 (2003)
	(14) 身体リズムの回復	自発的な身体運動を解放することで，不安定な心理状態を整える	Naumbrug (1966), 大村ら (1972)
	(15) 非現実的空間への移動	現実とは遊離した幻想・空想の世界に触れることで，精神活動を活発化し，生活に潤いや新鮮さをもたらす	増野 (2000)
双方	(16) 関係性の構築	描き手と鑑賞者の歩み寄りのきっかけとなり，双方の間に人間的ふれあいとつながりが生じる	Naumburg (1966), 安彦(1989) 中川 (1989), 村瀬 (1996), 香月 (2003)
	(17) 行動化の緩和・回避	絵画に表現されることで行動化が緩和もしくは回避される	Naumburg (1966), 中井 (1976) 藤原 (2003)
	(18) 患者治療者間の緊張を和らげる	治療者と患者の関係において描画が緩衝材として機能することで，不要な直接対決の回避・切迫感を取り除くことができる	Naumburg (1966), 中井 (1976/1990) 岡田 (2000), 藤原 (2003)
	(19) 贈り物としての役割	描画のやりとりを通じて相互交通を形成することができ，患者にとっては受容の体験へとつながる	中井 (1970), 藤原ら (1988) 村瀬 (1996)

表1　続き

双方	(20) 短時間での施行	施行および解釈が短時間ですむことから，忙しい臨床現場でのアセスメントに有効である	Hammer (1958), 香月 (2003)
	(21) 直接的でインパクトのある情報伝達の手段	絵画表現による伝達は，具象的である分，言語表現以上のインパクトをもって相手に届く働きがある	Naumburg (1966), 村瀬 (1996) 香月 (2003)
	(22) より自然な解釈が可能	治療者患者の間で，解釈がより自然な形をとることができる。言葉による解釈が不要な場合も多い	Naumburg (1966), 中井 (1976)
鑑賞者側	(23) “関与しながらの観察” を可能にする	描画の介在により，“関与しながらの観察” (Sullivan) をさりげなく実施することができ，患者についての新しい洞察が得られる	中井 (1976), 藤原 (2003)
	(24) 新鮮な気持ちで描き手(患者)と関わり続ける	Decathexis (脱備給) を救う。慢性統合失調症患者とのフレッシュな関わりの持続を可能にすることを可能にする道具	中井 (1976), 藤原 (2003)
	(25) 患者について，周囲の共通理解を促すことを可能にする	絵画表現はパッとみて理解されやすい特徴を持つことから，描画に説明を加えることで，心理士以外のスタッフや保護者の患者理解を促進することが可能となる	Hammer (1958), 森谷 (1995) 村瀬 (1996)
	(26) パーソナリティの全体的な把握・理解を可能にする	描き手の在りようをひとつのゲシュタルト(まとまり)として映し出すことから，心身両面を含んだ全人格の状態を明らかにする	Hammer (1958), Furth (1988)
	(27) 心身両面の病理の把握が可能	病気に対する心身両面の洞察が可能。時に予後予報的な働きを示す	Furth (1988), Bach (1990)
	(28) 行動化の予知	極端な行動化の予知に役立つ	中井 (1976)
	(29) 描き手の体験世界の追体験が可	描き手の体験世界が視覚的に表現されることで，鑑賞者の追体験が生じ，描き手に対する共感が促される	香月 (2003)

るいは描かれた絵を受け取り、そして返す」という営みをするセラピストに望まれる特質について、考察を進めよう。

三、臨床場面で描画を用いるセラピストに求められること——その時を生きる——

日本描画テスト・描画療法学会第十四回大会（二〇〇四）のシンポジウムにおいて話題提供をされた各演者が本誌（臨床描画研究20巻、二〇〇五）にご寄稿くださった内容には、描画を用いるに際して、セラピストに何が求められるのかについて、対象や領域を異にしながらも、通底して述べられている。以下、それらについて集約してみよう。

1　伝えられるものを素直に受けとる

改めて記すまでもないが、臨床場面においてクライエントの描く絵は巧拙に関係ない。たとえばいびつで消え入りそうな線であっても、その描き手にとっての必然の尊い線である。相手の現すものを素直に受けとることが基本である。同様に、描画を臨床に用いるに際して、セラピストは描画が得意であることは必須条件ではない。クライエントから伝えられるメッセージをどう受けとるかということが重要なのである。岸本は自らは描画は苦手と述べられながらも、患者さんの絵を的確に深く受けとめられているのがよい例である（岸本、二〇〇五）。セラピストの苦手意識は、描き手が時に抱く描画への躊躇いや恥じらいへの配慮がより的確になることもあり得よう。主体はあくまでもクライエントであり、傍らにあってそっと受けとるのがセラピストである。確かに、クライエントの緊張を和らげ、安堵感を呼ぶようなほっとする絵、ユーモラスな絵を何気なくさりげなく描いて、クライエントに差し出すことがその場の滞った流れに生気を呼び起こすこともある。芸は身を助ける、という局面もあり得るが、むしろセラピストは自分の技を相手の必要に応じて発現させるのであって、自分の達者さを披露するのが目的ではないことを自覚すべきである。

2　全体を見る眼差しと焦点付けをするバランス

描画を用いるに際して、クライエントの作品、あるいは描画を描くクライエントとセラピストの関係を全体状況から、切り取って扱うのではなく、セラピィの全体の状況や過程の流れの中でさりげなくその時、その状況に即応して、技法のみが突出しないように用いていくことが肝要である。これは特集の五人の著者が表現こそ違え、指摘されているが、とくに並木（二〇〇五）や齋藤（二〇〇五）はこの点について、緻密な配慮をこらしている。

3　「そのとき」を生きるために

描画の解釈という視点から、描かれた絵を対象化してその絵が内包する意味を考える、という視点からの研究は従来から多く蓄積されてきている。もちろん、解釈法について標準を想定しながら基準を作る努力が有意味なことや、描かれた絵がアセスメントのために有益な多くの情報をもたらすことは事実である。しかし、**描画を用いるこ**

表2　描画を施行する際の留意点

	留意点	説明	出典
1	すべての患者に有効なわけではない。また，特定の患者には禁忌	すべての患者に適応ではないことを知っておくこと。創造行為がその描き手にとって本当に有効かたえず検証すべき。また，急性幻覚妄想状態・不眠・自我機能の低下した患者には禁忌	中井（1976），大森（1999）岡田（2000），藤原（2003）
2	押し付け・強制・過剰な期待に注意	描き手の負担となり，実を結ばない。治療関係を壊すことも	中井（1976），森谷（1995）中川（1989）
3	断る自由を伝える	断る自由を感じさせる場を作る。治療者が中止する勇気も必要	中井（1976），森谷（1995）村瀬（1996）
4	審査員にはならない	裁判的態度や過干渉は，二人関係の安全性を危うくする	中井（1976），中川（1989）
5	巧拙ではなく，メッセージに注目	芸術性や完成性にこだわることは本末転倒。患者の描画は，芸術性の高い作品と哲学的に対等であるとみなす用意が必要	中井（1976），村瀬（1996）藤原（2003）
6	作品の取り扱い	描画は贈り物として機能する場合があるので，描き手への返却の必要があるかなどを含め，作品のやりとりは慎重に	藤原ら（1988），藤原（2003）
7	退行・空想世界への逃避への配慮	場合によっては一時的ではなく恒常的な退行を引き起こすことがあるので，治療者は十分な注意が必要	徳田（1970），森谷（1995）藤原（2003）
8	描画は方法に過ぎず，目的ではない	描画ではなく，描いた人への関心を中心に据えること	徳田（1971），村瀬（1996）
	作品について検討する機会を設けること	描いた絵を中心に鑑賞し意見を交わしあうことが，患者同士の関わりを生み出す能動的で主体的な行為なのである	安藤（1975）

とに臨床的に最も意味があるのは、描画が描かれているその過程が当のクライエントにどう体験されているのかさらには描かれたものをセラピストが受けとるときの内心に湧き起こってくる諸々の発見、感動、思考内容とそれらをその場において、その場にあるクライエントにふさわしいようにいかに伝えるか、ということではないかと考えられる。その場、その時に描画を介して無言の一見静謐な空間であれ、描き手とその受け取り手との間にいきいきした交流が生まれるその「生きられた瞬間・時間」の体験の共有が、描画をセラピィに適用する本質的・基本的な意味ではないかとかねてより考えてきた（村瀬、二〇〇三、二〇〇四；村瀬・並木、二〇〇五）。

絵を描いているその瞬間には、描き手の内面には、絵を見せる相手への諸々の気持ち、描いているモチーフにまつわるさまざまな過去、現在、未来、あるいは非実在など実に多様な、しかもその描き手にとって必然のことがら、感情、思考内容が輻輳して活性化しているのではなかろうか。そうであるからこそ、描くことによる前出表1に示されたような効果が表れるといえよう。このように結果として生じる効果はもちろん大きいが、描いている進行形の過程において生じている精神活動の意味もきわめて大きいのではなかろうか。この過程が生じるには、「内的な表現を促すのではなく、表現が可能となっていく関係性をいかに作っていくかに自然と重心が移っていく」（岸本、二〇〇五）ことが要諦である。このことを並木桂（二〇〇五）は重篤な重複聴覚障害者へのアプローチに際して、相手の状態や関心に非常に繊細微妙な呼吸合わせを行って、かかわりの営みを相手の関心に併せてスモールステップ化することで、相手に安心を贈っている、藤掛明（二〇〇五）は犯罪を犯さざるを得なかった受刑者の背景を十分に汲み取りつつ、今、ここで可能な相手の反応のポジティヴな面に注目することによって、たとえそれが一回性の営みであっても、描き終えた受刑者がその時間を意味あるものとして体験したと考えられる経験を報告している。また、中川（二〇〇五）は精神科病院院長として統合失調症のS氏が自分のペースで描きやすい環境を病院の治療的環境風土という全体状況として整え、S氏に対して何かを指示するのではなく、提示される作品をその都度大切に受けとめ、あえて意味づけや解釈を加えずそのまま受けとっていくことを重ねている。この受けとめ方が病を抱えて生きて行かざるを得ないS氏に「描くことは生きること」であらしめたのであろう。公立中学校の通級指導学級（不登校児を対象として設置されている情緒障害学級）において、美術教師として表現活動を指導している齋藤（二〇〇五）の報告においても、引きこもっていた生徒の動き出しにくい気持ちをそのまま受けとり、その生徒のペースでモチーフや制作方法を選べる条件を整え、かつその作品に教師でありかつ心理的援助者の自分の気持ちを通わせるような姿勢で受けとめようとしている。対象は異なっているが、いずれのクライエントも描く時間が保証された自分のためのものとして安堵して受けとられた、と考えられる。

また、伝えられた絵を受けとめる「その時」、セラピストがどれだけ敏感に、そして的確緻密に、しかも与えられたものを与えられたものとして素直に受けとめるかが、描画が臨床場面で効果を持つための重要なキーポイントではなかろうか。この特集で執筆されている五人の方々はそれぞれに絵を受けとったとき、まさにその絵を前にして「描き手と共にあたかも描いている」「描き手の描いた絵と自分の一部は融合したような感覚がありながら、同時に一方で、そういう対象と融合した状況にある自分の立場や役割をも併せ認識していて、目前の絵にまったく埋没しているわけではない」という状態に、その時はある、という点で通底した姿勢を持っている、といえよう。これこそが、今、そこで、描き手とセラピストが「生きられた時間」を体験しているということであろう。この生きられた時間体験としての描画へのかかわりが可能になるには、次のようなことが基盤に求められるのではなかろうか。

①描画はあくまでも、一つの方法であり、心理療法の基本として求められることを会得し体現しようとする努力が必要である。すなわち、クライエントを「人として遇する姿勢」が基盤に求められる。

②中井久夫（一九七九）も既に指摘しているが、自己目的として、セラピストが描画療法を追求しないこと。換言すれば、クライエントの必要性に即して、援助過程の必要性にそって技法を適用すること。

③セラピストはまずは与えられた描画をそのまま素直に受けとる姿勢と、かたやその描画から伝わって来るものに対して、それにまつわる自分の内の知識、経験を総動員してそのメッセージの内容を豊かな多面的なものへとふくらませるようにすること。想像力をいきいきと働かせながら、良き受け身性に徹して、素直に感動すること。

④セラピストは何事にもよい意味での関心を偏りなく抱き、気付く姿勢、不確定な状況に耐えて、対象の訴えかけてくるものを大切にそのまま受けとるようにすること。平素から想像力を枯渇させないように留意する。

⑤基本となる理論や技法は会得しつつも、それらに拘束されず、つねに対象の必要に応じて、工夫創造をこらす姿勢を。

⑥無用な力みは持たず、しかし真摯にさりげない姿勢で対象に対すること。

おわりに

描画が臨床場面において、クライエントからみて、生を支え、治癒的意味を持つものであるためには、セラピストは言語を主とする場合の心理療法の本質――すなわち、緻密に観察し、考え抜き、かつ素直に与えられたメッセージを受けとめ、クライエントの必要性に即して応えることを基盤に持ちながら、自らの内に生起する感情と思考を真摯に受けとめることが、基本的に求められる。

引用文献

藤掛明（二〇〇五）「刑務所における集団コラージュ療法の試み――犯罪臨床における描画の意味」臨床描画研究、二〇、一二六‐一三九
香月菜々子（二〇〇四）「〝絵を描く〟ということ――臨床場面における描画の意味と、その有効性」臨床心理研究、一七、一七三‐一八二
岸本寛史（二〇〇五）「表現の発生」臨床描画研究、二〇、一一‐二五
村瀬嘉代子（二〇〇三）「こころの糧と子ども時代――生きられた時間の体験」児童青年精神医学とその近接領域、四四巻二号、一〇二‐一一二（村瀬嘉代子（二〇〇四）『統合的心理療法の考え方』金剛出版、所収）
村瀬嘉代子（二〇〇五）『重複聴覚障害者に対する統合的アプローチ』日本評論社
中原佑介（二〇〇一）『ヒトはなぜ絵を描くのか』フイルムアート社
中川龍治（二〇〇五）「統合失調症S氏の描画と「生きること」――五十六歳から八十歳まで絵を描き続けたケースを通して」臨床描画研究、二〇、七三‐八九
中井久夫（一九七九）「芸術療法ノートより」徳田良仁・武正建一（編）『芸術療法講座I』星和書店
並木桂（二〇〇五）「重複聴覚障害者施設における描画臨床」臨床描画研究、二〇、四〇‐五五
齋藤ユリ（二〇〇五）「学校心理臨床と集団描画療法」臨床描画研究、二〇、五六‐七二

千住博（二〇〇三）『美は時を超える――千住博の美術の授業』光文社

（臨床描画研究20、二〇〇五）

書評　臨床家のためのこの一冊

『A Home for the Heart』（Alfred A. knopf, New York, 1974）

『鍛えられた心――強制収容所における心理と行動――』

（The Informed Heart—Autonomy in a mass age, The Free Press, 1960. 丸山修吉訳、法政大学出版会、一九七五）

ブルーノ・ベッテルハイム（Bettelheim, Bruno）著

一

この一冊というシリーズなのに、著書と著者との出会い、というような内容になりそうなことをお許しいただきたい。前々号（臨床心理学第四巻第三号）で、滝川一廣氏がシュルテの『精神療法研究』をとりあげて、自分の精神科医としてのあり方の基本を決定づけた本ではあるが、「推奨の一冊」でも「必読の一冊」でもない、と述べておられるのにいささか似た心持ちである。ベッテルハイムについては、自閉症について心因論を提唱した精神分析に依拠する心理学者というようなやや一面的な評価がなされてきた観がある。しかし、彼の重度の情緒障害児に対する全寮制の治療施設、シカゴ大学付属ソニア・シャンクマン・オルソジェニック・スクールの臨床実践に基づく治

療論の著作の数々、自らの強制収容所体験をもとにした人間性を維持させうるものについての考察、国語教育についての提言、母親たちとの対話を通しての育児への示唆、イスラエルのキブツを訪れてのフィールドワークによる発達ならびに臨床心理学かつ社会学的考察、昔話が子どもに贈る生きる希望の指摘、はたまた精神分析と臨床経験から発した「性」に対する人類学的分析等を読めば、実は幅広く深い思索と臨床実践の人であることがわかる。

二

ベッテルハイムの名を知ったのは、一九六〇年代バークレイ留学時である。大学街という土地柄もあろうが、スーパーマーケットにチャールス・ブレンナーの『精神分析入門』とベッテルハイムの『愛はすべてではない――情緒障害児の治療と教育』がペーパーバックとして並んでいたのに目が惹かれた。実習担当の先生がベッテルハイムの書を指して「素晴らしい本だ、どんな領域であれ臨床にたずさわる人の必読書だ」と言われた。その内容は概念や理論から系統立てて記述されているというより、前述の寄宿制養護学校の日々の具体的生活場面でどのように情緒障害児にかかわるのか、彼ら一人一人が持つ固有のアルファベットを理解するべく、どのように子どもに身を添わせていくかが、事実をして語らしめるという視点で活写され、その後でそういうかかわり方をする理由が述べられていた。

人のこころを理解するための考え方が明確簡潔に記述されたチャールス・ブレンナーの著書と、ベッテルハイムのすぐれて臨床実践的な、「考えの内容」を行動に表すとはこういうことである、という著作が併せてベストセラーとなっていることに、骨格＋肉付けそしてプラスアルファか……、なるほどと思ったことであった。後で『愛はすべてではない』を訳出したが（誠信書房、一九六八）、愛は智恵や思慮深い思索に裏打ちされて、相手の必要性に即応して個別的に創意工夫をもって現されてこそ、相手に役立つものである、というのがベッテルハイムの基本理念である。

三

ベッテルハイムは一九〇三年、オーストリアの首都ウィーンの裕福なユダヤ人の家庭に生まれ、ウィーン大学で心理学、精神分析学を学んで学位を取得した。一九三二年から一九三八年に至る六年間、二人の自閉症児を自宅に引き取り生活を共にして、治療と教育に専念した。抗精神病薬が一般に用いられだしたのが、一九五〇年代になってからのこと、そして自閉症児についての理解も援助法も黎明期以前ともいえる当時にあって、自閉症児と生活を共にするということの決断と継続がいかなることかを考えるだけでも、思索の人かつ行為の人としての彼の破格さが偲ばれる。一九三八年から一年間、ダッハウ、それにブッヘンワルトの強制収容所生活を体験して、生き残り、一九三九年アメリカに亡命し、シカゴ大学付属の情緒障害児のための全寮制養護学校長を併任しつつ、教育学、心理学、精神医学の教授を務めた。

私は一九七〇年代の半ば、ベッテルハイムが強制収容所経験を著した『鍛えられた心』を手にした。それまでにすでにフランクルのかの著名な『夜と霧』を始めナチスの非道、その凄惨な仕打ちを語る書物や映画は多く存在していた。だが、私にはこの一書はあれほど悲惨な収容所経験を事実として記述しながらも、告発に止まらない何ものか、人間性に対する信頼感とでもいうか、何か可能性を彼が暗黒体験を通してつかみ取っていること、それはしかも一義的なものでなく人間存在の深淵を識って観えるものらしいことを感じた。読後、限りなく重い気持ちになりながらも、静かに勇気がわくような本であった。人としての尊厳が踏みにじられ、生命の危機に曝される状況下でも、与えられた環境の中で考え抜くこと、この営みが調和のとれた人格と満足できる家庭生活の経験、たとえ誰も知らなくても、本人自身に自尊心と満足を与える業績に支えられることによって、人は苦難に耐える可能性があることが述べられていた。人間性を体現していくには、智恵と意志をふりしぼる長い努力を覚悟する必要性が訴えられていたのである。この苛酷な体験を通して会得した人間性への信頼が、多くの治療相談機関で治療不能と見なされた、重篤な情緒障害児の治療教育への没頭へと彼をむかわしめた要因のひとつではなかったのか、と想像される。

四

ソニア・シャンクマン・スクールでの長年にわたる多面的で緻密、かつ重層的な心理治療、医療、教育、ソーシャルワーク、養育ケア、地域・他機関との連携活動などを統合するすぐれた実践については、数冊の訳書が出ている。だが、ここに挙げた訳書のない『A Home for the Heart』こそがベッテルハイムの情緒障害児の治療教育臨床論の集大成であろう。三十年近く前の出版であるがいささかも古びることなく、見方によっては、未だにこのような総合的かつ統合的アプローチを行ってこれを超えた実践は果たしてどれくらいあるのであろうか、とも考えられる。内容をかいつまんで紹介しよう。四百六十頁とかなり分厚く、四部に分けて記述されている。

Ｉ　精神病院の理念

○環境と雰囲気への配慮の大切さ、住まいのあり方は人のこころを成り立たせる重要な要因。
○クライエントは施設中で、快適に満たされた生活を送れた時に始めて、剥奪されるという怖れやみじめな想いにとらわれず、自分にとってよりよいものを得ていこうという気持ちになる。
○施設で必要なのは、クライエントが今生活している世界を自ら管理できるという自信を取り戻すことである（私物管理、クローゼットなど）。

○暴力に対しては、クライエントの抱いている人間存在への絶望に素早く関心を向けることが治療的であり、彼が欲求を満たそうと暴力に訴える前に速やかに適切な方法で欲求充足し、そうしたやり方を学習できるようにして、彼が追い詰められたと感じないような配慮が必要である（緻密な観察と汲み取ること、敏活にして現実的反応の必要性）。

○食事、睡眠、入浴、身体のケア、衣服への配慮など、具体的生活状況への配慮の必要性。

Ⅱ　Orthogenic Schoolでは（構造、運営についての留意点）

○施設や病院の形態やその運営方法について、小グループホーム、小舎タイプの施設、小舎システム、病棟システムのそれぞれの特質を挙げて比較して論じ、さらに施設の中心人物は施設の中でどういう場所にどういうスケジュールで存在することが望ましいのかを検討して、いろいろな要因を統合して備えるようにオルソジェニック・スクールのスタイルを編み出した（ベッテルハイムはオルソジェニック・スクールの中にオフィスを持ち、子どもたちは自由に訪ねることができるようになっており、四十から五十人の在籍している子どもたちについてはよく知り合う関係ができていた）。

○施設は社会から隔絶されず、施設にあっても社会との繋がりを維持できること。

○入所者のプライバシーを考慮しながら、入所前に施設を見る機会を持てるように。安堵感を贈ることができるように。

○統合失調症者など自我境界が曖昧な人々にとって、施設は安定感のある構造を必要とする。

○施設は代用の境界（substitute boundaries）の境界の意味を持ちうるように。

○建物の芸術性から、病者は多くの象徴的意味を受け取る。内装の重要性。

○知覚（視、嗅、触覚）を通してよい刺激を。環境を整えることによって、精神病者は安堵し、自らの困難が自らの中にあることを受け入れられるようになり、人格の再統合を促す。

○生活空間や状況が象徴的にメッセージを送る。調度、内装、装飾への配慮。
○適切な身体的・精神的距離を保てるような生活空間のしつらえ方を考えること。
○クライエントの人格の再統合のためには、限定された時間を過ごす面接室よりも、クライエント自身が生活している場所、寮そのものが援助の場となりうるように。部屋の広さ、家具の配置やデザインに治療的意味が込められている。
○「食」は人生最初の経験、治療上重要、配慮された食事が愛情込めて供される、ダイニング用品にも治療的な意味を（どうせ、壊すなどと安価なプラスチックの食器を用いない等々）。
○入浴は心身の統合に役立つ。バスルームの用品への配慮、イラスト、玩具なども吟味。
○入所前にクライエントが施設を見学し、決定にイニシアティブを持てるように。
○新しい入所者の受け入れについては、入念な準備を。

Ⅲ　治療的環境を造る

○ここでは、環境要素としての「人」の要因について、詳細に論じられている。主たるトピックスを挙げてみよう。

スタッフのこころの統合が、真の治療的環境をつくる。スタッフが子どもを理解しようとしていることを感じるならば、子どもは人間尊厳の確信を持てるようになる。スタッフは健康な自尊感情を持っていることが望ましい。子どもから見て同一視の対象となりうることが望まれる。スタッフは自分の働く動機、これまでの自分史、自分のパーソナリティの特質など、自分を見つめることの大切さ、スタッフ間の相互支持的な関係の醸成に努める。クライエントと接する過程で、スタッフ自身の未解決な問題が刺激され、表面化することへの留意と対処の仕方、など。
○このⅢ部ではスタッフの選考方法やスタッフが寮へ住み込んでいる意義が語られているのであるが、治療的環境の一部を成すスタッフに求められていることは次のベッテルハイムの言葉に尽くされているように思われる。

「スタッフに必要なのはempathyである。クライエントへのナルシズム的な同一視は、クライエントの成長を妨げる。スタッフは自らの半身をクライエントへ、半身は突き放して自分を観察する姿勢で、患者の現実に即したかかわりが求められる。クライエントから求められる激しい感情に対して、スタッフは感情的反応を禁止するのではなく、自らに生じる感情に素直に反応し、スタッフと患者が相互に影響し合うことがお互いの再統合を助ける。スタッフはクライエントにすかれることを望んではいけない。大切なのは、精神分析学的な知識や技能よりも、良識的なセンスである。

クライエントが何かを達成するとき、それをスタッフが支えたとしても、重要なのは、クライエントが自分自身で成し遂げた、と信じられることである。（中略）クライエントが自ら成し遂げることがスタッフの真の歓びである」

Ⅳ　人間的かつ専門家としての成長

ここでは心理的援助者の成長を促す教育訓練について、具体的に技法的工夫をも挙げながら論じられている。なお、これらの内容が確かなものとして伝わり、納得させられるオルソジェニック・スクールの佇まいを伝える落ち着いたトーンのカラー写真が十数枚添えられている。

五

さて、精神分析学を基盤に出発し、自ら極限状況を経験して、人間存在の根幹の深淵を知ったベッテルハイムは、あらゆる環境要因に配慮した治療環境を整えたうえで、「重要なのは治療者のこころの統合である」と述べている。そしてかくも多面的にかつ個別化が行き届いた、上質のセンスと思索のバランス、人間への信頼のうえに成り立つ臨床を行いながらも、オルソジェニック・スクールに入学したときは極めて重篤な状態にあった少年が、長じて大学教員となり、ベッテルハイムの許を訪れたとき、次のような会話が交わされているのである。ベッテルハイムに「今の君をあらしめるために役だったことは何か」と尋ねられ、かつての少年は「ちょっとした時間、何気ない日々の積み重ねと時間」と答える……。ベッテルハイムはその答えに満足して彼と共に微笑む、という一節がある(Bettelheim, 1955)。

（臨床心理学、四巻五号、二〇〇四）

文　献

Bettelheim B (1955) Truants from Life : The rehabilitation of emotionally disturbed children. The Free Press.（中野善達ほか訳（一九八九）『情緒的な死と再生』福村出版）

Ⅱ

事例検討会から

伊藤直文

この十年余、同じ大学同じ専攻の教員として仕事をし、またカウンセリング研究所運営のお手伝いをさせていただいている。文字通り村瀬先生の日常のお仕事に接しながら、さまざまなお教えを受ける立場にあるため、外部の方から「村瀬先生はどのように？」といった質問を受けることも少なくない。しかし、実のところ、先生が多岐にわたる公の仕事とご自身の研究、執筆をどう時間調整してされているのかさえ私の想像を超えてしまっており、ましてやそのお仕事や考えられていることの中身となると私などに何かが言えるものではない。近くに居るからといって、よく知っているようなことを言わないというのが、私が自分に課したルールである。

ただ、大学、研究所のある意味この世的で面倒な課題についてご相談していると、先生の物事を見る視野の広さと深さ、われわれにとってはこの方が都合が良いというような自分の側の欲や希望をひとまず括弧に入れて、事のなりゆきと落としどころを見通す姿勢、そしていざというときの決断の早さと思い切りの良さには、何回も驚かされている（品の良い言葉ではないが、「度肝を抜かれる」という表現がぴったりである）。あれこれをご一緒する中で学ぶことは多いが、この部分は具体的に例示する訳にはいかない。いずれにせよ、ここでもとうてい真似のできないことは多く、私としては、せめて自分の欲や都合で動かないことを自分に言い聞かせながら仕事をしている。

さて、こんな風に言い始めたら、本当に何も書けなくなってしまう。そこで、私にとっては、先生との実質的な出会いの場であり、同じ大学で仕事をするようになってからも、可能な限り参加させていただいている先生の事例検討会を通じて考えたことを書かせていただこうと思う。

大正大学カウンセリング研究所では、毎年、クローズドグループによる事例検討会を継続開催しており、ここには心理職だけでなく福祉施設指導員やケースワーカー、教員、家裁調査官、精神科医など多様な臨床実務家が参加している。

村瀬先生にコメンターをお願いしているときには、私も司会として参加させていただき、参加する以上は必ず一言は自分の考えを述べるようにしている。何年か前頃は、今考えると本当に恥ずかしく書くのも憚れるのだが、これを自分が言ってしまうと先生のおっしゃりたいことを取ってしまうのではないかなどという考えが頭をかすめたこともあった。しかし、これはまったく余計な思案であって、私がそれなりの地図を描けたと思って発言しても、それは先生のコメントによって格段の立体感を持って立ち上がることになり、うまく立体図が出来たと喜んでいると、ぐるりとひっくり返した思いがけない視野やそれこそ宇宙的俯瞰図を与えられて、心底驚かされるのが常であった。いずれにしろ、先生のコメントによって、事例の孕む豊かな意味が、普遍性と個別性それぞれの輪郭を明らかにしながら眼前にはっきり像を結ぶという感覚であった。だから、この数年は、余計なことは考えずに思ったことを発言して、毎度くり返し自分の足らざる所を確認しているというわけである。

村瀬先生というと、使われる「言葉」の見事さがよく話題になる。

七〜八年前のある回の事例検討会で、発表者が、治療方針を巡って「共感的に接していく」と述べたが、どうもそれはよく話を聴くという以上の内容を担っていないように響き、参加者たちの間にも少々腑に落ちない空気が広がった。そのとき、聞いておられた村瀬先生が「そもそも共感というのは、想像力を働かせてその人をひとりぼっちにしないことでしょう?」とさらりと言われたのである。その瞬間に、それまで私の頭の辺りで漂っていた「共感」という言葉が、胸の真ん中に体温を伴ってすっと収まった感覚があった。それまでも、いくつもの共感を巡る記述を読み、自分でも考えてきたはずだったが、これほどの納得は得られなかった。以来、ずっとこの共感の定義が私の面接の基盤にあって揺らぐことはない。胸に収まった言葉は、どんなときでも自分が具体的にどう振る舞ったらよいかを教えてくれる。きっと村瀬先生のクライアントはこんな風にして自らの道を見つけて行かれるのに違いない。

それなりの年月この世界で仕事をする中で、臨床家には、「臨床人間学（哲学）の人」と「臨床技術学の人」がいるように感じている。臨床人間学の人は、常に臨床の営みそのものを問う。人が人を援助するということはどういうことなのか、他ならぬ自分がこの場でこの時期にこの方法で関わることはクライアントにとってどのような意味を持つのだろうか、そもそも専門家が関わることが長期的に見てその人にとって良いことなのか、等々。そして、そのように問い続けること自体が臨床を臨床たらしめ、成果にもつながると考える。臨床技術学の人は、クライアントと効果的、効率的に関わるための技術の開発と工夫に専心し、そうした技術には一定の普遍性があると考えて、しばしば「〇〇療法」や「〇〇心理学」を標榜する。臨床の成果は、技術の習熟、向上の結果と見る。もちろん片方だけの臨床家がいるわけではなく、軸足の置き方ということにすぎないのだが……。

はなはだ粗雑な議論だが、上のように考えると、村瀬先生はまさに「臨床人間学」の人だと感じる。もちろん先生とて、技法的なものを軽視されているわけではないし、さまざまな工夫をされているのを目の当たりにしている。しかし、折に触れて強調されるのは、「技術や知識は、職業人として責任を持って仕事をするなら身につけていて当たり前」「大切なのは、その相手の方に対して他ならぬ自分がどのように技法を使うかに関する適切な判断」ということであったと思う。この「適切さ」は、治療者—クライアント関係ばかりでなく、家族や地域文化や社会情勢まででも視野に入れた中での判断である。逆に、もっとも嫌われるのは、十分な臨床判断に基づかずに慣れ親しんだ（よく「手あかの付いた」と言われた）技法や知識が使われること、クライアントの内的必要性よりも治療者の興味やある種の欲（「治療者のナルチシズム」）が優先されること、治療者が自らの資質に沿わない（「身の丈に合わない」）

技法を使うことのように見える。こうしたものを事例報告から感じ取られたときの先生は厳しい。援助者の人格から独立した技術、技能は存在しないということをおそらく極めて厳格に考えられているのだと思う。

多様な職種が集まる研究会では、往々にして「こういう風には考えないのか」「これは聞いていないのか」「こういうことはできないのか」といった類の、「自分なら、自分の臨床現場ならこうできるのに」といったニュアンスの発言が生じがちで、控えめな発表者は「それは気がつきませんでした」「できませんでした」と恐縮する。しかし、その発表者が、その機関の限界と責任をわきまえ、その範囲内で確実に役割を果たしていると見られるときには、先生は断固として発表者の擁護者である。発表者のわずかな発言から思いを巡らし、その職場ではこんな難しさがあるのではないか、仕事に対するこのような暗黙の圧力があるのではないかと指摘され、それは、発表者自身が、日常の仕事の中で徐々に意識しなくなっているものの、どこかで自らの臨床の幅を狭くしている部分を明らかにし、かつそうした困難の中にあっても誠実にすべきことをしようと努力している発表者をねぎらい、勇気づけることにつながる。文字通り「想像することでその人をひとりぼっちにしない」という共感の力が発表者自身に注がれるのである。

自ら行っている臨床の営みを問い続けることなしに意味のある臨床はない。自らへの問いかけを心に保ちながらクライアントときちんと向き合うなら、しなければならないこと、決してしてはいけないことは自ずと見えてくる。見えてきたらすべきことをするための努力をすればよい。そのために必要な技法、技術は日頃から鍛錬し、あるいは機に応じて創意工夫する。このような過程を踏んでさえいれば、所属機関のハード、ソフト両面の制限、自分自身の経験、知識不足による限界があっても（つまりどのような場、どのような人にあっても）、意味ある臨床関係が成立するだろう。学生や初心の臨床家は、臨床技術学に惹かれる。それ自体は否定しないし、技術を軽視してはいけないが、人間学のない技術学は危険でさえある。われわれはそういった例を数多く見ている。他方で、人間と人間に対する自分の姿勢をきちんと問うていれば、必ず生産的でクライアントにとって意味のある出会いが生まれるに違いない。村瀬先生のコメントを伺いながら、私はこのように考え信じるようになっている。

ここに記してきたことは、所詮は小さな眼で巨大な存在の姿をかいま見た結果に過ぎない。こんな風に書かれるのは、先生にとっては迷惑なのではないかと怖れてもいる。ただ、そこのところは、私の「身の丈」とご容赦願うとともに、間違いのない事実として、先生と出会ったことは私の人生における途方もなく大きく、スリリングで幸せな事件であった（あり続けている）ことを感謝とともにお伝えしたいと思う。

以上

モナリザ村瀬の微笑み

乾　吉佑

一

村瀬嘉代子先生について執筆をと金剛出版編集部から依頼されたとき、返信前に、いつものように依頼内容について連想してみた。先生への連想はどうしても、日本臨床心理士会副会長として、被害者支援の専門委員会や司法領域の重責を担っておられるお顔が大きく浮かぶことになった。

先生をめぐっての出版ということだが、私は、先生との師弟関係を持っているわけではない。さりとて、学問評価や検討をする立場にもないし、それらの筋から先生との思い出を綴ることも憚られた。

そんなことをくだくだ考えながら、私は先生についてさらに連想をしてみた。だが現在、先生と共に取り組んでいる日本臨床心理士会での公的でしっかりと一本筋を通した姿勢とか、巨大な東京臨床心理士会での草創期に会長職として、組織を上手にまとめ今日の礎をつけられた見事なお姿しか浮かんで来ない。そのような大きな枠の影に、連想されたのは、きわめて断片的だったが以下のいくつかの事象であった。

二

「クライエントの興味関心にあわせた洋服を選んで着て行った」「私は変なおばさんと呼ばれているの」「時間通りに終わらせましょう」などのとりとめのない連想であった。もちろん村瀬先生にも、また読者にもこれでは皆目わからない。夢の断片のようだからだ。そのうちに、何気なく机の片隅に以前に購入した何冊か積んで置いた本に手が伸びていた。村瀬先生のことを考えていたせいか、児童文学者の高楼方子《たかどのほうこ》の三著作『11月の扉』『時計坂の家』『ココの詩』に目が行った。中でも『時計坂の家』のタイトルと装丁に惹かれて手が伸びていた。

これら断片的な連想や児童文学書への注目は、後述するように、実に村瀬嘉代子先生について、私が感じていたことがすべて入っていたのである。こんなときの無意識の連想は正直ありがたかった。

京都国際会議場で開催された第二十四回日本心理臨床学会も終わり、次の原稿に取り掛かることも億劫で、頭を空白にしたいと感じていた。ふと思い出し『時計坂の家』を一気に読んだ。やはり、無意識が指し示したように先生に関連ある世界が描かれていた。現実と内界を行き来する物語である。その内容は、十二歳の少女フー子が体験した夏休みの内的な自分との出会いの成長物語である。児童文学書の特質から十二歳の少女とはなっているが、そこには心的世界を探求する鋭い感性と、しかしながら現実を踏み外さない確かな視座を保持した主人公の視点が認められ、この世界は村瀬先生そのものかと思えたのである。

三

身近なお弟子さんであろう方々に、村瀬先生の人となりをお聞きしても、評価を口にすることは少ない。むしろ

「そう言われても」と微笑み返してうつむくだけだ。私のボスだった小此木啓吾の評価は、私たち弟子同士かなりあけすけに敬愛を込めて、しかも声高に語り合っているのとは大違いなのだ。村瀬先生は謎なのである。

風の噂では、大変厳しくて怖い人という評判もある。しかしその一方、あのぐらいセンス豊かで人々の心を魅了する方も珍しいとも聞く。果たして村瀬嘉代子氏とは如何なる人物であるか。

何かが先生を覆っている。そのミステリアスなところが私の無意識を動かしているともいえる。先生はミステリアスで表現しにくい。掴みところのない人である。童女のようでもあるし、老練な勝負師でもある。あまりにも政治的で現実的な側面を持つ一方、屈託なく豊かにたゆたう風のように飄々と遊べる側面も持つ。モナリザ村瀬の微笑みの中にある鋭い棘の一撃に多くの方がビビッてしまうときもあった。見る角度によって先生は異なるのである。

このような表現は、先輩の先生に失礼とは思うが、感じるままに記述してみるとこのようになる。「少しは自分のことを棚上げせずにしっかり向いて、書いていいことと書かないことを弁えなさい」の声が飛んできそうだが終わるわけにはいかない。このように遠吠えの躁的防衛をしていないと何か保たれない。優雅に見据えられ暴かれる恐怖心が生じてくるのである。

四

思い返せば、村瀬先生との出会いは、二十四年ほど前にさかのぼる。一九八一年（昭和五十六年）十月十七日、十八日と東京の野口英世記念館で開催された日本精神分析学会第二十七回大会であった。先生は、大会第二日目に開催されるこの大会のシンポジウム「リエゾン精神医学と精神分析」についての「シンポジウム関連演題」部門への発表のために参加されておられたのである。出会いというとかなり親しみをこめた表現にはなるけれども、事の真相は異なる。たまたま私も同じ「シンポ関連演題」部門に発表応募していた関係と、さらに先生と発表時間が近接していたために先生のご発表「ある自閉的児童の自我統合過程」（日本精神分析学会抄録号 Vol.25, No.4, 1981）に触れることになったのである。

しかし、「出会い」という多少思わせぶりな表現を使うことになるのは、そのとき私には衝撃を受けた先生の発言内容に出会ったからである。それは発表中であったか、その後の質疑討論中であったかは定かではない。どんなフレーズかというと、「私は、その児童が関心をもった出来事や好きな色などを何気なくお聞きしていて、たとえば、その色に近い装いを面接では心がけるようにしている」と言われた一言であった。このワン・フレーズが事実だったか、その後私によって再構成された記憶の産物かどうかはともかく、当時少々精神分析について理解を進めてきていると自負していた私から見ると、なんと積極的で押し付けがましい治療態度を、さらりと口にされる人だなーと聞いていた。女性治療者のやる誘惑的な手だよなと聞き流し、自分の発表に手を入れ直そうと発表原稿に取り組んだ。やがて、聞くとはなく聴いていると先生の発表か討論内容とそのフレーズが、ぴったりと調和しだし、次第に違和感なく私の心に沁みて深く感動的に届いてきたのである。

発表内容は細かくは失念していたが、そのフレーズをお聞きしたときに、この治療者の現実状況を踏まえながら、かつ細やかなクライエントへの気遣いや整った嫌味のない配慮と、しっかり抱きとどめるどっしりとした力強さを感じ、治療者機能の柔軟さと一貫性の妙に深い感動を抱いたことを覚えている。そこから村瀬嘉代子という治療者のお名前は私の中に刻まれていった。

したがって、村瀬先生とは内面的な治療者同士として出会いをしていたのである。その後、日本臨床心理士会や日本心理臨床学会等の臨床心理の種々の会合で公的に出会うことになろうとは二十四年前には思わなかった。私は、当時精神科という医療の狭い領域と精神分析という特別な視野しか知らなかったので、心理臨床の広大な領域で仕事をなさっておられた先生を眩しく見つめているだけであった。

したがって、この女性が村瀬孝雄夫人であることは、その当時まったく知らなかったのである。少しわき道に入り込むが、孝雄先生とご夫婦だと知ることになるのは、七年後の第七回日本心理臨床学会のシンポジウム「心理臨床における生と死の問題」での孝雄先生の発表に、フロアーから「喪の作業」の先生のご発言に対して、若輩の私が、臨床家としての姿勢を生意気にも取り上げたことに始まる。つまり「ご発表では、ご自分の母上に対する喪について、村瀬先生は個人的に落胆されている点のみを取り上げておられるように感じます。お辛いでしょうが、その時、臨床家としてどのような姿勢を持っておられたかを議論することが、本シンポとしては大切ではないでしょうか?」などと取り上げ、孝雄先生に挑んだのである。

シンポ終了後、高名な先生から「臨床家としての姿勢としては、貴方の指摘とおり。村瀬さんに同情するあのシンポの中で、その指摘をされたのは臨床家としてすばらしい」などとほめられていい気になってロビーにいた。そのときに、偶然に嘉代子先生に出くわした。そのときに先生から「先ほど主人への発言どうも」とやんわりと例のモナリザの微笑を湛えて言われた。その時初めて、先生が村瀬孝雄夫人と知ると同時に、私自身の杓子定規で教条的な高慢さを見透かされたようで、大変な汗が脇腹に流れたのを記憶している。……これについては思い出すたびに、すごい苦い気持ちが蘇るのは私のエディプスのためであろうか。

五

村瀬先生のきつく厳しい面を少々強調しすぎたかもしれない。やんわりと優雅な点も大きいのである。優雅といえば、先生の言葉使いの巧みさ美しさは、私が思い浮かぶ範囲だが、これまで並ぶ方がないように思われる。これは、人への関心と観察力の鋭さと同時に、弱者への優しさによって得られたものなのであろう。その中から紡ぎ出された言葉なので、先生の書かれたものや話された内容に深く感動し、満たされることが多いことを感じている。

つい先ごろも臨床心理士会雑誌に、研修委員会の開催した講演会での評価が載っていた（濱野清志・第五回臨床心理士のための基礎研修会報告。日本臨床心理士会雑誌 Vol.14. No1. p.23）。それは心理臨床家の基本的な態度についてのご講演であった。先生が日ごろ各々の状況でどのような立場や態度を持つべきかの関係を常に肌身で感じ取っておられ実践されている課題について、丁寧にお話をすすめられたものである。

多くの臨床家に感動を持って、先生のお話が受けとめられるのは、種々の修練もあるだろうが、もともと身についた特性のようにも感じられてならない。これは私の先生への尊敬と大いなる羨望を込めて感じていることである。医学界や司法そして福祉の領域との交流が縦横にでき、しかも適切に距離をとって対応しておられるそのセンスも光る。

統合的アプローチは、このような村瀬嘉代子先生の臨床家としての修練と、モナリザの微笑をもった性格特性から、まさに紡ぎ統合され実際化された臨床技法なのであろう。

是非今後は、事例検討会で拝見する広い見識と味わい深い先生の読み取りを、われわれ心理臨床家の多くの後輩たちにお教えいただきたいと願って筆を擱《お》く。

村瀬嘉代子先生に教えられたこと

江口重幸

村瀬嘉代子先生という存在をあらためて知るようになったのは、十数年前に当時の同僚の臨床心理士からいただいた一冊の本『心理臨床の実践』によってである。「つなぐこと、支えること、さまざまな工夫、共に育つ」というその長い副題は、都立病院や都立の施設に勤務する四名の症例報告者の論文タイトルからとられたもので、村瀬先生はこの臨床心理の研究会のスーパーバイザーを長年されていた。私の当時の同僚も一章を書いているその著作を読んでいる時、巻末に付録のように加えられた「研究会に寄せて」という部分に目がとまった。短いエッセイ風のものでありながら、治療者とクライエントの機微を等しく描き出す村瀬先生の視線が刻まれたような文章に出合うことになったのである。

それらの文章には、「われ以外、皆わが師」や「ひそやかな宝」や「これからの課題」というゆるやかなタイトルがつけられている。いくつかの美しい本に実を結ぶ村瀬先生のその後の一連のエッセイも同様だが、このような題名にひきよせられて読みはじめると、とてつもなく重い内容が書かれていて驚かされることがある。この時も、心理療法ばかりか臨床の根源や、治療者や援助職の基本スタンスまで含めた視点に刺激されて深く考えさせられたのである。

とくに三番目のものは「余人をもって替え難い存在とは」という副題がついている。臨床心理士は、多くの場合思いどおりには能力を発揮できない現場、通常は一般病院や精神科施設に単身で勤め、雑多な業務を消化することを期待される。そうした環境に置かれた時の心構えというか、もっと言えば覚悟のようなものが記されているように思えた。どのような境遇であってもその土壌になじみ、臨床の基本に沿いながらも場面場面で即興性溢れる想像力を発揮して、周囲に影響を与えうるような生活者たれというメッセージがこめられた小文であった。読みようによっては、遙か異郷に何らかの使命を帯びて旅立つ者へのはなむけの言葉のようにも思えたが、わがことのように読んだのを覚えている。

その後、私は、自分が本当に心理療法家ないしは精神療法家なのだろうか、日々おこなっていることが治療的な何物かに結びついているのだろうかと迷う時に、(これは時が経つにつれてますます密度と頻度を増し、時に高波のように押し寄せては足元の砂ごと全身を海底に引き込むような強さで迫ってくる問いなのだが)、この小文にいくどとなく立ち戻ることになった。

さて私にはもうひとつ座右の銘のように大切にしている言葉があって、毎年年が改まると新しい手帳のはじめのページに書きつけることにしている。それは、土居健郎先生が、良寛の言葉といわれる「すべて言葉をしみじみといふべし」という一節に続けて記されたもので、「言葉をこころのアリバイにしてはいけない」にはじまる文章である。心がそこにないのにあるかのごとく言葉を発してはいけない。心を真にそこに託して言葉を発することが、しみじみというと言うことなのである……、と続く。要約すれば、自分にも他人にも正直であれ、そのために言葉を磨けということだが、これもまた臨床においても日常生活においてもいざ実行しようとすると至難の業である。村瀬先生の言われる、どのような環境でも一粒の種子のようにそこで力を発揮するようにというのも、それに負けず劣らず大変なことである。これらは、私にとっていわば極北地点を示す標識であるが、先の自問が芽生えてくる時にたえず立ち戻るテクストなのである。

さまざまな外被をはぎとられた、いやそういう外被が形成されてすらいない相手を、かけがえのない存在とみなし、それに付き添おうとする姿勢。言語・非言語を越えた即興的なアプローチ。それらが生き生きと展開される臨床場面。村瀬先生の症例記述から浮かび上がるこうした特徴は、治療者の姿勢や生活の軌跡、さらに言えばモラル・スタンスと分かちがたく結びついていて、当初はほとんど模倣することのできないもののように感じた。「かけがえのない存在」としてのクライエントと、「余人をもって替え難い存在」としての治療者という言葉も、村瀬先生にとっては、何のレトリックも介在しない、ありのままの表現であることがうかがえたのである。

ところでその数年後、直接面識がない村瀬先生から突然お電話をいただくことがあった。私が書いたひとつの論文がとても面白いといわれるのである。当時闘病生活を送られていた孝雄先生も喜んでおられるとのことで、一度その話をしにおいで願えないかとのお誘いであった。私はもちろん光栄に思い、ご自宅にうかがうことになった。その論文はただただ力まかせに書いたもので、周囲からの評価は惨憺たるものであり、文章は書かないほうがいいぞと忠告する人はいても、読んで面白かったという人は皆無だった。私の家からもそう遠くない先生のお宅にうかがい、緊張しながらも長々と話した記憶があるが、孝雄先生のご身体に障ったのではないかと今でもふりかえると不安になる。

師と呼びうる人や同学の友人をもつことの大きな喜びのひとつは、その人の書いたものが単なる活字ではなく、独特の語りとともに再現されることにあるのではないか。「現前」とはそういうことなのだろう。テクストはさらに一段と身近かなものになる。このようにしてもう一歩身近に村瀬先生の著作を読むことになったちょうどその頃から、『子どもと大人の心の架け橋』を皮切りに、一連の論集が次々と上梓されるようになっていった。村瀬先生の、玉手箱を開けたように溢れだす発想の深みや治療の多様性がさらに明らかになったのである。しかもそうした柔軟な発想の萌芽は、大学卒業直後の家庭裁判所調査官と留学後の児童精神科病棟という環境で培われ、開花している点が重要であると思う。法律と医療というハードな枠組であり、見方によれば臨床的感覚が磨耗こそすれ培養されることは少ないと思われる環境である。それらをブルナーの言葉を使えば「マインディング（minding）」する、つまりこころの通ったものに作り変えているのである。強調しなければならないのは、村瀬心理療法は二者関係のやさしさで成立しているのではなく、こうした一見ハードな環境に血液を行きわたらせる作業のなかで展開されている事実である。ひとりの生活者として、必ずしも治療的とはいえない環境であっても、「余人をもって替え難い存在」になろうとすることなしにものごとは始まらないという指摘は、こうしたご自身の経験や文脈から引き出されたものなのであろう。先生の著書を読んでいると、召命《ベルーフ》＝天職に導かれるままに歩みはじめ、この領野をまっすぐに横断してゆく姿が思い浮かぶが、そうした印象をいだくのは私だけではないと思う。

さてその後私は、治療者としての成長の度合いを試されるようにして、毎年のように大正大学の研究会やゼミの夏合宿に呼ばれて発表する機会を与えられた。その中でターミナル患者のケアをめぐるふたつの論文をまとめ『カウンセリング研究所紀要』に掲載していただいたが、自分の中でもっとも日常的な臨床的姿勢に近い部分が引き出されて活字になったものである。これにいたる刺激は先生のコメントやカウンセリング研究所やゼミの皆さんのお陰によるものと感謝している。

今日、臨床心理士の資格制度や専門性が形成されて心理学的な枠組みが大きく流布する時代になっている。しかし、そのぶんかえって心理療法家であることは難しいのではないか。心理学化が極端に進めば、逆説的だが、心理とか精神とかの言葉で表わされるものが実際にはかえって希薄な、治療的に機能しないようなものになると思うのは私の杞憂であろうか。エランベルジェはその主著『無意識の発見』のなかで、通奏低音のごとく「無意識の神話産生機能」について述べている。それは、一般に連想されるような、人間の自動症的で創造的な、あるいは治療的な肯定的部分をロマン主義的に意味するだけの言葉ではない。それは魔女裁判の流行や虚言、さらには治療者の理論枠組にあわせて患者やクライエントの無意識がまったく疑う余地もないほど完璧にその姿を現してしまうという複雑な相互過程を示す批判的キーワードでもある。心理学化はこうしたネガティヴな方向にも水路を延ばしてしまうのではないか。今日心理療法家や精神療法家であることは、自分が心理療法家ではないのではないか、自分のどこが治療的なのかと問う時に、逆説的だがはじめてぼんやりと姿を現すようなものではないか、と私は考えている。

しかし、こうした逆説や迷いとは別の次元で、村瀬先生の著書には、心理療法の世界に強烈に読者をいざなう力がある。一見平易な言葉で、しかし読むにしたがって持ち重りのする困難な内容が次第に明らかになりながら、それでいてなお、先生の著作には、その言葉を借りれば「ピノキオに付き添うこおろぎ」であり続けたいと読者を思わせる何ものかがある。どのような時でも、そのページを開くと、「しみじみとした」言葉づかいで、ダヴィンチの絵画の登場人物がしばしば行うようなしぐさで、心理療法と心理臨床の原点が、そして人が生きるということの基点が、静かに力強く指されているのである。

〝まろやか〟な嘉代子先生へ

大塚義孝

村瀬嘉代子先生が早や来春に定年と、伺い、時間の経つ流れの早さにびっくりしています。

嘉代子先生は、ご主人（こういう云い方にこだわる人があるかも知れませんが、ここではお許し下さい）の村瀬孝雄先生を通じて、何かとご縁のあった方です。孝雄先生が立教大学から東京大学教育学部主任教授になられ（一九八九年と思うのですが……）日本心理臨床学会の草創期の中心的な役割を演じられるようになった頃の裏方をもって任じておられたのが嘉代子先生その人です。頻繁に往復する電話連絡の主は、まず嘉代子先生で始まるのです。その〝まろやか〟な応答は白眉でした。おそらく今日の嘉代子先生の心理臨床的センスの原点像は、この〝まろやかさ〟の中にあるのではないでしょうか……。

過日（平成十七年九月八日）の日本心理臨床学会第二十四回大会で、嘉代子先生が「学会賞」の栄誉によくされました。そして、その表彰理由が「特定の理論や技法から発想するのではなく、あくまで現場に根づいた臨床家として臨床実践の積み重ね、その成果を統合的心理療法として結実させた功績」とあります。

まことに嘉代子先生の実践的な心理臨床学の姿を抽象して評した記述です。これ以上のものはありますまい。しかし、この記載を情動的な一言で言語化するならば、〝まろやか〟心理臨床と言えるのではないでしょうか。孝雄先生のご存命の時には、決して前面には出られません。ひかえ目な姿は一貫して変りません。しかし要（かなめ）

での出処進退は、また見事でした。〝まろやかさ〟が形をととのえて、しっかりと根づく構造体をもたらされるかのような営みの変化（へんげ）とでも云えましょうか……。

これも孝雄先生の葬儀の時（一九九八年四月）でありました。縁起でもないという人があるかも知れませんが、ご主人（孝雄先生）との別れは、〝まろやかさ〟とは無縁な実に嘉代子先生の見事に取り仕切られた葬儀であったことです。当時、財団法人日本臨床心理士資格認定協会の常任理事で、前学会理事長でもあった孝雄先生の葬儀に小生は認定協会を代表して参列させて頂きました。当日、木田宏会頭の余儀ない欠席による事情もありました。こんなことは兎も角として、ご主人の孝雄先生は、当時、東京大学を定年退官され、学習院大学に勤務されていての訃報でした。

特定し難い複雑な肺疾患の厳しい病状に対峙してのご苦労が大変であった嘉代子先生にとって、この葬儀への道は、家庭での秘めた〝まろやかさ〟から公儀への出立を意味するものであったことは間違いありません。がらにもなく、嘉代子先生に促されて、火葬場まで同道する小生自身がいたのは、今もって不思議でなりません。〝まろやかさ〟の正体かも知れません。特定の理論や技法からの発想とは無縁な、まさに嘉代子統合心理療法の実相かも知れません。

こんなことを想起して、こんなことを申し上げても、ジロッと、しかし充分に抑制された薄目の上目遣いで、ほほ笑まれ、泰然としておられるのが嘉代子先生の永遠の魅力かも知れません。

＊

臨床心理士を養成するための有効な指導力は、今日、いわゆる指定大学院の教授スタッフに強く求められるものです。嘉代子先生は、指定大学院制度発足の早い時期（一九九八）から大正大学大学院人間科学研究科、臨床心理学専攻を主宰されてきました。これもまた〝まろやかさ〟嘉代子イズムの決定版とも言える快挙といえましょう。

平成十七年度で百三十七校を数える全国の指定大学院のうち、もっとも早くから「臨床心理学専攻」を特化されました。内に秘めた深い人間理解と愛情が厚き教育訓練への営みとなって開花したのです。しかも、それらを担保させる大学院組織の構築への配慮があっての成就といえましょう。臨床心理士の資格試験合格率が七六～八〇％台を維持されているのも、なかなかのものがあるといえましょう。嘉代子先生が引退されても、恐らくこの傾向は続くでしょう。ほかならぬ嘉代子イズムの鼓動は、〝まろやか〟で〝強じん〟をもって旨とするからです。

大学院でのご活躍はもとより、日本臨床心理士会（副会長でもある）でのご尽力は、まだまだこれからといっても過言ではありません。狭義の心理臨床活動に限らず、ひろく心の健康に資する活躍は嘉代子先生を抜きにして語れません。とくに、家庭裁判所の調査官のご経験をふまえられた広い視野からの被害者支援活動にコミットする臨床心理士のための示唆を頂くことは貴重です。

改めて嘉代子先生の益々のご健勝とご活躍を念じての一文とします。乱筆多謝。

超絶技巧と歌心——村瀬嘉代子先生に捧げる——

岡　昌之

村瀬嘉代子先生は、ひとりの女性としては、上品な「和菓子」のように、美しくも可愛らしい方である。しかしそれだけではない。

先生はまた、ひとりの指導者としては、隠忍自重、かつ剛毅果断の「戦略家」でもある。先生のひそやかな、しかし不思議に聴く者の肚に響くお声は、往年の名優長谷川一夫演じる、「大石内蔵助《くらのすけ》」の語りを彷彿《ほうふつ》とする。この感じ、わかる人がいたら、うれしい。

振り返れば、私はまず、御主人でいらっしゃる故村瀬孝雄先生と出会うことができた。先生が立教大学に在職中に、東京大学学生相談所主催の、学生のためのエンカウンター・グループでご一緒し、ごくごく自然に気楽なお付き合いをさせていただけるようになった。先生の、育ちの良さから来ると思われる「中庸」の魅力と、知的でメリハリのよいお人柄は、今でも懐かしい。

村瀬嘉代子先生と初めてお目にかかったのは、その後でありながら、優に二十五年は昔の話である。そんな昔のある日の夕刻、私は偶然にも東京大学教育学部の建物の前で、当時の先生のふくよかなお姿を拝見することができた。つとに有名な先生であったが、お会いしてみると、まるで思春期の少女の「含羞《がんしゅう》」のような感覚があった。もちろん、まだ若かった私自身の投影であるかもしれない。

その後は、主に東京臨床心理士会の運営委員会で、会長としての先生にお会いすることが多くなった。いつも遅くなる会議に配慮する先生の振る舞いは、日本のお母さんのようでもあり、先端企業の明敏な上司のようでもあった。多方面でのご活躍のため、延々と続く会議の途中に駆けつけてこられる先生は、あたかも「夜間中学」のクラブ活動に細やかな目配りをする「マドンナ先生」のような感じさえした。飲み物やお菓子など、いろいろと差し入れをして下さったことが思い出される。

臨床心理士の仕事は、世間の一部が言うほど華やかなものではない。それは今も同じであろう。深夜に及ぶ会議で疲れ、ようやく帰路につく遅い時刻に、私はふと「見上げてごらん、夜の星を」というはるか昔の歌を思い出すことが時々あった。

見上げてごらん、夜の星を
小さな星の、小さな光が
ささやかな幸せを、祈ってる

これぞまさに「夜間中学」の雰囲気である。そしてこれは、われわれ臨床心理士の「境遇」を歌っているようにも私には思えた。当時この歌を知っている世代の運営委員は、それほど多くはなかったかもしれないが。

村瀬嘉代子先生は、思春期心性を理解できる方である。先生ご自身が、今もなお思春期の中におられるような感じさえする。しかし、先生はそれだけではない。先生はまた、経営誌『プレジデント』を読まれる方である。「センチメンタルジャーニー」を愛するがゆえに、虚々実々の駆け引きをものともせず、灰色の現実に対峙しようとされる。誰にでも出来ることではない。

青木省三先生との対談で、村瀬嘉代子先生は、「カウンセリングマインド」ということを、その言葉を使わずに、見事に語っていらっしゃる。「カウンセリングマインド」は、カウンセリング講習会に行ったあとに吹聴するような観念的なものではない。苦しい長年の実践の中でようやく身に付いてくる「自家製」のものだ。先生が「あたりまえのこと」とおっしゃるのは、一般の人にはまねが出来ない。いわば一種の「超絶技巧」なのである。

対談に臨む先生の態度は、泰然自若にして融通無碍《むげ》である。あたかも、武門の奥方の厳格さと、いたずら好きの姫君の天真爛漫さが、しなやかに「統合」されているようなセンスの良さである。それが多くの読者を引きつけるのであろう。ロジャーズを尊重しつつ、ロジャーズからも自由であることは、かくも魅力的なのである。

さらに一歩進めて言えば、先生の心の内奥には、戦国の武将、「先見の明」ある戦国の武将の如き人物がいるようにも思われる。それを、ユング的に「アニムス」とか言うかは趣味の問題であろうが、「戦略家」としての先生の見事な振る舞いは、かの「風林火山」という言葉に凝縮されるように、私には思われる。

すなわち、「疾《はや》きこと風の如く」である。先生は、テンポが速い。先生の頭脳のＣＰＵは、高速回転である。会議が停滞すると、すばやくそれを察知する。そしてパズルを解くように、第三の視点を提供しようとされる。時に周囲がその回転の速さについていけない時があるようにも見えるが、そのような事態をも、すばやく見抜かれる。ようやく会議が終わると、家庭の主婦よろしく、その場の後片付けの動きも実にすばやいのである。

「徐《しず》なること林の如く」、先生は会議に臨まれる。ご一緒すると、私はまるで自分がお茶会にでもいるような感じになる。そして先生が何も言われなくても、自らの越し方行く末を地道に見直しているのに気づいたりする。その内観の作業が、不思議と人生に「肯定的」な感じで進むのも面白い。

「侵掠《しんりゃく》すること火の如く」、先生はタイミングを逃さない。あたかも豹が獲物に飛びかかるように、決然と行動される。しかしそれが豹のような猛獣ではなく、可愛らしい猫のような感じに映るのは、先生の内奥の精神的活動性が非常に高く、イメージと言語が「精妙」なまでに「精錬」されていることによる。それが奇跡的な成果をもたらすのであろう。確固たる「意志」の力がそこにある。

「動かざること山の如し」。侃々諤々《かんかんがくがく》の論議や、喧々囂々《けんけんごうごう》の紛糾の場にいても、先生は眉一つ動かさない。安易な妥協をすることもない。先生の先見の明と状況判断にもとづく指針は、不動である。それは推測するに、先生の並外れたセルフコントロールの力によるものだ。時期が来るまで無駄な動きを避けることは、「あたりまえのこと」なのであろう。

二〇〇四年の十二月に京都で、山中康裕先生と東山紘久先生の定年退職のパーティーが開かれた。その時の来賓である中井久夫先生と村瀬嘉代子先生によるご祝辞には、きわめて印象深いものがあった。カジュアルな書斎の雰囲気で原稿用紙の草稿をめくりながらの中井先生のスピーチは、溢れるような発想の豊かさで聴く者を圧倒した。まさしく「知の巨人」のそれであった。

村瀬嘉代子先生のスピーチは、いかにも女性らしく、ささやかな思い出を語る洗練された語りの中に、聴く者の背筋をヒヤリとさせる「ただならぬ」ものがあった。すでに酒宴の雰囲気になっているその場で、力まず、ひるまず、着実に聴衆の耳目を引きつけていく先生の振る舞いの確かさは、まさしく「超絶技巧」と呼ぶにふさわしいものであった。世阿弥の能の「目は前に、心は後ろに置けとなり」とかいう言葉を思い出す。

そして、この「超絶技巧」に支えられてひそやかに表現されているのが、思春期の「含羞」にも通じる村瀬嘉代子先生の純真な「歌心」なのだろう。その場で、私の思春期的なアクティングアウトが発動した。パーティ終了後に、その場で先生に音楽のCDをプレゼントしたのである。ハンガリー・ジプシーの音楽を専門にして多彩に活躍するヴァイオリニストの古館《ふるだて》由佳子さん（およびピアニストの飯田俊明さん）が演奏するシャンソンのCDである。

そこで、先生はお忙しいでしょうから、全曲ではなく、次の3曲だけでもお聞きいただけたら幸いです、と申し上げたのである。すなわち

①すみれの花咲く頃
②私の心はヴァイオリン
③さくらんぼの実る頃

この三曲は、村瀬嘉代子先生にお似合いではないかというのが、その時の私の直感であった。あるいは私の思い

入れかもしれない。たしかにこのヴァイオリニストは、「超絶技巧」と「歌心」をもっている。しかしハンガリー・ジプシー系のやや野性的な響きが、先生のお好みであるかどうか、少し心配もしたが、楽しんで頂けたら幸いである。

ともあれ、村瀬嘉代子先生は、ひとりの女性としては、「すみれ」の花のように、可愛らしくも美しい方である。「山路来て、なにやらゆかし、すみれ草」。人生の旅人である多くの人々の疲れを癒すべく、先生がこれから益々みずみずしい感覚を生かされ、多彩にご活躍されることを、心よりお祈り申し上げます。

思い出いろいろ

小倉　清

村瀬先生とのおつきあいは実に長い年月にわたっている。その間の思い出はいろいろつきないのだが、それらのうちのいくつかを思い出すままに述べてみたい。

もうどれ位昔のことになるのか、三十年くらいにもなろうかと思うが、ある時、先生は次ぎのようなことを話された。それは先生がまだ三歳位の時のことだそうである。先生のお家は比較的裕福で、昔風に建てられた家には裏手に勝手口があったそうな。そしてある日、そこに物乞いの男がたずねてきたと。その様子に幼ない嘉代子先生は心を痛め、食物であったか何かをそっと手渡そうとしたその時、お家にいた奉公人の一人がそれを制し「一時の気持だけで他人にたやすく親切にするものではありません」といったというのである。そう教えた奉公人の知恵もさることながら、これをきいた幼ない嘉代子先生の反応がまたただごとではない。「そうだ自らの満足感のためになされる親切はかえって人を傷つけるのかもしれない」と考えたというのである。三歳の子どもがそんなことを考えるだろうかといったって何だって、実際、先生はそう考えたのだから仕方がない。結果、先生はこの時のエピソードが常に頭の中にあるのだといわれる。そして今日までの先生の臨床を支える一つの柱になって存在しているというのだから誠にすごい。裕福な家に育ったお嬢様に世の中が分るものか、苦しい人の心なんか分るものかという人がいるかもしれない。しかし三歳にして世の中をみる人はちゃんと見ているものなのである。分る人には分るものなのである。もって銘すべしということであろう。

　ずっと以前、御夫妻は田園調布の大きな家に住んでおられた。そして月に一回、その御自宅でほんの数人だけの勉強会をしていた時期があった。のちにそのメンバーには若き日の滝川一廣先生もいらした。家裁の調査官だった人もいた。この第一回の時には、うな重だったと思うが御馳走も出てびっくりした。しかしそれは第一回の時だけで、あとは夕食をすませた時間に勉強会がなされた。その頃は有名な土居ゼミはあったが、他にはこれといって勉強会はなかったと思う。もちろん孝雄先生がいらして、いろいろ議論などしたものである。書斎のすぐの廊下には書庫があって、そこには天井までいっぱいの本があった。孝雄先生は時々そこから厚い本や辞書をもって来られて、御自分の論拠の証しを示されたりした。勉強会を終えると、時にお酒も出て、私は滝川先生の酒豪ぶりにおどろいたりした。小学生であった御子息がチョロチョロと姿をみせかくれしたりもした。

　ある時、私はその頃に入院していたとても重症な若者への長時間にわたる対応におしまくられ、疲労困憊して余裕を失い、その晩にあったこの勉強会のことを失念して家にかえってしまった。家で私はもうグターッと倒れて食事もできずにいた。患者のことが頭を離れない。そうやって少しウトウトしたのかもしれない。すると孝雄先生から電話が入った。今晩、勉強会をやっているが来られますかという。私はああそうだったとボンヤリ思うものの、口がうまくまわらない。というより頭がまわらなかった。モゴモゴと訳の分らないことをいった。孝雄先生はあの低い重い声で、皆が待っているんですがね、来られるんですかとせまる。私は声が出なかった。しかし孝雄先生は二度、三度と同じことをくり返して電話を切らない。双方沈黙のまま電話は切れない。実に長い電話に感じられた。やっとのことで、今日はくたびれたのでいかれませんと申し上げたそのとたん、パッと電話は切れた。あのおだやかな孝雄先生があんなに怒りを示されたのは、あとにも先きにもこれだけである。孝雄先生のこの勉強会にかける思いが、いかに重いものか、私はこの時に思い知ったのである。

　孝雄先生は普段はいつもおだやかで優しい方であった。殊に奥様に対しては見るからにもう尊敬の念を強くもっておられた。この勉強会のある時、お茶の時間になって、先生はニコニコされながら奥様のことを「この人はね、純粋型分裂病なんですよ」といわれた。イヤハヤ。

もう二十数年前のことになると思うが、のちになってその記録が星和書店から出版されることになった一連の児童精神医学の勉強会があった。三十人位の人々が集って、数年にわたり年一回、泊り込み二日間、発表、討論、座談会をやるというものである。牧田清志先生、白橋宏一郎先生などえらい先生の他に、当時若手の我々が参加した。「初回面接」とか「入院治療」とかのシリーズものであった。この二回目だったように思うのだが、仙台で勉強会が開かれた。白橋先生がお世話役をされた。そしてこの会には村瀬先生も出席された。しかしここに記すのは勉強会のことではない、別の話である。会が開かれたのはホテルだったように思うが、当日、会場にはまだ人がそろっておらず、到着した人だけがおしゃべりをしていた。白橋御大、山崎晃資、山家均、私とそして村瀬先生の五人だけがいた。白橋先生と村瀬先生は多分、初対面であったと思う。もちろんまだお酒は入っていなかったが、まあくつろいだ雰囲気であった。そしてその時、白橋先生がたわむれに、自分は島田正吾による一人芝居の脚本を考案中だといわれた。第一幕の冒頭、幕あけの部分しかないんだが、そこを披露するというのである。そのお話というのはこんな具合である。舞台の幕がスルスルと上ると、そこはむさくるしい山小屋の一部屋で、窓の外には夜明けの空が広がっている。一人の汚ならしい老人がそこにすわっている。こけし作りに一生を捧げている老人だという設定で夜を徹してこけしを彫りつづけて、朝になったという所である。朝日がゆっくりとさしてくる中で、この老人は嘆きのあまり、半分自暴的につぶやく。「あーあー、オレはダメだ。満足のゆくこけしを一つだって作れねえー」、「何年かかっても失敗作ばっかりでえー」、「あーあー、ウーウーッ」と悲しげにうなりつづける――とまあ、ここまで書いてあるんだが、このあとがつづかねえーと白橋御大がいう。その場にいた人たちは冗談としてきいていて、おつきあいに笑っていた。ところがである。なんと村瀬先生はこの白橋先生の台詞をきいて、向こうむきに身をよじったまま、涙を流しておられたのである。皆はそれに気づきびっくりして、だまってしまった。これはどういうことだ、何がおこったというのだ――。私もびっくりした。しかし私はすぐに、そうかと分った。分ったと思った。白橋先生はこんな冗談の中に御自身の深い人生観を語っておられたのだ。そして同じくそれに強く共鳴された村瀬先生は、余りにも深い感動につき動かされて、もうその中に身をまかされたのだと思う。そう思うと、私も熱いものがこみあげてきて、息がつまった。皆はだまったままでいた。

このエピソードを知っているのは、その場にいた人たちだけである。私はその時これを口外してはいけないと思った。だからこれまで私は誰にもこのことは話していない。その場にいた私以外の人たちの間でも、このことはその後、誰もふれていない。そしてこのエピソードはどこにもかかれていないと思う。けれど二十数年をへて、もう時効のようなものであろうから、私が禁を破って今ここにそれを明かすものである。これは私がまちがいなく実際にみて、経験した真実の一幕である。

村瀬先生は疑いもなく、すごい臨床家である。これは先生を知るすべての人々の間で一致した意見である。先生には余人をもってしては測ることのできない部分がおありになるように感じる。普通一般の臨床では、治療者はクライエントと一定の距離をとって接するというのが原則となっている。しかし例外のない法則はないとかいうわけで、時と場合によっては例外はありうる。とはいえ例外といっても村瀬先生の場合には、とても他の人にはまねができないようなことをされるのである。たとえば、もう箸にも棒にもかからないような、とんでもなくひねくれて攻撃的な人とさし向いになった時にどうするか。治療者としてもウンザリして、もううっかり手出しはできないと思うかもしれない。村瀬先生は場合によってはそういう人でもお家にお招きして、先生御手製の食事をさし上げたりされるのである。これにはクライエントもドキリとするだろう。いぶかるかもしれない。だまされるもんかと思うだろう。何か裏があるのではないかと疑うのかもしれない。しかし村瀬先生はそんなこと一向にお構いなしなのである。先生は春の野原のタンポポの綿毛のように、まるでノンシャランで自由で、ノンビリして全く自然なのである。第一、お料理がとてもおいしいのである。さあ一緒に楽しく食べましょう、というだけなのである。お料理を口に入れればそれはもう平和になるしかないのだ。ピース、ピースである。

しかしこんなことは人はまねをしてはいけない。村瀬先生にしかできないことなのである。なぜならば、それはもう六十年だか近くも昔のあの奉公人の戒しめの本当の意味を、先生は今も忘れないで、しっかりと心にきめておられるのだから。

臨床心理士として

村瀬嘉代子さんの退職に際して

河合隼雄

今年度で、村瀬嘉代子さんが大正大学を退職されるという(注)。何はともあれ、退職おめでとう、と申しあげたい。こんなときに「おめでとう」はおかしい、と思う人もあろうが、私のように自らがその経験をすると「おめでとう」の実感が沸く。私が京都大学を退職したときは、ほんとうに「めでたい」と思ったものだ。

やはり、ひとつの教室や講座をあずかるのは、相当な責任と、それに伴うもろもろのプレッシャーがある。村瀬さんの場合は、大正大学に臨床心理学の領域をあらたに築いてこられたわけだから、その間の御苦労やエネルギーの消耗は大変なことだったとお察しする。その間に、全国的にも大正大学の「臨床心理」として知られる組織をつくりあげてこられたのだから、その功績もさることながら、その間のプレッシャーも相当なものがあったことだろう。成すべきことを成し遂げての退職であるし、これからは少しは楽になっていただくとして、心から「おめでとう」と申しあげたいのである。

村瀬嘉代子さんのことを知る前に、御夫君の村瀬孝雄さんとは実は古い知り合いで、わが国の臨床心理学の黎明期からの長いおつき合いであることは、やはりここで一言触れておきたい。今の若い人たちはもうあまり知らないであろうが、わが国の臨床心理学はその発展の過程で、その内部において相当な葛藤を体験してきた。その傷跡は今もある程度は残っているとも言えるが、ともかく、今日の臨床心理学の隆盛に至るまでは、大きい苦悩の時期があったのだ。そんなときに、村瀬孝雄さんとは何度も腹を割って長い話し合いをしたものである。

一時は対立的な関係にさえあったが、それを乗り越えて、結局は強調して今日の臨床心理学の発展につくしてこれたのであるが、今にして思えば、村瀬孝雄さんを背後で支えて来られた、嘉代子夫人の力も大きかったのではないかと思う。

このようなことを考えるひとつの要因は、その後、村瀬嘉代子さんとの関係は、後にも述べるような、京都大学の臨床心理学教室の事例研究に来ていただいたことや、もっと後になって、学会や臨床心理士会の仕事などで、ますます深くなるが、そのときはいつも村瀬嘉代子さんの現実吟味の能力の高さに感心させられる、ということである。

臨床心理の内部で対立や葛藤が強かったときは、誰しも感情に流されたりして、ついつい現実認識の力が弱くなるのだが、当時の事情のなかで、村瀬孝雄さんはいろいろな行きがかりなどを棄て、わが国の臨床心理の発展のために何が必要だったのかをよく認識し、行動された。その蔭には嘉代子夫人の支えがあったと私は思っている。

これは勝手な推測かも知れない。しかし、こんなことを書きながら、わが国の臨床心理学の発展や、今後の在り方を考える上で、当時のことを客観的に分析検討しておくことが必要かと思ったりする。わが国の臨床心理学は、現在は相当に隆盛には見えるけれども、よく考えてみると、多くの危険性を内在させているようである。したがって、今後、どのような展開があるかわからないのである。そんなときに、われわれが過去の体験をしっかりと検討し、そこから学ぶべきことは学んでおいた方がいいように思うからである。

年齢から考えても、私などは学会や臨床心理士会の役員としては早く引退すべきだと思っている。そう考えると、やはり次の人たちのために役に立つことをしておかねば、というので、前記のような発想も出てくるのである。

話が横にそれたが、村瀬嘉代子さんのことに話を戻すと、私としては親しくその考えに接することができたのは、京都大学の臨床心理学講座の教授をしているとき、大学院生の事例研究の指導のためにお招きしたときである。

大学院生にできるだけいろいろな指導者と接してもらいたいと思い、当時は外部の先生方をよくお招きして事例研究をした。村瀬さんのコメントは非常に的確で有用なことが多く、院生たちはほんとうに敬意を感じていた。ただ、言葉遣いが優しくて謙譲な態度で言われると、それと的確な発言とが時に落差を感じさせるため、院生のなかには「コワイ」と感じる者もいたようである。別に怖いことはなく、普通に言うべきことを言っておられるのだが、そう考えると、村瀬先生はあの優しい謙虚なもの言いのために、損をしておられるな、と思ったこともある。

臨床心理士として

大学の職をやめられても、臨床心理士としてその仕事、および臨床心理士の指導者としての仕事は続けてゆかれるのだから、私たちも仲間として共にはたらいてゆくことになるので、このことは有り難いと思っている。

臨床心理士の仕事は現在は急激に広がって、十年前には考えられなかった広がりと多様性を持つようになった。たとえば、スクールカウンセラーの場合でも、「部屋に籠もって待っていたらよい」というものではない、とはよく言われることである。もっと、積極的にはたらきかけてゆく姿勢を持たないとあまり役に立たない。

この点は、私も同感である。そして、職域が広がるにつれて、他の専門職の人たちとの連携や協力、あるいは時にはその人たちの援助ということまで必要になってくる。そのためには、部屋の中で待っていて、来る人の話を「聴く」というだけでは、他の領域の人々にも相手にされないであろう。

このようなことは、臨床心理士にとって必要なこととして今後大いに努力しなくてはならないであろう。ただここで考えねばならないことは、そのように仕事をしているなかで、教員、看護師、ソーシャルワーカーなどの人たちに対して、自分は「臨床心理士」として他の領域とは異なる価値のある仕事をしていると、はっきりと言えるかどうかを、ということである。

臨床心理士という仕事は、なかなか他に説明するのが難しい仕事だと思う。たとえば、臨床心理士とクライエントの関係についても、教師と生徒の関係ではない、とか、友人関係ではないとか、医者と患者の関係ではないとか否定的な表現はし易いが、これがそうだとズバリ言うのは非常に難しい。

それは、やはり臨床心理士が大切にしている「心」ということの特徴から生じてくることである。周知のように、この困難さを避けるために、実験心理学は「心」を対象としないという方策を考えた。「行動」が対象であるというわけである。そして、臨床心理学においても、このような考えで「行動変容」の科学を考える人もある。

しかし、かねがね主張していることだが、近代科学がその方法論において、研究者と研究対象との関係の切断を前提としたのに対し、臨床心理学においては、むしろ、両者の「関係」が重要な要因となってくるし、「心」のことを考える限り、人間関係を無視することはできない。そのような意味において、臨床心理の仕事をする者は、「関係性」ということに関して、重要性を認識し、その詳細について「体験」として知っていなければならない。

また、現在に「生きている」人間を対象とする限り、それは常に発展の「可能性」を持つ者であり、「〜である」と一義的には決定できない存在である。したがって、「物」を操作し自分の思うままに動かすようなことをしてはならないのである。そして、むしろその「可能性」こそが、心理臨床を行う場合に、もっとも大切にしなくてはならないものなのである。

次に、「学問」として考えるときに、もっとも厄介とも思えることは、人間の「心」の個別性である。既に述べたような、関係性、可能性などを頼りにして、われわれはある程度の理論を持っているし、それを知っていなくては話にならない。しかし、それは近代科学のもつ知識の普遍性とは異種のものであり、その対象に対して常に「適用」

できるようなものではない。まして、対象の個別性、そしてそれに対する者の個別性まで考慮にいれるときは、われわれはあらゆるときに、臨機応変に対処してゆく能力を持っていなくてはならない。

近代における科学技術の急激な発展とその効用の大きさに影響され、現代人はすべてのことに近代思考パターンで考えようとする傾向を強く持っている。それが強くなり過ぎたために、「関係性の喪失の病」としての現代人の悩みが増大しているとさえ考えられる。

それに対処しようとする臨床心理士は、そのような思考パターンに縛られずに行動し得る「専門家」でなくてはならない。そのことに関して、他の職種の人々と異なる能力を持っていなくてはならない。

はじめに述べたように臨床心理士は、行動領域の広がりと共に、実に多彩なはたらきをしなくてはならなくなった。これまでのように、一室に籠もって来る人を待つ姿勢だけでは仕事が出来ない。しかし、いろいろと行動しているうちに、単なる熱心に行動する常識人になってしまったのでは、専門職に従事する者とは言えなくなるだろう。

今後も臨床心理士としての仕事はほそぼそとでも続けてゆきたいし、以上に述べたような態度で続けてゆきたいと思っている。

（注）原稿の校正の段階で、村瀬さんが退職されないことがわかった。もっと早くわかっていたら、こんな原稿を書かずに済んだのに。仕方がないので、このままの形で残していただくことにした。村瀬さん、心をあらたにして長く頑張って下さい。

懺悔

神田橋條治

あれはもう随分、昔のことになる。「ご自宅に招いてもらって、ごちそうしてもらうのがボクの趣味です」と、とんでもないセリフを吐き、村瀬家に押しかけ、嘉代子先生の手料理の数々をちょうだいしながら、ワインをしこたま飲んだ。

酔った勢いという口実で、ボクは常々思っていたことを口走った。「嘉代子先生は無邪気な残酷ですね」。先生は「まあー」と言われただけであった。

夜も遅くなり、孝雄先生と嘉代子先生は田園調布の駅まで見送って下さった。幼いころ、両親が、来客を国鉄の駅やバス停まで見送っていた状景が思い出された。整った礼儀正しい接客の伝統はこれであり、もうほとんど失われていることを思わされた。それに比べて、ボクはあまりに無礼講であったと、しばらくの間、反省した。

一年ほどして、噂が流れて来た。嘉代子先生の教えを受けている心理療法家が、嘉代子先生から「神田橋先生ってひどい人よ。私のことを無邪気な残酷だなんて……。そんなこと、ありませんよね」と問われて、返答に窮したとの噂だった。

ボクは自分の、はしたないセリフが先生を少しばかり傷つけたのだと申し訳ない気がしたが、すぐに思いなおして、いやや、あのとき、孝雄先生が拍手をされたのが傷つきの原因だと責任転嫁して安堵した。

それにも懲りず、再度、招待を強要して、またまた酔って、失礼な言葉を口走ったが、それはもうあまりに品性を欠くので公開をひかえることにしよう。

嘉代子先生は、そんなボクをいくらか持て余し気味に思われたのであろう。「神田橋先生は、王様は裸だ、と叫ぶ子どもみたい」と評された。確かに、人々が、見えているのに、いろいろな配慮で見えないことにしている王様の姿を、礼儀をわきまえず、口に出してしまうのがボクの特性だ。なんら視力がよいわけではないんだと思い当たった。

総じてそのような振舞い、一見勇気あるが如き無作法は男の子の特質であり、それに比して少女は、嗅覚や感性の手を用いた触覚で、相手の衣装におおわれている実体を察知する。察知の内容は声高に語られることはなく、ごく一部が何かの端々にふと洩らされ、人々をふるえあがらせる。

そう考えると、ボクが無邪気な残酷と見たものは村瀬嘉代子先生の内なる少女性、乙女心の察知力であり、それがときとして噴出するのだと理解できる。そしてどうやらご自身も、その特性を少し持て余しておられるようである。先生が「わたくしのような普通のおばさんは……」を連発されるのは、乙女心への恥じらいと韜晦の産物でもあるのだろう。

老成にしたがって、先生の乙女心は一層、透明と鋭利と利他をきわだたせ、視力の弱い男の子たちを導いて下さるのだろう。それにしても、どうして近頃は、女の子たちまでも視力が弱くなっているのかなあ。きっと視力の弱い男の子たちが指導者になっているからなのだろう。

懺悔の予定がまた無礼講になってしまった。ま、いいか。

体験を作るもの

神庭重信

村瀬嘉代子先生の退任記念誌に寄稿できることをこころより光栄に思います。これまで先生の講演や著書からは多くのものを学ばせて頂きました。そのいくつかを紹介しつつ、先生が豊にもっておられる、感性、洞察力、行動力そして文才の魅力の一端をお伝えしてみたいと思います。

一、看取るこころ

学会を主催すると、特別講演の演者を接待することが会長の大きな仕事になります。移動のお手伝いや講演の謝礼の交渉などをしているうちに、その人柄に触れ、今まで名前でしか知らなかった高名な方々が身近な存在となります。

このようにして私が村瀬先生とお近づきになれたのは、平成十三年のサイコオンコロジー学会のときでした。がん患者のこころのケアに携わる医療関係者が集う学会です。この学会で、「死に向かう患者のこころをどう支えるべきか」をお話しいただこうと思い、先生に依頼状を差し上げたのです。先生からの返事には、「演題名は大会長として先生が決めてください」とありました。加えて、村瀬孝雄先生が先生に看取られて亡くなられたことが書かれてあり、ご葬儀での先生の御礼のことばが記録された、内観療法の会報（やすらぎ樹No.50）が同封されていました。

会長として演題名を決めよ、との宿題を頂いて、先生から何を引き出せば参加者にとり最も有意義だろうか、と改めて考えさせられました。そこで、同封されていた会報にヒントが隠されているだろうと思い、何度か読み返してみたのです。会報には、看取る嘉代子先生の思いやり、看取られる孝雄先生の気遣いが滲み出ていました。私は、「看取るこころと看取られるこころ」をご提案申し上げ、先生は講演を引き受けてくださったのです。

村瀬先生の講演には二つのメッセージが込められていたように思います。

一つは、看取るこころの傲慢を見直して欲しいということでした。これには虚をつかれた思いがしました。看取る立場にある者が傲慢になりやすい、というのは真実です。思えば私たちはとかく、相手のためを思いながらも、どこかで自分の価値観や都合をおしつけてしまいがちです。自分を殺し相手に共感できて初めて、相手のための看取りの行動へと導かれるのですが、これが実際にはとても難しい。

二つめのメッセージは、〝傍に居続けなさい〟ということでした。集中的な治療にも反応せず日々衰弱していく患者を前にして、なすすべもなく、無力感に襲われ、がんの治療者は患者から足が遠のきがちになります。しかしこの世にありながら、その存在が置き去られることほど惨めでつらいことはありません。この時にいたってもまだ、してあげられることがある。それは、傍に居続けることなのです。

二、共感するこころと脳

話は変わりますが、眼前の人があなたに向かって手を振っているとしましょう。あなたはその行動の意味をどうやって理解しているのでしょうか。

脳科学はその原理を少しだけ明らかにしました。手を振る相手を見ているあなたの脳では、あなた自身が相手に向かって手を振るときに活動する神経回路の一部が実際に活動するのです。すなわち脳は、相手の行動の意味を、一度自分の神経回路を意識下で動かすことで理解する、ということをしているのです。この相手の行動を映し出す神経回路をミラー・ニューロン（鏡神経）と言います。

ミラー・ニューロンは運動系で発見された事実ですが、きっと感情にもあてはまるに違いありません。涙を流し泣く人をみると、こちらも悲しい気持ちになる。これも、私たち自身が泣くときに活動する感情脳が、実際に泣いているかのごとく活動することで、相手の流す涙の意味が自分のことのようにはっきりと分かるのだと思います。

ミラー・ニューロンが他者を理解するための脳の基本原理だとすると、人は、これまでの体験が刻み込んだ神経回路の上に他者の姿を重ね合わせることでしか他者を理解できない、ということになります。極端な話、悲しみに嗚咽《おえつ》して涙したことの無い人には、相手の涙につながる心の痛みを真に知ることはできない。脳科学が教えてくれることは、最初に共感ありきではなく最初に体験ありきだ、と言うことです。このようなことは、わざわざ脳科学に教えてもらわなくとも分かっている、と言われそうですが、科学的根拠にはそれなりの説得力があります。

なぜこのような話を始めたかというと、村瀬先生のもつ共感能力には私たちが及ばないものがある、と思うからです。なぜここまで他者の心に共感することができ、しかも他者の心にやさしく動くことができるのでしょう。

私は、次に引用する先生の自叙伝の中に答えを見いだすことができたような気がするのです。

三、遙かなる思い出

『柔らかなこころ、静かな想い』（創元社、二〇〇〇）には、小学校に上がる前の村瀬先生の思い出が綴られています。中井久夫先生の挿絵が自伝の世界を情感豊かに描き出していて、読む者を、ケストナーの世界にいるような錯覚に導いてくれる名著です。

なかでも感銘深いのは昭和十七年の寒い冬の夜の出来事です。淡いピンク色をした兎の毛のコートを着た先生は、夜行寝台で帰る祖父を見送るために、母親と共にプラットホームにいました。見送りが終わり帰路につこうとした時、すぐそばにいた同年代の女の子が、連れの祖父らしき人に強い口調で叱られて泣いていることに気づきます。女の子は、自分もあんなのを着たいと泣いているのです。家に帰った村瀬先生は、自分のコートを見て強い悲しみがこみ上げてきた、と言います。そして、このコートはふたたび着ない、と母親に告げます。先生の母親もその意味を感じ取っていた。反対することなく、本人の意思に任せたのです。

四、体験を作るもの

このエピソードは、体験を作るものはなにか、という問いを突きつけてきます。同じ状況にあって、はたして泣いている女の子にどれだけの子どもが気付くだろうか。気付いたとしてそれを自分のせいだと思う感性をもった子どもが同年代にどれだけいることだろう。しかも、これ以上他の子どもを悲しませたくないとして、お気に入りのコートを手放す子がはたして他にいるだろうか……。

忘れてならないのは、これらの体験と行動を受容する母親の存在です。仮に母親が〝コートはもう着ない〟との申し出を、ただの我が儘と誤解して言下に拒絶したならば、この夜の出来事は全く違った体験に変質していたでしょう。

体験とは、偶然に出会うものでも、他から与えられるものでもない。体験する者のこころがそれを切り取っていくものなのです。「寒い冬の夜の出来事」には、その様子が美事に描き出されているではありませんか。

では、かく切り取るこころを育むものは何なのでしょう。これに対して脳科学はいまだ十分な答えを提供できずにいます。今は、「こころを育むものは、内在するものと外在するものとの融合である」と言えるだけです。少し付け加えるならば、野生児にみるように、言葉のない世界で育つならば、ヒトであっても言葉を話すことができないのです。二足歩行すらしなくなる。私たちは、人を真似て、人から教えられて、人としての能力を獲得していく。

隣人を愛する、という高度に人間的な気持ちであれば、なおさらそうなのだろうと思います。幼少期に人から愛されたことがないならば、隣人を愛することを知らないで育つでしょう。ですから、外在するものの中で最も大切なのが、子どもを愛し、隣人愛に基づく子どもの行動を是とする、鏡としての〝親〟の存在なのです。

私はこころを医学的・科学的に研究しています。しかし人のこころは容易にはわからない。分かったように思えるときでさえ実は全く分かっていないのだろうと思います。だから臨床ではせめて、患者の体験としての苦悩を大切にしています。そして、苦しみの中にある人に接するとき、村瀬先生ならどう接するだろう、と考えたりするのです。

症例論文における同意問題——村瀬嘉代子先生の問い掛けに応えて——

熊倉伸宏

不思議な出会い

この度、村瀬先生の退職を機に何か書くようにとの依頼がありました。改めて、時の流れ、出会いの不思議を思い浮かべています。私にとって先生との出会いは不思議なものでした、

ほぼ十年ほど前になると思います。突然、先生から手紙がありました。用件は「インフォームド・コンセントと倫理問題について相談に乗ってもらえないか」といったものだったと記憶しています。それまで先生とは直接の面識がなかったので、大変、驚きました。そして先生のご自宅に伺って先生と話をさせていただき驚きは倍増しました。先生と直接、話し合われた経験ある方は皆、この驚きを体験していると思います。私が相談に乗ると言っても、実際には、先生の率直な問い掛けに答えていただけでした。しかし、先生の一言一言に応えているうちに、その問い掛けに引き込まれ、いつの間にか不思議な村瀬先生の世界に私は浸っていました。それは巧まずに作り出される「癒し」空間のようでした。「この空気に包まれたクライエントは幸せだろうな」と思ったことを憶えています。その印象が余りにも強くて私は何か先生のお役に立てたという記憶は殆どないのです。

ある問い掛け

ある時、先生は「症例論文を書く際の本人の同意について専門誌に書かなくてはならないので意見が欲しい」と私に問い掛けられました。先生は症例論文に「患者の同意を得た」という一文を書き加えれば倫理的問題は解決するというような風潮に批判を持っているようでした。私も同じでした。しかし、それでは具体的に、どうしたら良いかという話になると、私は何も答えを差し上げなかったように思います。私は例によって先生の不思議な世界に浸っていました。後になってから、あの時、村瀬先生は私の実践経験を訊ねられたのだと気付きました。そこで今回は、自分が書いた症例論文において「同意」をどう扱ってきたかを紹介し、先生にお答えしようと思いました。

症例論文における同意問題

私はしばしば後輩に「論文に書くと決めたときにケースにどう説明するか」と問います。「論文に書いて良いでしょうかと訊いて、匿名性や守秘義務について説明します」という返事が圧倒的に多いのです。そのように教えられているのでしょう。この紋切り型の返答を訊くと私はガッカリします。

先ずは、私の問い掛けには二つの問いが含まれることを御了解ください。

1　何故、専門家は一例研究（Kasuistik）を書くのか？

2　同意〈consent〉とは何か？

専門家は何故、一例研究を書くか

ここに「一例報告における原著性（オリジナリティ）」という問題があります。私が臨床家になったころは、一例報告が原著論文になり得るかという議論がありました。実験研究こそが研究だという文化があったのです。それに反抗して私は一例論文をいくつも書きました。総て原著かそれに類する論文でした。そのような経験の中で私は、

「何故、私は症例論文を書くのか」という問いと突き当たりました。それは臨床家が自ら挑み、自ら答えを手に入れるべき課題でした。

現在のように、研修論文を書店に並ぶ雑誌に掲載することについては、私は余り賛成しかねます。研修論文の質が低いと言いたいのではありません。むしろ、その逆に多くは一例論文の原著として書くべきたったと私は考えるのです。ここで原著性とは社会に、他のケースに、他の専門家に還元すべき専門的知識が取り上げられているという意味です。

「自己研修のために書く」と論文に記載する著者がいます。一見、それは謙虚に見えます。しかし、臨床研究者としては自分の業績のためにだけに書くことは避けるべきでしょう。論文は専門家としての立場と責任を負って書くべきものだと思います。専門誌で一例報告を書く以上は、少なくとも他の研修生、専門家や他の同じようなケースに、その貴重な知識が還元されるべきなのです。専門的還元がない場合には、同意が得られても専門誌に掲載する意義はないでしょう。専門家の倫理とは、そのようなものではないのでしょうか。

同意とは何か？

同意は極めて繊細な心理的なプロセスです。同意（consent）とは「共に（con）に感じる（sentire）」ことだといいます。二者による共同の意志決定のプロセス（the process of shared decision-making）とされています。平たく言えば、一緒に考えて共に結論を出すことです（一九九四年、臨床人間学）。同意と信頼はほぼ同じです。「同意をとる」という日本語が如何にも心ない粗雑な言葉なのは、この点です。

要するに、論文を書くという行為をめぐって治療関係の質が問われるのです。自分のことが論文に書かれるということは本人にとって、どのような意味を持つのでしょうか。もし、相手が治療の対象ではなく一般社会の人ならば、どのような返事が来るでしょうか。多くの方は腹を立てて断るでしょう。要するに他者のことを活字にするということは大変、失礼なことかも知れないのです。つまり、相手に納得してもらうために、正当な理由が是非とも必要なのです。ケースとの関係でも、この点は同じです。治療関係においては治療者からケースへの権威の勾配が在ります。「同意をとった」という一文が論文に書いてあっても、先生の機嫌を損なわないように同意したのかも知れないのです。後になって、「同意しなければ治療を続けてもらえないと思った」とケースが訴えたならば、論文の同意は法的にも無意味になるでしょう。

「本心がイヤならば断って良いのですよ。そのことであなたは治療上、一切、不利になることはありません。私が約束します」と訊く、「書いたものに目を通す必要がありますか」と訊く。その程度の配慮は治療者として、研究者として当然なものでしょう。形式的な説明よりも大切なのは、同意そのものについて話し合うことです。

ケースは何故、同意するか？

私は治療が一段落したケースに次のように訊ねることが多々あります。「あなたと同じような訴えの人に私が出会ったとき、私は何に気をつけたらよいか、あなたの体験から教えてくれませんか」と訊ねるのです。治療者から、そのように問われることに慣れていないのでしょう。大抵の方は驚きます。そして実に丁寧にポイントを説明してくれます。これほどに細部まで私の臨床を観察していたのだと驚き頭が下がります。私にとって彼らは皆、実に、すぐれた教師です。このように訊ねることも同意の問題への私なりの解決法の一つでした。そして、「私はあなたから多くのことを学んだ。論文にして他の人に役に立てたい」と説明するのです。大抵は、「本当に私のことを論文に書く価値があるのですか」という返事がきます。

この時、何が起きているのでしょうか。「長い間、お世話になった。感謝の念を表現したい、でも、今さら私が治療者に役に立つことなどはない」。そのようにケースは思い込んでいる場合が多い。治療者は自分に向けられた怒りや不満は気がつきます。しかし、その背後に伏せられた控えめな謝意に気付くのは困難です。症例論文に取り組むことによって、彼らと初めて対等な他者として出会い、専門家たちや他のケースを助けるために協力を要請できるのです。治療者とケースの出会いが対等になる。それ故にケースは喜んで論文に協力してくれます。それは彼らが本当の自尊心を回復するチャンスでもありました。こうして論文における同意問題によって、治療は最終段階に入ります。

私にとっての同意問題

はじめて私が一例報告の論文を書いたのは、一九七七年でした。当時は、まだケースに論文を書くことを告げるという発想そのものが定着しておらず、私も同意の問題には触れませんでした。ただ、当時、先輩の先生と「論文に患者の言葉を書くことは彼らのオリジナリティを否定することになりはしないか」と問い掛けられ、話し合ったことを憶えています。このことは後の論文に反映されました。

一九八九年に統合失調症における同意と強制について一例報告を書きました。「強制」治療の対象となったケースについて、論文における同意問題を取り上げました。当時は、まだ論文を書くことについて、ケースと話し合う習慣は余りありませんでした。私は考えあぐねました。「もし断られたら、この大事な論文は発表できない。でも、発表する義務が私にはある」。そんな思いで私は引き裂かれていました。結局、本人と相談しました。本人は「そういうことは先生にお任せします」と迷いもなく答えました。その答を聞いたときに私は自分の迷いの本体が目に見えた感じがしました。ケースは私の治療に感謝しており、論文を書くことについても私を信頼していたのでしょう。一例論文を書くことの重さ、責任について、私は改めて気付かされました。

その後、幾つかの一例報告で論文における同意問題について触れました。同意について話し合えない状況で書いたこともありました。そのような試みの中で、ケース自身に論文内容を読んでもらい加筆を求めたこともあります。自殺親和的自我について論じた「死の欲動」という本で取り上げたヒカリの症例です。論文そのものを本人が熟読、加筆しました。つまり、その本は事実上、本人との共著となりました。外国語の出版を含めて、そのような本に私は見たことがありませんでした。

次いで、「語ったことのオリジナリティは語りの主体にある」という原点を解決したいと思いました。そして、当事者を共著者として本を出版しました（二〇〇五年）。

私が論文をかくときの同意問題で行った工夫は以上です。今後もいろいろと試みるでしょう。若い皆さんにも一例報告を積極的に書いて欲しいと思います。そこで論文における同意について、いろいろ創意工夫していただきたいと思います。そのこと自体が臨床実践を豊かにするはずです。論文における同意問題は興味深い研究課題であり、個々のケースに応じた工夫が必要なのです。

さて、これで村瀬先生への宿題を終えたと思います。後進の方に読んでいただけるような形にいたしました。そして、あえて明瞭な主張を加えました。先生は曖昧な表現は好まれないと思うからです。最後に、身勝手なお願いを一言。村瀬先生、これからもお付き合い願いたく、そのためにも、お体に気をつけてお過ごし下さい。

参考文献

（1）熊倉伸宏（一九八九）「服薬拒否をする一精神分裂病患者の治療例の報告——「知らされた同意」と「治療のための強制」の関連性をめぐって」精神神経学雑誌、九一、七三‐八三

（2）熊倉伸宏（一九九四）『臨床人間学——インフォームド・コンセントと精神障害』新興医学出版社

（3）熊倉伸宏（二〇〇〇）『死の欲動——臨床人間学ノート』新興医学出版社

（4）熊倉伸宏・矢野英雄（二〇〇五）『障害ある人の語り——インタビューによる「生きる」ことの研究』誠信書房

あしたもよろし、ゆふべもよろし

黒川由紀子

村瀬嘉代子先生の第一印象は、華奢で骨太で品格のあるマドンナ。お目にかかった上のことではない。遠くから仰ぎ見るばかりだった私は、先生の学術論文を通じて、学生時代にその存在を知った。本書にも執筆されている、学会のホープの多くの臨床心理や精神科の先生方が、村瀬先生の論文を批評する立場にありながら、先生の臨床実践や書かれた報告文を手放しで絶賛していて、「これは一体どういうことなのだろうか？」と、素朴な感想を抱いた。その後、村瀬先生のスーパーヴィジョンを受けたいと考えたり、大正大学の研究生になって勉強ができたらいいのになどと、想像することがあっても、現実には叶わなかった。しかし、直接お会いする機会がなくても、勉強や仕事を継続することの意味をたびたび疑い、「すっぱりやめよう、非力な自分が、これ以上無理を続けても、周囲に迷惑をかけるばかり」と、何回も思う時、村瀬先生の論文やご著書にみる先生の臨床観、生活観に、新鮮な発見をする思いで、救いを得た。また、こういう仕事をされている先輩があるのなら、もう少しだけがんばって挑戦してみようと思った。仕事を続けてきたことは、たまたまの偶然の連鎖である。「やめよう」と決意するたび、不思議な出会いに恵まれ、細々とつながってきた。村瀬先生との出会いは、私にとって、幸運な恵みであった。

その後、数年前に開催された国際精神医学会のある委員会の席上、生まれて初めて「ナマムラセ」先生にお会いする機会を得た。委員会の前後に、ごく短い時間、お話しした。

その後、ある日突然、自宅に電話を頂いた。「村瀬でございます。あなた、大正大学にいらしていただけません？」。えっ、そんな、まさか！「村瀬先生、それは大変光栄ですが、先生にはまだ一回しかお会いしたことがありません……」。村瀬先生の、柔らかく静かで芯のある声が電話の向こうから耳に響く。「一回会っただけでも、わかる方はわかります。何回会っても、わからない人はわかりません。それに私、あなたのお書きになったもの、たくさん読ませていただきました」。大学という場に初めて導いてくださったのは村瀬先生だった。

村瀬先生には意外性がある。そのギャップの大きさが、先生のチャームの源である。Aかなと思うとZという具合に、相反する面を、非常に大きな揺れ幅で、細やかな振幅を繰り返しながら保持し続ける、しなやかさと強さを持っておられる。この上もない優しさと、恐るべき厳しさを共生させることができる。ためらいがちでナイーブな面と、頑固なほどにきっぱりと大胆な面を併せ持つ心の底には、哀しみに満ちた重さと、突き抜けた軽やかさが共存している。

村瀬先生と、新潟県長岡市に、被災者の仮設住宅を訪問した日のこと。長岡の空は、どんよりとした灰色の深い曇におおわれていた。空をしみじみとご覧になって、先生は、「私ね、こういう空が好きなの。頼まれても、ハワイには絶対行きたくありません」とおっしゃった。村瀬先生は、ぎらぎらと輝くどぎつい太陽よりも、暗くても、さまざまな形の雲が厚く層をなす、複雑で陰影のある空に、より親和性を感じておられるようだった。

村瀬先生が実践してこられた「統合的心理療法」は、従来の枠組みを超えた新たな可能性に満ちたものとして、わが国の心理臨床に一石を投じた。「これが型だ」と言われれば、若き学徒は黙って受け入れるしかない。駆け出しの心理職としての私のこころは、いつも疑問の暗雲に、幾重にも包まれていた。いつまでたっても抜けることのできない、トンネルの長く深い闇のなかで、一人悶々としていたあの頃、村瀬先生の論文を読んでは、救われる思いがした。当たり前の静かな生活を大切にする姿勢、分別をもって枠からとび出る勇気、ここ一番の機会に瞬時に決断しきっぱり介入する態度。未だに言葉でうまく言いあらわすことができない。

村瀬先生は、児童関係の他の職種の方たちと、時とこころをかけて水平の関係をつくり、チームの一員として、臨床心理の専門職として、確かな居場所を築いてこられた。チームの一員として意味ある仕事ができるかどうかは、自分がその専門性を声高に主張する結果によるものではなく、周囲によって必要不可欠な成員と認識されるかどうかにかかっているのではないだろうか？　そして、それは、日常のさりげない振る舞いや言葉のやりとりの積み重ねに負うところが大きい。村瀬先生の次の言葉に接し、大いに頷く。「臨床心理学を専攻し、心理療法を専門とする私ですが、かねてから、上質な心理療法というのは、理論や技法が際だって目立つのではなく、さりげなく自然な日常の営みをとおして伝えられるものではないだろうか、そうあることが、その援助を受ける人にとって最上のものではなかろうか、と考えておりました。心理療法とは、何気ない日常の関わり合いのなかで、人を支え、慰め、励まし、かつその状況に相応しい改善や治癒のための営みに含まれる要素を理論化し、技法として体系づけたもの、といえるのではないでしょうか」（村瀬、二〇〇二）。村瀬先生が、家庭裁判所の調査官として、窃盗を繰り返していた少年に初めて会った日、破けた制服の袖を縫い、その少年に「暖かい汁のある麺を食べたい」と言われた言葉に対し、ルールをおかして近所に買い物に行き、手際よくかけうどんを作って、防衛の硬い少年をして「うまい！」と言わせしめたエピソードは感動的である。その後、地域のさまざまな人々の思いがけない絆や支援によって、少年は見事に育ち直り、立ち直っていく。この事例を読み、村瀬先生の原点に触れる思いがした。村瀬先生は、この少年に関わったさまざまな人とことが、この少年を支えたはたらきに関し、「ことの成否はある視点から固定して展開のあとを因果関係づけることは容易であるが、現実のことの展開には多層に渡って、多角的多面的にさまざまな要因が輻輳してかかわっているのが事実であろう。臨床とは、その現実をいかに的確に捉えるかが常に問われているのであり、物事を自分中心に自己完結的に考えることは、適切でない、とこの時以後強く考えるようになった」（村瀬、他、二〇〇四）と述べておられる。一人の心理臨床家にできることは有限であっても、一粒の小石が池に適切な時を得て投げられたなら、その波紋が広がり、豊かな輪と和をうむ。

村瀬先生と銀座のバーに行ったことは、楽しい思い出である。「村瀬先生と呑みに行く」と、ある先生に話した折り「まあ、黒川先生、頑張ってくださいい」と言われた。念願叶ってご一緒したバーは、ギルビーA、銀座のコリドー街にあった。バーのママは、百一歳の有馬秀子さん。笑顔が美しく、毅然とした優しい女性。人間としての風格と、女性としての品格を備えておられた。若いスタッフに対する指導は、あたたかいなかにも厳しく、お客様に対しては、相手や状況に関する鋭い観察のもとに、さりげなく細やかな心配りのできる女性。村瀬先生は、手一杯の花束を、有馬さんにお渡しになった。その時、有馬さんと村瀬先生には、どこか共通点があるとふと感じた。普通の生活を大切にしながら、普通ではない。究極の日常性は非日常であり、当たり前の毎日を丁寧に積み重ね続けることこそ非凡なことといえよう。有馬さんは、主婦として、何不自由なくのんびりと暮らしておられた。ある日息子さんに、「お母さん、うちでそんなに編み物ばかりしていないで、店でもはじめたら?」と言われ、「そうか」と五反田で喫茶店をはじめたそうだ。たまたまゴルフ帰りのお客さんにビールを出して、その後「うって出るならやはり銀座だ」と、銀座に店を構えた。以来、百歳を超えて、入院時以外、一日も休まず、亡くなる直前まで働き続けたそうだ。頭が下がる。

村瀬先生が今後どうされるか、大学や臨床心理の世界が、村瀬先生を簡単には手放さないであろう。それが、大学や臨床心理の世界に資することであっても、村瀬先生ご自身にとってどうかはわからない。けれども有馬さんのように人生百歳時代、村瀬先生の人生はこれからが本番。「そんな、あなた、よくわかりもしないで、勝手なことを!」と先生に叱られそうであるが、そう思う。

山あれば山を観る
雨の日は雨を聴く
春夏秋冬

あしたもよろし
ゆふべもよろし　　　　　（山頭火）

文献

村瀬嘉代子監修、高橋利一編『子どもの福祉とこころ　児童養護施設における心理援助』新曜社、二〇〇二
村瀬嘉代子、青木省三編『すべてをこころの糧に――心理援助者のあり方とクライエントの現実生活』金剛出版、二〇〇四
種田山頭火『山頭火　草木塔』、『山頭火句集』日本図書センター、二〇〇〇

夏の日の槿

島　悟

嘉代子先生との邂逅は偶然ではあったが、勝手な思いではあるもののそこには必然性を感じている。孝雄先生もよく存じているので、ついつい普段から嘉代子先生とさせていただいており、この文章でもそのように呼ばせていただく。

内科医に終止符を打ち精神科医を志した頃、数カ月間常勤医としてある精神科病院にて臨床研修をしていた。その病院で出会った女性の精神科医の誘いに渋々応じたのが、今からみれば今日に至る物語の序章を形作ることになる。その精神科医は非常に個性的な方であり、その方との出会いも非常に印象的であった（残念ながら事故で逝去された）。内科医時代から精神療法にはある程度関心があったものの、実際に精神医学を学んでみて、どうも自分にはシックリこないように感じていた。折角身体医学から精神医学に転じたものの、初期体験のなせるわざか、再び身体に焦点を当てて生物学的精神医学を探求しようと思っていた時期であった。今ではごく当たり前になったCTによる研究をはじめていた。ちょうどそんな時期であったので、嘉代子先生のグループ・スーパービジョンの会への誘いには躊躇を覚えた。もともとの引っ込み思案な性格のなせるところといえば、それまでのことであるが。

数度にわたる誘いに根負けしてとうとうその会に引きずり込まれることとなった。私も含めて精神科医三人と臨床心理士一人の小さなグループであり、男性が一人というのも抵抗を覚えた理由の一端であったのかもしれない。

その後数年にわたって、月に一度当時田園調布にあった御自宅を訪れることになった。一九八〇年代初頭の出来事であるので、それ以来、随分年月が経ってしまったものであるが、今でもほんの数カ月前のことのように思い出される。

この思い出の文を書いている同じ盛暑の日に、テーブルの上にそっと置かれていた水をたたえた器に浮かぶピンクの槿《むくげ》の花を時々思い出す。その後、紫色のクレマチスをお贈りいただいたことがあったが、それ以来こうした花を愛でるようになった。仰々しくなく、どこか楚々として、凛とした花の似合う風情の漂う御家であった。メンバーの転居にともなってグループ・スーパービジョンが終わった後も、時々田園調布のお宅を訪れていたが、次から次へと話が発展して深夜過ぎまでお付き合いいただいた日々のことを思い出す。

初めてお会いして間もなく、ピアノがお好きであることを知り、私が最も気に入っていたモーツアルトのピアノソナタ――日陰に咲いているような小品――を、カセットテープに録音してお送りしたことがある。嘉代子先生が偶然にも大学卒業の時に弾かれた小品であることを知り、とても嬉しく感じた。

私は幼稚園から高校まで奈良女子大の付属の学校で育った。上京してから出身高校を問われる度に、「女子大付属」と答える際に気恥ずかしい思いをしたものである。この学校は、古都奈良の旧市街の一角に位置しており、奈良に来た方であれば誰しも思い出すであろう放し飼いの鹿がよく校庭を訪れていた。私が学んだこの小学校のキャンパスと大学キャンパスは同じ敷地内にあり、卒業式では、小学校も大学も同じ講堂を共用していた。つまり嘉代子先生と同じ学び舎で、同時代に、同じ空気を吸っていたということから、冒頭で書いた一見偶然とみえる必然性を勝手に感じているのである。田園調布でお会いした先生が、六年間を過ごしたキャンパスで擦れ違った可能性があるということを知り、非常に不思議な感覚にとらわれた。

田園調布のお宅で行われた会の折や、その後個人的にお邪魔した際に孝雄先生にお会いすることが時々あった。波長がぴったり合ったご夫婦と歓談する機会があり、今にして思えば本当に得がたいひと時を過ごすことができた。

実に味のあるご夫婦である。孝雄先生に直接ご指導を得ることはなかったが、書籍を通じてでは得られない多大な影響を受けることができて、本当に幸せであったと感じている。

さて、嘉代子先生との出会いは、精神科医としての人生に大きな影響を与えたと思う。私はもともと何事にも不勉強で、その原因を、学生紛争の煽りを受けて六年間の医学部生活の一年半はストで大学がなかったという異常事態のせいにしているが（自分自身旗振りをしていたので人のせいにする気はないが）、振り返ってみればもともと教科書を最初から最後まで読み通せないことが多かったという生来の問題児であったということであろう。

そうしたスタイルの私ではあったが、本からではなく、真の意味でクライアントから学ぶことの意味を教えていただけたように思う。精神科医になった当時、最初に保崎秀夫教授の御指導を受けたが、保崎教授は最初の講義で、「本を読むな」と言われた。もちろん嘉代子先生にしても保崎先生にしても、非常に勉強家である。しかし全身を受信機としてアンテナを張り巡らして、クライアントの言葉、心に照準を当てて、想像力を最大限に使って、クライアントから学ぶことの重要性を教えていただいた。

私は、医学部を卒業して最初に学んだのが内科の中でも膠原病であった。この病気は全身病であり、中枢神経症状を含めて多様な症状のみられることが特徴である。全身を、そして心身ともに、くまなく診ることを要請される領域であり、しかも原因や病態生理がよく分かっていない病気であることは、心の病と類似している。心の病で種々の身体症状がみられるが、膠原病でもさまざまな精神症状がみられるのであり、ある意味で鏡面構造ともいえよう。考えてみれば、これも不思議なことである。

嘉代子先生は天才肌の臨床家であると思っている。感性、想像力、知性、記憶力、博学……どれをとっても超のつく一流である。世の中には多様な種類の人間がいるが、嘉代子先生は類まれな天賦の才能を持っておられることについては誰しも同意するであろう。このことは、私のように天賦の才能のない凡人にとっては実に困ったことである。秀才肌の方であれば、学ぶことは時間とエネルギーさえかけて努力すれば（実際にはできないが）必ずしも不可能ではない。しかし才能の部分はいかんともし難いものである。量的問題ではなく質的問題ということになろう。おそらく嘉代子先生からみれば、こんな平易なことがどうしてできないのだろうかと思われるのであろうが、凡人にはどうしたらよいのか分からないものである。悲しいかな、きっと凡人は凡人であることを認めて、凡人であることをむしろ材料や武器とするべきなのであろう。

時代を大きく切り開くには天才の力が必要である。しかし世の中は天才だけでは動かない。秀才もいて、凡人もいて、それでこそ、先に?進んでいけるのであろう。それぞれの役割や持ち場を認識することが肝要なのであろう。嘉代子先生を模倣しようと思っても、もとより同じ質のものは得られない。しかし模写と同じで、模倣する営みを通じて自分なりのスタイルを確立していくということになるのであろうか。模倣すべきところをきちんと考えないと、所詮は街角で絵を売る三文画家の域を出ないことになろう。

村瀬先生が繰り返し言われているのは、「基本的なことをおさえる」ということの大切さである。このことは全く同感である。といっても、その意味の深さは大いに違うのであろう。あらゆる学問において基礎を飛ばして、応用に入るとさまざまな問題が生じる可能性がある。スペースシャトル・ディスカバリーは最先端の科学の集大成であるはずだが、宇宙空間における修理を見ていて、余りにも原始的な作業であることに驚きを禁じえなかった。おそらくは、どこかで基礎的な部分が欠落しているのであろう。そのことで貴重な人命が失われたのである。土台がきちんとないところで、上部に最新のものを持ってきて、今風の装いをしても、所詮クライアントには見抜かれてしまうし、真にクライアントにとって意味のあるカウンセリングはできない。では、何が基本かということになろうが、クライアントは、何らかのニーズを持って現れたわけであり、そのニーズを把握して、ニーズに即して専門家として必要な支援を行うということになろう。適切な手順を踏んで、必要なことをきちんと把握して、治療者の思いではなく、クライアントの思いに沿って、支援をするということである。嘉代子先生が、「治療者は半歩遅れてともに歩む」というようなことを言われているが、クライアントが主人公であり、そもそも舞台は治療者のために設定されたのではなく、クライアントのために作られたのである。そのところをはき違えている治療者が時におられるように感じている。

自分という素材をいかに使うのかということも強調される。素材にはいいも悪いもない。所詮は使いようである。主役が合う役者もいれば、悪役の似合う役者もいる。その人に合った役をきちんとこなすという心構えが必要なのである。原石は磨けば輝いてくるものであるが、同様のことは治療者にも言えるのではなかろうか。

嘉代子先生は非常に厳しいと言われているらしい。私自身はそのように感じたことはない。鈍いだけなのかもしれない。ただ最近、私自身、医師も含めて専門職に対して厳しいことばかり言っている。段々似てきたのかという気もするが、世の中、似非専門家が多すぎるのではないかと感じているのは、私だけであろうか。

最近、御自宅を訪れた際に、嘉代子先生の手料理をご馳走になった。高級料亭でも、お袋の味を売りにしている料理屋さんでも、決して味わえない心のこもったお料理であった。いつも、「時間がなくてきちんと作れなくてごめんなさい」と言われるが、常に気持ちの伝わる「鉄人」の料理を頂戴している。料理における創意工夫はカウンセリングに通じるものなのだろう。

ともあれ、今後も健康には十分に留意されて、我々凡庸の民を見守って欲しいと切に思う。

奥様は魔女

清水將之

村瀬孝雄氏に始めてお会いしたのは、一九七五年七月十日の午後である。場所は名古屋市中区の主税町クラブ。笠原嘉先生をはじめ、青年期に関心を持ち活動しているこころの臨床家が一泊二日集って勉強会を行い、『青年の精神病理第一巻』と題して弘文堂から記録を出版した。確か、二日目の午前に孝雄氏と私が報告したと思う。

一九七九年十二月一日、東京都精神医学総合研究所シンポジウムで孝雄氏と並んで報告の機会を与えられた。終えて、食事会に向かうタクシーも孝雄氏とご一緒だった。会食がどこで行なわれたか、まるで覚えがないけれど、孝雄氏とお喋りした情景は記憶に明瞭だ。

精神医学大系（中山書店）に「学校精神衛生」という項目をご担当なさった。そこに大阪府尾崎保健所の精神衛生活動報告書（謄写版刷り）に記した私の文章を、参考文献として引用したとおっしゃって別冊を頂戴したのも、このときであったか。こんな珍品、どこでお見つけになられたか不審に思い、今や老人福祉の重鎮となっている下仲順子さんから見せてもらったと伺った。

孝雄氏に関しては、明瞭な見参の印象がこのように残っている。だけど、その偉大なお連れ合い、一体いつどこで始めて拝眉したのか、思い出せない。これほどに深く臨床心理史に刻印した碩学との出会いを想起できぬとは、情けない。

村瀬嘉代子先生と具体的に仕事をご一緒させて頂いたのは、一九九一年春から三年間、「児童青年精神医学とその近接領域」という雑誌の編集委員会にご協力願ったのが最初である。年五回開催される編集会議の内一回は温泉旅館に泊まり込み、審査水準の感受性の符節を合わせようと努めるのが恒例であった。

有馬温泉で行なわれた合宿では、夕食を終えてなお酒盃を重ねながらの雑談に、酒をたしなまぬ彼女は根気よく付き合ってくださった。編集委員に酒好きが多く、話が乱れ流れても波長を合わせてくださっていたのは、躁病患者の集団療法でもなさるような境地であったのか。

税務署へ確定申告に行くときの注意事項をご教示賜り、一同感心したものである。着古しを身にまとって古びた買い物篭を下げてゆくと、控え目の申告でも認めてくれる(国法違反の勧め?)など、まことに懇切丁寧であり、普段拝見する楚々たるお姿とは全く異なる語りに、この人の一面を見た。

それはやがて、生活事象のすべてを臨床場面で活用するという村瀬流儀となって具体的に教えられることになる。この、お作法を越えた心理治療技術は、『心理療法の基本』に詳述されている。この書物、辰巳浜子による家庭料理の名著になぞらえて、「息子につたえる私の技」という書名でもよかった。

下呂温泉で開かれた編集会議は、孝雄氏の病篤い時期と合致していた。それでも東京から日帰りの強行軍で水明館までご足労くださった。私なら審査結果を文書で送って済ませたであろうに、彼女の律儀さ・誠実さ・責任感が端なくも表れた一日であった。

続く温泉での会議は、村瀬先生とっておきという箱根の宿で開催される予定になっていたが、阪神大震災から三週間後だったので、残念ながら中止となった。

金剛出版で編集を担当させてもらった『青年期の精神科臨床』という本がそれなりに売れ、二度目の改訂を求められたことがある。いつまでも老人が出しゃばっていては、青年期論も育たぬと申し述べ、青木省三さんに編集をお任せすることにした。

打ち合わせのため、一九九四年六月二十五日、赤坂の『海皇』という中華料理店で、青木・清水と中野・立石さんの四人で編集の話し合いをした。以前から立石さんに村瀬嘉代子先生の論文集を出すよう勧めていたのだけれど、その夜は、「早くやりなさい。社会が求めている本だ。急がないと他社に出し抜かれるよ」と立石さんをせっついていた。

翌年九月、『子どもと大人の心の架け橋――心理療法の原則と過程』は刊行された。頂戴したご著書には、あの流麗な書体で「日暮れて道遠しということばの意味がひしひしと実感されることでございます」というお便りが挿まれていた。

〝日暮れ〟どころか、活字情報を介して世間がご教示賜るようになった歴史からすれば、一九九五年は日出づる年だ。お蔭で、通常は見ることのない大学紀要にひっそりお書きになっていた論文まで、拝読する機会を世人は享受できることになった。

以後は、周知の通り、ご著書・編著が陸続と刊行され、こころの臨床における日本を大きく嵩上げして頂く結果となった。

個人的に無理をお願いしていることが一つある。児童精神科医として定年を迎えた後、いろいろと社会奉仕を行なっている中に、日本子どもの未来研究所という組織がある。些些たる動きの団体だけれど、市民への啓蒙活動としてときどき講演会を開き、村瀬先生にもお出まし願った（『子どもの未来を語る』所収、生野学園刊）。もっと大きなご支援を賜っている。毎年八月、かつて銀山で栄えた町にある生野学園高校を会場として、養護教諭向けに二泊三日の合宿研修会を開いている。呼び物は、村瀬先生のお講義と事例検討のご指導である。

夏場に強くないご体質、夏休みは講演等に引っ張り凧になるご日程の中、無理を願って、毎年兵庫県の山奥まで日帰りでお運び願っている。参加者は、「家族とどう関わるか」「子どもの育ちに想う」「親の想い、子の想い」などの講話にしびれる。干天の慈雨のごとく、心に染み入ってくることばが堵列する。

続いて村瀬班で事例提供に当った参加者は前夜から緊迫の連続だけれど、終えてみれば目からうろこ。幽遠な教えを与えられた事例提供者は、夜のバーベキュー大会で興奮気味に語り続けている。その時刻、村瀬先生は新幹線の座席でぐったり居眠っておられるのか、それとも原稿でもお書きか、察すべくもない。

二〇〇二年、日本児童青年精神医学会で、村瀬先生が特別講演なさったときに伺った話。重度の重複障害を持つ人たちの施設へ、頼まれてカウンセリングに通っておられる様子を参加者は拝聴した。初対面の人にはかならず殴りかかる女性がおり、どうなることかと職員は、はらはらしながら見守っていた（なんと意地わるな）。それとも知らぬ村瀬先生は、普段通りに自己紹介なさって頭を下げた。と、相手は飛び掛るどころか「〇〇です。どうぞよろしく」と丁寧に頭を下げたという。

こういう具合の、奇跡のような出来事が村瀬先生を中心にときどき湧出する。どうしたことだろう。この人の背後に瑞気《ずいき》が漂っているのであろうか。剣術やボクシングの達人が語るように、全身の力をすっかり抜いて、坦懐の心情に至れば、相手も警戒心を解いてしまうのか。

まるで魔法の杖を秘匿しておられるかの如くではあるけれど、生まれ持った天与の気質に、日々の錬成が加わることで始めてでき上がった秘儀なのであろう。

特別講演の前日、学会場ロビーで偶々、青木省三氏と二人で村瀬先生をお相手することになった。自然と、ご講演への期待に話が移った。

「こんなこと、常識ですよねえ」「そんなこと言えば、皆に笑われてしまいますよねえ」など、添え言しながらにこにこと、二人を相手に二時間に亙って予行演習なさった。

美しい旋律に付点音符を加えすぎると俗謡になる。だけど、格調高い主題の語りに付言がつくと、身のよじりや笑顔や乙女っぽい所作も加わって、名状し難い色気が醸成されていた。

語られた片言隻句は、すでに書かれていることも少なくなかった。にも拘わらず、翌日のご講演は私ども二人を含めて聴衆をうならせるものであった。能弁の方ではないけれど、淡々とした語り口で鋭く切り込んでくるお話には、いつも感動する。

この方の臨床営為には常に、無防備なほどの大胆さ、磨き澄まされた直感、繊細緻密な戦術、限りないぬくもりと並存する怯懦《きょうだ》や邪悪への激しい闘争心などなどが、同居している。こういった事どもは通常並存し難いにもかかわらず。

どうすればこのような人格が成立するのであろう。敗戦後農地改革の波濤を泳いでご両親がご苦労なさる中、末娘は温かく護られ育ってきたと仄聞《そくぶん》する。ふと、櫻の園のアーニャを連想する。

それにしてもだ。初対面の人に殴りかかる女性が村瀬先生にはそうしなかった先の挿話など、あれこれ「秘蹟」を耳にすることが多い。そのような話、並みの人間が口にしたのでは剛直球の武勇伝とか自慢話になってしまう。鼻持ちならぬ語りになることもある。だのに、この方の口元から流れ出すと、そのような気配など微塵もなく、聴く人を感動させてしまう。

どうしてだろう。彼女のうちに秘められた魔女性というものであろうか。

内観療法誌にご夫君の思い出話として掲載された壮麗な惚気話も、心理学に関する貴重な歴史記録として読ませてしまう。あの不思議な筆力も、そこに繋がるのであろうか。

浄土におわす孝雄さま、あなたの奥様は魔女ですよ。

人を育てるということ――村瀬先生に教えていただいたこと――

下山晴彦

一、孝雄先生とともに

私が村瀬先生から教えていただいたことを一言にまとめるならば、「生きることの厳しさと優しさ」ということになるだろう。これは、日頃、直接お話をさせていただく中で学んだことであるとともに、先生が若い学生にお話をするのを傍らで聞かせていただく際に常々感じていることでもある。

村瀬先生と最初にお会いしたのは、今から二十五年ほど前になる。私が大学院に入ったばかりの頃、研究の面では、当時立教大学におられた村瀬孝雄先生にいろいろと教えていただいていた。孝雄先生に青年心理学の研究法の本を貸していただき、それをお返しするということで、当時住まわれていた田園調布のお宅にお邪魔した。そのとき、玄関に出てこられたのが嘉代子先生であった。初対面であったが、思わず厳しい雰囲気を感じ、緊張して後ずさりをしたのを覚えている。そのことを親しくお付き合いさせていただくようになってから申し上げたところ、ニコッと優しげに笑って「あの時は、主婦として家にいただけですよ」と仰られた。しかし、普通の主婦の雰囲気ではなかったと思う。（というわけで、私にとっては、村瀬嘉代子先生に教えていただいたことは、村瀬孝雄先生と重なっている面が多い。そこで、以下、嘉代子先生と孝雄先生という表現をさせていただく。）

その後、私が東大の学生相談所で助手として勤務しているときに、孝雄先生が東大に教授として戻ってこられ、相談所の所長となり、私の上司となった。そのような関係で当時新築された駒込のお宅に伺い、嘉代子先生の手作りの夕食をご馳走になることもあった。その頃、今にして思えば、家庭のあり方を教えていただいたのだと思う。嘉代子先生は、当時は既に大正大学の教授として忙しく仕事をされていたが、家庭をきっちりと切り盛りされていた。優しい家庭の雰囲気を支えるものとして、厳しく御自身を律しておられる嘉代子先生の姿が印象的であった。

私が東大に教員として戻った頃には、既に孝雄先生の健康状態は相当に悪くなっておられた。それでも、孝雄先生が作成されたフォーカシングビデオに基づいて、私のゼミの学生にお話をしていただきたいとお願いしたところ、来ていただけることになった。当日、孝雄先生は、嘉代子先生運転の車で、酸素ボンベを携えて大学まで来てくださった。それが、孝雄先生の講義をお聞きする最後の機会となってしまった。孝雄先生の病気の進行を知っておられた嘉代子先生は、とても優しく孝雄先生を支えておられた。学生ともども、生きることの厳しさと優しさを教えていただいた貴重な時間であった。

二、教えること

嘉代子先生とは、安田生命社会事業団（当時：現明治安田こころの健康財団）の主催する臨床心理学の大学院生向けのワークショップを数年にわたってご一緒させていただいた。これは、嘉代子先生が企画し、先生と私と、それに毎年新たなゲストを迎えて、計三名で百名近い若手の大学院生や若手の臨床心理士と一泊二日の合宿形式で行うものであった。その経験を通して、本当にいろいろなことを学ばせていただいた。その中で最も大きかったことは、「人を育てること」への村瀬先生の思いに直に触れさせていただいたことであった。大学の教師になったものの、自分自身のことで精一杯であった私にとっては、とても新鮮な体験であった。若い学生たちに厳しくも優しく接しておられる嘉代子先生の傍らで、臨床心理学という新しい学問を育てることの大切さを直に学ばせていただいた。丁稚奉公よろしく、嘉代子先生を見習って、全国から集まってきた学生や若手と一緒に「臨床心理学とは何か」「自分たちのアイデンティティとは何か」というテーマを話し合うという濃密な時間を体験することができた。あのときの体験こそが、確実に、私自身の現在のテーマである臨床心理学カリキュラム論の土台になっている。ただ、学生や若手を魅了する嘉代子先生のリーダーシップは、真似はできないと思っている。

改めて振り返ってみて、安田生命事業団での仕事をご一緒させていただくことを通して、学生を育てることの大切さを教えていただいただけでなく、それと同時に臨床心理学の教員としての私自身を育てていただいたと思う。現在でもお会いするたびに感じることであるが、次世代に向けて学問や活動を発展させていくことの責任を嘉代子先生から教えていただいていると思う。その点で嘉代子先生は、私のような者も含めて次代を育てることを誰よりも真剣に実践されておられる。それは、ひいては臨床心理学という学問を育てることにつながっているのだと思う。しかも、ひとつの大学や学派にこだわらずに、日本全体を視野に入れた教育をされておられる。これは、嘉代子先生の重要な業績といえよう。

三、統合的な心理援助について

嘉代子先生は、統合的な心理援助の必要性を説いておられるし、実際にそれを実行されてきておられる。私自身も、統合的な心理援助の重要性を感じているので、ここで、その点について考えてみたい。

まず、何故、統合的心理援助が重要となるかということからはじめたい。その理由は、非常に単純である。それは、クライエントが生きている現実は、決して理論から構成されていないということである。つまり、クライエントの問題は、心理療法の理論によって規定されるのではなく、クライエントが生きている生活の中にあるということである。クライエントが生活している現実は、さまざまな次元から構成されている。それに対して心理療法や心理援助の理論は、その中のある一面のみを扱っているに過ぎない。臨床心理的援助とは、生活しているクライエントの問題全体を扱うものである。したがって、当然のことながら、統合的なものとならざるをえない。

クライエントが生活している現実の多元性を考えるうえで大切になるのは、生物 - 心理 - 社会モデルであろう。クライエントの抱える問題の多くは、単に内面的な無意識の産物ばかりではない。生物的側面に由来する障害があり、その結果として社会的なハンディキャップをもち、差別を受けてさらに生活が制限されている場合も少なくない。だからこそ、生物 - 心理 - 社会といった多元的な視点と、統合的な援助が必要となるといえるだろう。生まれながらの障害をもって生活することの厳しさ。その厳しさを共有するからこその優しさ。それを生物 - 心理 - 社会といった硬い言葉ではなく、自然な表現で伝えてこられたのが、嘉代子先生の臨床論であろう。

おわりに

ご出身の能登の七尾の厳しい自然と、病弱でおられた幼年時代に、その厳しい自然を窓越しに観ておられたご経験からであろうか、先生の静かな表現のなかには、常に凛とした厳しさがある。しかし、それは、決して冷たいというものではない。窓越しに自然を観ておられたというが、そこには、春の芽吹き、新緑をわたるそよ風、初秋の夕暮れの光といったものにも通じる優しさがある。

孝雄先生とともに、多くのことを教えていただいた。また、現在も教えていただいていると思う。そして、今後もご健康で、私たち後輩のためにご活躍をお願いしたと思う。ただ、その反面、そろそろ後輩である私たちも頑張って、先生に楽をしていただけるように努力すべきであろう。それが、次代を育てることに力を注いでこられた先生に報いることなのだと思う。

花を摘む手に刀が似合う

田嶌誠一

はじめに

なにやら畏れ多い気がする。私がこのコーナーにいることにいぶかる向きが多いであろう。しかし誰よりもびっくりしたのは、他ならぬこの私である。それでもあつかましくも書かせていただくことにしたのは、この際この記念碑的出版に名を連ねておきたいというミーハー的欲もさることながら、私のように後に続こうとする者が書くことが大先生方とは違った彩りを添えることもあろうと考えたからである。

一、村瀬嘉代子先生の人となり

以前書いたことがあるが、「花を摘む手に刀が似合う」――というのが、私の村瀬嘉代子先生のイメージである。花を慈しむ優しさとやわでない厳しさとが同居している。なかなか両立し難いものがすてきな形で嘉代子先生の中にはあるように思う。ここに嘉代子先生の魅力がある。

まずは、いかにも嘉代子先生らしいと思わされたエピソードをひとつご紹介しておこう。

不幸はいつ訪れるかわからない。もうずいぶん以前のことだが、私の同業の友人が突然若くして奥さんを交通事故で亡くされるということがあった。それは理不尽としか言いようのない事件であった。断ち切られた生。まだ小さいお子さんたちを残して、奥さんの無念と気がかりはいかばかりだったろう。甘えたい盛りに、突然お母さんを奪われた二人のお子さんたちにとって、それはいかばかりの体験だっただろう。お父さんの苦労もまた察して余りある。

この時、嘉代子先生から大きな箱が届き、残されたお子さんたちにと、菓子類と一緒に幾種類かの「ぬいぐるみ」が送ってきたそうである。お子さんたちは、その後しばらくはなにかにつけてその「ぬいぐるみ」に触っていたそうである。さらに、時に思い出してはそのぬいぐるみを取り出しては触っていたとのことである。「そのぬいぐるみには、すごく助けられました。ほんとうにありがたかったです」とはその友人の弁である。私はといえば、大変な時にはお金があれば、わずかでも足しになればという発想しかなく、気持ちばかりの現金を香典として送ったのだが、嘉代子先生の話を友人から聞き、こういうところで注ぐまなざしの違い、臨床のセンスの差が出るものだと思い知らされたことである。

次いで、「刀」の一面……これは私などよりもっとご存じの方が少なくないだろうから、そちらにお譲りしたい。

その厳しさも優しさも嘉代子先生が生活者であるというところからきているように思う。さらに驚くのは、村瀬家の長男の嫁として、妻として、また母として、先生は生活をやりぬいてこられた。そのうえでの臨床なのであるということは驚くべきことである。臨床との両立は並大抵のご苦労ではなかったものと思うが、しかしその生活者としてやり抜いてこられたことが、いかにも先生らしい臨床に結びついているように思う。

二、村瀬孝雄先生・嘉代子先生と私

実は、私の嘉代子先生との直接のおつきあいはさほど長いものではない。嘉代子先生からお宅に呼んでいただいたり、親しくお話を聞かせていただくようになったのは、ご主人の村瀬孝雄先生が亡くなられた後からのことである。

それ以前は孝雄先生のお世話になっていたものの、そして時折嘉代子先生の「伝説」を伝え聞くことはあったものの、遠くからお見かけする程度であった。

孝雄先生はフォーカシングをやっておられた関係で、私の壺イメージ法の発表をよく聞きにきていただいたし、また学会のシンポなどよく声をかけて出番を作っていただいたりした。このようなことに孝雄先生のお人柄が現われていると思う。まず自分の門下や自分の関係の方々をということではなく、孝雄先生は若い者については全国に公平に目配りし、ご自分の関係でない者でも折にふれてひきたててこられた。この点は嘉代子先生も全く同様であるように思う。

孝雄先生とは年賀状のやりとりをさせていただいていたが、孝雄先生が亡くなられた後、喪が明けると嘉代子先生から年賀状をいただいた。そして、今度は嘉代子先生と年賀状のやりとりをさせていただくこととなったのである。集中講義や講演にも何度も呼んでいただくなど、なにかと気にかけていただいた。こう言うと笑われそうだが、私はけっこう人見知りするのである。こういうことがなければ、ほとんどお話しすることもなかったのではないかと思う。

おそらくは、孝雄先生が気にかけていた若い者を今度は自分が引き継がれるお気持ちがあったのではないかと思われる。嘉代子先生からよく声をかけていただくことが多くなった。

私は臨床家としては、村瀬孝雄・嘉代子ご夫妻のどちらとも縁のある方向をたどることとなった。お二人の門下だったわけでもないし、とりたてて意識してお二人を目標として目指してきたわけでもないのだが、ふと気がつくと、私がめざす方向の先におられたという感じである。考えてみれば不思議なことである。孝雄先生とは壺イメージ法とフォーカシングということで、嘉代子先生とは心の内面だけでなく「生活という視点」と「多様な援助」ということで、その方向が一致していた。

三、お宅にうかがった時

ある時、大正大学での講演だったか事例検討会に呼んでいただいたのだが、それが終わるとあたりはもう暗くなっていた。村瀬嘉代子先生から、「よろしかったら、うちにいらっしゃいませんか」と誘っていただいた。こんな時間からお邪魔するのは、大変あつかましいとは思ったものの、嘉代子先生のお宅に行ったことがあるというのを、後でみんなに自慢してやりたいと思い、お言葉に甘えて行かせていただいた。むろん、故孝雄先生のご位牌にお参りしたいという気持ちもあった。

それからの時間はとても楽しいものだった。お酒を召し上がらない嘉代子先生と、先生につくっていただいたしゃれたおつまみをいただきながら、私だけがビールやウイスキーやらブランデーやらを飲み、話はつきず、あっという間に時間は過ぎ、とうとう深夜まで居座ってしまった。とりわけうれしかったのは、嘉代子先生から孝雄先生についての意外なお話をたくさん聞かせていただいたことである。

もっとも、私は自分があつかましい人間であるとは思っていたが、その後わかったのは精神科医として有名なしかし飲んべえでもある滝川一廣さんなどは宿泊までしているというので、世の中にはもっとあつかましい人達もいるものだと思った。

ほんとうに村瀬孝雄先生・嘉代子先生にはなにかとお世話になり、深く感謝している。

ご夫妻を思う時、浮かぶのは、「恩送り」という言葉である。こういう語があることは友人に教えてもらったのだが、「恩返し」が恩を受けた相手に直接恩を返すことであるのに対し、「恩送り」とは、いただいた恩を別の人に送ることを言う。辞書には載っていないが、作家の井上ひさしさんによれば、江戸時代にはふつうに使われていた言葉だという。このように、お二人に受けた恩は、若い人たちに返せればと思うこの頃である。

四、嘉代子先生の臨床の心髄

嘉代子先生の臨床の心髄は、相談者や困っている人たちの「ニーズ」を汲む、応えることであるように思う。私たちが学ぶべきはなによりもこの姿勢であると思う。自戒をこめて言えば、相手のニーズよりも自分のニーズを優先させているセラピストがなんと多いことであろうか。

もともと難しい事例に携わってこられた嘉代子先生の臨床活動は、近年ますます援助が難しい人々に向けられていく。児童養護施設の子どもたちとそこで働く職員への援助、そして聴覚障害者へ、さらには重複聴覚障害者への援助へと向かわれることとなった。重複聴覚障害者の方々の抱える問題は、聴覚障害に加え、視覚障害などの身体障害だけでなく、統合失調症、知的障害、強迫症状、暴力傾向、てんかん、異食、自閉症、高齢をはじめ多岐にわたっている。心理臨床に携わる者ならば、先生がいかに困難な領域に進まれているか多少とも想像がつくであろう。

心理臨床が生き残れるかどうかは、現場や相談者の多様なニーズを汲み、応えることができるかどうかはいつにこのことにかかっている。それができないのならば、臨床心理学という学問など消え去っても仕方ないと、個人的にはそう思っている。

そうした意味では私たちの領域に村瀬嘉代子先生がいたのは幸いであった。とりあえず、われわれは範を得たからである。しかし、楽観はできない。後はわれわれにかかっているが、嘉代子先生にも範としてまだまだ頑張っていただかなければならない。

「心理臨床の神様に、もっと頑張りなさいと言われているような気がするんです」とは、いつかいただいた嘉代子先生からのお手紙にあったお言葉である。

嘉代子先生、いつまでも私たちの範として、ご活躍下さい。

村瀬嘉代子先生へ、あらためて感謝をこめて

田中康雄

子育てがそうであるように、あるいは子どもの成長に一喜一憂するときに感じ入るように、人はどこか育てられた道程を、歩み直しているといえる。

一九八三年の冬、二十四年住み慣れた関東から、初めて北の大地に降り立ち、私の精神科臨床がはじまった。不真面目な学生であった者の常として、まず精神科の教科書を初めて、必要に迫られて通読した。

なぜ、精神科医を選んだのかという問いかけに、いつも窮する。事実は他の医学を修める自信がないからである。これには、精神医学は修めやすいのか、という反論が浴びせられる。正直、読みの甘さを痛感しました、と白状しよう。

でも、二十年以上この道を歩み続け、後悔はしない。

冬の旭川医科大学での研修は、今思い返しても、よい刻をいただけたものだと、思う。この時期に、私は三つの出会いをした。

先輩に勧められて読んだ本二冊と、偶然図書館で出会った文献との出会いが、その後の私の人生を決めたといってもよい。

先輩に勧められた一冊目は、中井久夫著『精神科治療の覚書』であった。当直で訪れる精神病院の意味を改めて

問い直す機会を得ることができ、病院精神医学のおもしろさと、どのような心情で出会うべきかを学ぶことができた。その後も中井論文は、どこかここかで私を刺激続け、自然とサリヴァン、コンラートへの道を拓くことになった。多くの論文は私にとってはとても歯が立たなかったが、往診の場で少女の脈を取る筆者に生じた独特の世界、融合の世界を読み解き、私は生活に入り込む往診の楽しさに潜む真剣勝負を自覚した。この筆者との出会いは、今も私が地域に飛び出す力の支えのひとつになっている。

二冊目は、シュビングの『精神病者の魂への道』である。ここにある「関係性の大切さ」と共にいることの重要さ、なによりも病にある哀しみと希望を学ぶことが出来た。おかげで、病棟で過ごすことが楽になり、研修時代には特に夜の病棟に足を運ぶことを好むようになったものだ。

そして三つめの出会いとなる。精神病理学全盛時代とともに精神療法に力が注がれていた刻であった。百の精神療法よりも一つの薬物、という時代の到来の前の、幸福な刻でもあった。私の精神科医療の春から初夏にかけての輝ける刻でもあった。しかし、それはただ研修時代の新米にある心根と同じであったのかもしれない。当然のように、多くの挫折を味わうことにもなる。入院していた少女の精神状態が芳しくない、相手に近づけない、下手に近づこうとすると「陽性転移」と揶揄され、適切な距離を保つことを訓戒され続けた。

きっと、もっと優れた治療者に出会えれば、この方はより幸せになるのに、という後ろ向きの思いばかりが募り、面接のときご家族に、別のもっとよいところに行かれたどうでしょうか、と謝罪のような説明をしたこともあった。

暗澹とした思いであったと思う。昔から本に囲まれるとそれだけで安心するため、大学の図書館に逃げ込んだ。そこで本当に偶然手に取り、開いたのが村瀬先生の御論文であった。

「さまざまな身体症状を訴えた一少女のメタモルフォーゼ」

冒頭、「治療者はそのかそけき希求の声を聴きとる感受性が要求される」という凛とした文字が目に入った。かそけき希求の声に聴きいること。声なき声に応えること、私の課題のひとつになった。

だれかに任すことも大切だけれども、私が出来ること、かの希求の声に心の耳をそばだてることに熱心になろう。そう思い立った。

すばやくこの思いは、大きな壁にぶつかる。

村瀬先生のお書きになられた別の論文を医局の早朝学習会で使用した。星和書店からシリーズで発行された『児童精神科臨床2　治療関係の成立と展開』に収録されている「子どもの精神療法における治療的な展開」である。

ここで先生は、なんともあたりまえのように、六歳の自閉症と診断された男の子との面接に際し「同じパターンのプラレール遊びを電車の擬音を交えて続け、その遊びに発展をはかろうとする筆者の働きかけを拒んでいた。ふと、筆者は駅のホームで電車の停車時間の音を録音することを思いつき、各種の車体音を録音して聴いてみた。すると、それまでは単なる無機物的雑音に聞こえていた音が、車体により加速減速時の音が違うのである。一律に騒音と聞こえていたものが、八〇〇〇型、七〇〇〇型、三八〇〇型とそれぞれ個性的であり、録音だけで聞いて識別できるようになった。騒音に聞こえたものがそれ自体有機的な個性を帯びたものに聞こえすらした。」と書かれた。

私のそれまでの臨床の常識世界がガラガラと音を立てて崩れた。

?本当?なのか!この方は、なにをしているのだろう。

衝撃は続いて襲ってきた。

本文は以下のように続いていく。先生は、録音したものをその子どもとの治療セッションで流した。すると子どもは「それはボク?」と尋ねた。

同じだ。シュビングの本に登場するアリスの言葉と。

シュビングの著書に登場する症例アリスは保護室四号でずっと押し黙って身を固くしていた。常に一定時間ただ黙して、心を込めてそばに居続けたシュビングに、アリスはある時こう尋ねる。

「あなたは私のお姉さんなの?」と。

村瀬先生と録音した電車の音を聞いた子どもも、尋ねた。「それはボク？」

先生は「いいえ、君が電車がすきらしいので駅で録音してみたの。君が電車に似たのか、電車が君に似たのかっていうくらい、君は電車の音上手なのね。録音してみてビックリしちゃった」と答えた。子どもはこのとき「含羞の微笑みを浮かべて頬を赤らめ」た。

開いた口がしばらくは、ふさがらなかった。文献はその後も貴重な世界で彩られていくが、この時点で私の思考は止まったままである。今もってこの文献以上に児童の精神療法あるいは精神療法一般の極意を表象したものに私は出会えていない。先生はこの御論文の末尾に「精神療法とはartに似て、華麗でドラマティックなもの」という印象にあたたかく異を唱え「地味で、こつこつした行為の積み重ね」であり、そうした忍耐の中に「光る一瞬がある」と結ばれた。後に私が出会う小林佐源治の「劣等児教育の実際」に記された「路傍にある一茎の草でさえ和やかな春風にあへばそれ相当の花が咲く以上、従令天賦に優劣があらうとも其の性に従って養ったなら応分の運命に取入れ」られるという言葉と重なる。

先日、機会があり、村瀬先生にご一緒していただいたあるセミナーで、私は先生の電車の話をした。先生が駅で録音されたときは、ずいぶんと周囲に不思議がられたという。確かに、そう思う。そして先生は、本当にさっきのこと、とでもいうような雰囲気で、「楽しかったの」と、この一件を語られた。「だって、このような機会がなければ、一生電車の音に違いがあるなんて、知ることもなく過ごしていたはず」だと、軽やかにおっしゃったのだ。

会場にやさしい笑いが生じた。

話を急ぎすぎた。

ともかくも、私は新人の時期、低い頂で躓き、図書館で徘徊した時に、村瀬先生の御論文に出会った。たしかに、今の躓きの果てにあるような高い頂を見せていただき、足はすくんだが、逆に力がよみがえってきた。

技術獲得に急ぐことなく「かそけき希求の声を聴きとる」ことに集中してみよう、これなら、時間と忍耐が必要であるが、やりがいはある。確かにそう思った、若気の至りである。

それからも、山の三分目あたりに来ると、果てにまた高い魅力的な山が見えるという状況に遭遇し続けることになる。

基本を忠実に重ねていくことを鍛錬と呼ぶ。

村瀬先生からの私にとっての教えは、今ひとつある。同じく「さまざまな身体症状を訴えた一少女のメタモルフォーゼ」論文である。

先生は「布置状況を考慮しながら」も、「集約的、象徴的に治療者との一体感をもたらす経験」を用意しつづけるのだ。別のところで、先生がある施設をご訪問されたときのエピソードを読み、あるいは直接聞く機会をいただいたことがある。子どもたちが先生の訪問のお返しとしてドラえもんの絵を各自描き上げるという場面でひとりの子どもが上手に描けなくて困り果てたとき、招待者である先生はその子に近づきペンを取り「こんな顔だったかな」と自信なく描き始めたという。その補助に力を得た少年は、見事絵を描き終えた。後に施設長から「あそこで手を貸さないで子どもの自立を促すべきであったのでは」と問われた先生は、「うちの子どもが上手に絵が描けなくて困っていたら、手を貸すのは当たり前」とさりげなく語られたという。実はこのあとも、いたるところでこの風景を見かけることになる。真に先生の行為は、「市井の民の一人」としての行為である（この文言は先日の先生のセミナーのタイトルの一部にもなっている）。

どこまでも、果てのない宇宙をお持ちのかたなのだろう。しかし、ほっと優しい気持ちに満たされるのは、そこにある「自然さ」であり「あたりまえ」の感覚からであろうか。おそらく先生には、大きな矛盾をバランス良く展開させ得るお力があり、その自然さ、布置的状況を熟考したうえで、取り組まれているのであろう。やはり高い頂である。

振り返るほどの年月ではないが、私にとっての先生の思いを綴らせていただいた。勝手に心の師にしているなんて、よい迷惑だろうと思いつつ、私に育ちがわずかでもあるとすれば、それは先生が充てられた光に導かれたことによる。

貴重な機会をいただいたことに重ねて心から感謝をこめたい。

「ひそかに祈る」

土居健郎

「ひそかに祈る」　これは村瀬嘉代子さんが前に岩波から出た『土居健郎選集』のための月報（5）に寄せた随筆の題である。なぜその題を借りて私の小文の題とするかは最後に説明することにしよう。ここではまずどのようにして私が村瀬嘉代子さんと知り合ったかということから話してみたい。それは私が彼女の夫君村瀬孝雄氏と以前からの知り合いだったことが関係している。私は孝雄氏のことを彼がまだ東大教育学部の学生の頃から知っていた。それは私が、たしか昭和二十八年ではなかったかと思うが、教育学部で非常勤講師に任ぜられ、精神分析について講義したからである。孝雄氏は数ある学生の一人であったのだから、何か特別のことがなければ知り合わなかったはずだが、それが何であったのかは思い出せない。なお卒業後の彼と特に仕事上の関係があったわけでもないのに、なぜか親近感はその後も続いた。そして気がついてみると彼のそばに嘉代子さんがより添っているのを知ったのである。

私が嘉代子さんと仕事上で初めて対面するのは家庭裁判所の調査官が主催する事例研究会の席上ではなかったかと思う。そのような機会はその後も何回か起きた。私が東大で精神療法のゼミを開くようになってからは、事例をそこで発表して頂いたことも少なくも一、二回はあった。彼女の聞く者をして思わず耳をそばだたしめる落ち着いた話しぶりと独特な事例理解は早くから定評があった。そしてやがて気がつくと、ある日私は嘉代子さんと個人的折衝に入っている自分を発見したというわけである。というのはある日彼女は故岡田敬蔵先生と連れ立って私を訪ねて来られた。その用件は近く教職を退かれる岡田先生の後任として私に大正大学に来ないかという勧誘であった。それは恰度私が国立精神衛生研究所々長の職を退いて間もなくの頃ではなかったかと思う。私は御好意は有難いと思ったが、それを受けはしなかった。というのは先年、東大を定年でやめた後に、請われるまま国際基督教大学で三年程教えたが、その時の経験からどうも私には教職が適していない感がしていたからである。そして余生は一老医として送ろうと決心した次第であるが、しかしつくづく考えるに、あの折嘉代子さんにあのような誘いを受けなければ、このようにはっきりとした覚悟ができなかったのではないか、という気がせぬでもない。

次に私が嘉代子さんと出会う舞台は一九九一年に開催された第十回心理臨床学会の会場においてであった。この時の大会長は村瀬孝雄氏であって、私は彼から特別講演を頼まれていたのである。さて講演の前には恒例として司会者が演者紹介をやる。私はてっきり孝雄氏がやるのかと思っていたら現われたのは嘉代子さんであった。ちょっと意外な感がしないでもなかったが、しかし彼女の紹介の辞には満足した。ただなぜ孝雄氏でなくて嘉代子さんだったのか、孝雄君が彼女に「君がやったら」と言ったのか、それとも彼女の方が「私にやらせて下さい」と言ったのか、あるいはこの御夫婦は以心傳心あまり話し合わないで協力できたのか、まあ、それはどうでもよい。ただ私としては彼女がこの時の話の中で、四十年程前に世界の家族と題して作られた映画に私が登場したことを紹介してくれたことが嬉しかったので、そのことについて一言しておこう。

この映画は世界の四つか五つか文化の異なった家族の風景についてそれぞれの文化を代表する専門家が質問に答えるという趣向で作られていて、映画の中での質問者はマーガレット・ミードだったと聞いているが、私の場合、ウィリアム・コーディルがそれを代行した。実際に撮影した場所は中央線沿線上の農家である。ところで私自身この映画を見たことがない。日本で一般に放映されなかったためだが、外国ではテレビを通して放映されたとみえ、何人かの知人から観たと知らせてきた記憶がある。実は嘉代子さんも留学中の米国でこの映画を見たというのである。さいわいこの撮影のために私が作製したメモが手もとに残っていて、それを見ると家族間の関係やそれぞれの表情が意味するものについてかなり突っ込んだコメントを私がしたことになっている。このインタビューが撮影されたのは一九五八年一月であるが、その頃私はまだかなり自由に英語が話せたようだ。ともかく私自身半分忘れかけていて他に公の記録は何も残っていない昔の出来事について嘉代子さんが公の場で発表して下さったことをあらためて感謝する次第である。

いよいよ最後に「ひそかに祈る」について説明しよう。これは初めにのべたように嘉代子さんが『土居健郎選集』の月報のために書いた小文であるが、その内容は彼女が一九九九年十一月ジュネーヴで開かれた家族についての国際会議に出席した際の紀行文の形を取っている。特にスイスのカトリック教会に立ち寄った際に、聖母子像の前にローソクの灯をともし小銭を入れてひざまずく婦人たちに注意を引かれ、それを見守る中にその中の一人に話しかけられて聞いた話がこの紀行文の中心である。この婦人は彼女に、「自分のためにでなく、他人のために、そう家族や遠く離れた地で苦労している人達を思い浮べてひそかに祈るのです」と語ったというが、この「他人のためにひそかに祈る」という話が彼女の心を打ったらしい。そのことは彼女をして昔世話をした一人の患者のことを思い出させる。そしてその回想を一しきりのべた後、やはり同じ国際会議に出席していた東洋大学法学部の森田明教授夫妻と同じ聖堂内で落ち合い、そして彼らにも今婦人から聞いたばかりの話を告げた後、おそらくは共に帰路に着いたであろうことが推測される。

いったいなぜ嘉代子さんはこの「ひそかに祈る」と題した小文を書いたのだろうか。ふつう全集とか選集の月報に寄稿するときは、そこで取り上げられている著者に何かゆかりのあることを書くものである。しかしこの嘉代子さんの随筆には私に関係のあることは何も出て来ない。このことはこの文章に出てくる森田明氏自身も不思議がって、(彼は私の友人なので時々私を訪ねてくるのだが、)ある時、「いったい村瀬さんは何を言いたかったのだろう」と私にきいたことがある。もちろん私にわかるはずはない。しかしそれがつい最近突然私にわかったのである。というのは彼女から御懇切な病気の見舞状が届いたのだが、そこには私が最近体調を崩しているという話を彼女が耳にして、たまたま関西に旅行するついでがあったので、あちこちの寺で私の快癒を祈ったということがつつましくしたためられていた。私はこれを読んで一瞬デジャヴュの感を持った。そしてしばらく考えてそれが前に読んだ彼女の随筆「ひそかに祈る」に由来することに確信を持つに至ったのである。

嘉代子さんが「ひそかに祈る」を書いた時、またこの随筆の舞台であるスイスの聖堂にあった時、私の快癒のために実際に祈ったであろうということを私はここで問題にしたいのではない。私の病気は始まってもう十有余年になり家族や友人達に心配をかけ通しているので、嘉代子さんがこの頃私のことを心配下さっていたとしても不思議ではないのだが、しかしここでいま一つ念頭に浮かべねばならぬ事実がある。それは彼女が参加した国際会議は一九九九年に開かれたのだから、それは彼女の夫君孝雄氏が病を得て逝去された翌年に当るということである。この国際会議は家族が主題であるから、彼女がこの際御自分の家族、殊に先立たれた夫君のことを思い出さなかったはずはない。したがって彼女の「ひそかに祈る」の中には当然のごとく孝雄氏や日本に残してきた家族のことが入っていたはずである。ただ彼女はそのようなことを公言したくはなかったであろう。またであればこそ教会で出合った一婦人が口にした「ひそかに祈る」という言葉にいたく心を引かれたのだろうと私はそれこそひそかに推測しているのである。

村瀬嘉代子さんの統合的アプローチに思う

中井久夫

まず「村瀬さん」と呼ばせていただく。「先生」と申すべきなのだろうが、頭のなかの呼び名に従えば、やはり村瀬さん以外にない。こういう呼び方をする人は、職を変わろうが退職されようが、私にとっては変わらず同じである。

村瀬さんは、何よりもまず「行為」である。村瀬さんは、統合的アプローチを定式化するずっと以前から実行してこられたことを、ある時から「統合的アプローチ」と命名されるようになっただけだと私は思う。彼女が引用するるノブロック夫妻の著書『統合的精神療法』は邦訳もあり、私がその序文を書いた記憶もあるが、あまり評判にならず、また、村瀬さんがこの本に触発されたという気がしない。むしろ、統合的アプローチは村瀬さんの人生の中から生まれたと私は思う。

村瀬さんは能登半島の旧家のお生まれである。それは、日本海に臨み、杉林でおおわれた谷あいを流れ下る清水を引いて棚田を作り、それが山頂近くから海に落ち込むような急角度で浜辺まで続くところにある。澄んだ青色が水平線まで続く日本海も、「耕して天に至る」厳しい日々の営みがようやく稔りをもたらす棚田も、共に村瀬さんの原世界を作ったであろうと私は思う。棚田は日々の営みによって初めて維持されるものであり、海は太古から永遠に変わらない色を湛えている。その二つは村瀬さんの二つの面を思わせる。

しかも、海は、チリからこの浜べまでずっと海だというのがいかにもと思われる怒濤の洗う太平洋でもなく、島々の間を見え隠れして水路が縫う瀬戸内海でもない。日本海は夏はあさみどりに静かであり、冬は天暗く波逆巻くというように相貌を異にするとしても、古くから航路が開けた海である。ことに、能登半島の外海側は対馬海峡を通ってくる暖流が洗い、クスノキ、タブなど南方系の樹が繁る。単純な北の海ではないのである。

さらに能登の人は棚田を守るだけでなく、江戸に出て、時にその浴場を支配してきた。戸籍上農家と分類されている家が北前貿易に深く関与していたこともわかってきたそうである。農家という公式の分類では済まない、非常に広い世界に深く関与しているところも村瀬さんを思わせるであろうか。

幼い時、たいへんなお転婆であったと仰る。たまたま、その挿絵を描くまわりあわせになった。写真があればお持ち下さいとお願いしたのだが、手ぶらで神戸においでになった。やむなく、お話をうかがいながら「こうですか、それともここはこうでしょうか」といくつかの絵を描いたものである。村瀬さんは一党を引きつれてトロッコに載せ、危うげなレールの上を走らせ、「そーれっ」と坂を下ることを繰り返してたそがれに及んだという。本の帯に使われたその絵でトロッコの最後部に立ってブレーキを握っているのが村瀬さんである。長じても、乗馬、大排気量のバイク・ライダーと、このスリルへの傾きは変わらなかったらしい。微妙できわどい操作を自力だけでやりおおせる人である。もっとも、そこで重要なのはブレーキ操作であることは言っておかなければならない。一党を統率する時もいちばん危険なところにわが身を置くことも。

それを動とすれば静の世界にも窓が開いている。蒸気機関車の時代、列車の最後尾の赤いランプが遠ざかってついに消えるのを見つめている少女であった。家にいた韓国人の好青年も消える。彼女は多くの別れを経てきている。彼女には努力と機転と共に祈りと無常感とがある。

そういう少女がある時より広い世界に出ようとする。

彼女は奈良女子大時代のことを多くは語っていない。奈良は古い都の跡はあるが、近世にマニュファクチュアが最初に開け、菜種油から漢方薬までの換金作物が堺、大阪に運ばれたところであって武士の支配を受けない時代を室町末期に経験している。加賀も一世紀間武士の支配を受けていないことを思い合わせてもよいかもしれない。しかし、奈良は学生の町とはいえない。女子大はお茶の水と並ぶ名門であるが、奈良で学生時代を送った人はしばしば孤独感を語る。

ただ、村瀬さんが奈良女子大国文学教授の本田義憲先生に深い感銘を受けたと最近うかがって大いに驚いた。私は先生を知っているどころではない。中学・高校時代に先生に教わらなかったならば全く別の人生を歩んだにちがいないほどである。青春期に同じ先生にそれぞれ深い感銘を受けたというのはいみじいご縁である。

少し本田先生のことを記しておこう。先生は深草の名刹「宝塔寺」の代々住職であった家の生まれであられる。父上は仏教哲学のほうで京大教授であり、その膨大な蔵書を私も一度拝見したことがある。先生は京大国文科を出られ、旧制甲南高校教授を数年勤められた後に、新制となった奈良女子大に招かれて定年までずっと動かれなかった。先生も今は八十歳を超えてなお矍鑠《かくしゃく》としておられる。先生のお仕事を平安時代の仏典『日本霊異記』の研究と万葉集についてのご本というごく一部しか知らないのは私の無知ゆえであるが、教師として実に大きな力の人である。甲南高校の悪童たちも先生には一目も二目も置いていた。そのゆっくりと発せられる言葉にはいつも深い音調があり、「おお」「いいね」という単純なことばでもかりそめに発せられることはなかった。五十数年を隔てた今も、かつての生徒たちはその音調を再現できる。また、私どものクラス会は二〇〇二年度に先生をお招きしてかつての授業を再現していただいたが、先生が配られたのは五十数年前のプリント、藤村の詩や柳田国男の『海南小記』をみずからガリ版を切って藁半紙に刷られたそれであった。さすがの悪童連も感動していた。そういう先生である。

村瀬さんも、授業もさることながら、授業を通じて自ずと伝わる先生のお人柄に重要な何かを汲み取られたにちがいない。

村瀬さんの出発は、家庭裁判所調査官であり、当時は知られることの少ない先駆者の一人であった。非行少年との面接を重ね、家族にも会い、環境を調べて、その生活が目にみえるような報告書を限られた期間に仕上げる。さらに審判に立ち会い、発言する。そういう仕事の中で、彼女は、少年に潜んでいる可能性を見いだし、少年の将来が審判の場で伝わるようにと説得力を以て意見書に盛り込むことに心を砕かれたという。

彼女は、少年のことばを真摯に受け止めようとしたが、そうすればするほど、陳述の矛盾に気づき、非行の根の深さを知ってしまうことがしばしばであった。それでもなお、それを越えて信頼関係を打ち立てようと努力したという。それを限られた期間内に果たそうとすると、勢い遅くまで居残ってしまう。そういう時、彼女の同僚は囲碁や片付けにかこつけて居残ってくれたという。彼女の仕事が周囲にわがことのように支持支援されたというのはこれまたなかなかのことである。

当然、家事事件への関わりもあった。家庭問題に取り組む中で家族の深部構造を透見し、それへのかかわりを身につけてゆかれただろう。

その精進ゆえに家裁調査官でもっとも早く米国留学を命ぜられることとなった。

留学されての気づきは意外なところにあった。指導教授から精神分析を学ぶうちに、彼女は、教授のクライエント理解も平素の言動も、実際は精神分析的というよりクライエント中心的であるのに気づく。留学者としてこういう観察眼を持った人として思い当たるのは、まず土居健郎先生である。先生の場合は、米人指導者が患者の言葉にとらわれて患者の感情の実態を捉えそこなっているという観察であったが、村瀬さんは少しちがって指導教授の実態を捉えたということである。そこから統合的アプローチまでは一歩の距離である。それは一言にしていえば、さまざまな治療法の底に共通の基盤があって、その基盤こそ、個々の治療法を発出させているものであるということである。それは心理療法の背後にある、メタ心理療法である。したがってアプローチというのであろう。

その中で彼女は、州立病院に入院している当時アメリカ兵と結婚して渡米した日独の戦争花嫁に出会っている。これは、身辺の人々や社会との架け橋をどのようにつけるかという点で難問中の難問の一つである。はるか後の彼女は心理的障害を病む聾唖者への伝達への道を開くが、その糸口はここにあるといってよいかもしれない。さらに統合失調症、自閉症児と、当時は心理的アプローチが模索状態であった障害者と出会う中で、現実適応力を高めるためには日常生活と連続した部分への働きかけが重要だということに気づかれる。米国で出会われた夫君が、海外成長日本人であって、日本の日常へのつながりを意識的にするほかない方であったことも思い合わせてよいかもしれない。

医学生の多くは病いに魅せられる。私もそういう医学生であった。たまたま、クロールプロマジンを用いて冬眠麻酔を実用に持ち込んだアンリ・ラボリの本を読んだことが回復過程に関心を移し、私の今日につながるのだが、それでも今なお「病いに魅せられる医学生」が顔を出さないではない。そういう時はふしぎなほど病いはよくならない。どんな重症難症の患者でも、医師はその人生を病気中心に変造してはよくなく、その人の人生はどこまでも生活中心でなくてはならない。いかに興味ある症状を語る患者でも、その患者が友人と野球を見物に行っているならば、そのほうを症状以上に熱心にそして十分な時間を支払って聴くことが重要である。しかし、興味ある病理的展開にはつい膝を乗り出してしまう。回復の病理も病理であることには変わりがないのに……。

いかなる人間でも、自尊心の置き所は、その人の到達した最高点かその傍にあるはずだ。もし、症状だけが光を当てられ、それだけが周囲の人の関心となるならば、患者の自尊心の置き場所はない。

精神科の患者に限らない。癌の患者が闘病を人生の目的とするのは悲壮であるが、土居健郎先生が癌を病まれて「病気と闘うために俺は生きているのではない」として行動しておられるのをみると、深くいかにもと思う。

村瀬さんの統合的アプローチは、最初から生活の肯定的な面に重点を置き、具体的な方法でそれとの接点を見いだそうとする。私が最初に村瀬さんのお宅にうかがった時には、障害児を招いて、共にお菓子作り、お料理をし、共にいただくことをなさっていた。それは毎常のことであるらしかった。そういえば、似顔絵の描き合いも早くからなさっている。後に二重障害の聾唖者となさったことである。

当時はずいぶん大胆なことと思った。一度だけ私は村瀬さんの治療報告にコメントしているが、そこでWagnisというドイツ語を使った。それは、敢えてする大胆さである。意識的な判断の上でタイミングを選んでふつうはしない大胆な行為に足を踏み出すことである。

当時は、患者と治療者とが、両者の間の垣根を撤廃して共同生活を営む試みが行われて、必ずしもうまく行かないことがわかってきた時期である。しかし、それとこれとははっきり違うと思った。

どう違うのか。もちろん、村瀬さんは二十四時間、生活を共にしたりなどなさらない。植物を育てる場合にたとえれば、他の方法では水がはいってゆかない隙間がみえた時に、そこに水を行き届かせるために、相手を選び、タイミングを選んで、なさるのである。それは、手仕事であり、食べ物をつくり、いただくことであり、その他その他である。水びたしにするのが植物を育てるよい方法ではない。

あの時代、患者との共同生活を営んだ治療者たちはみな男性で、男性文化の中で育って、まず間違いなく、お菓子を作ったり、料理をしたりすることはできなかった。この無能力は生活者としては奇形的であり。だから、生活を共にするとは、語り合い、叫び合い、抱き合うこととなったのであろう。健康な営みを中心に据えず、病気を据えている点では従来の医療と変わらないということもできよう。

統合的精神療法は、村瀬さんが自分のできることを選んでやっているのであり、一見ばらばらにみえ、それを統合しているのは、村瀬先生という個人だという皮相な見方もありうるが、もちろん、村瀬さんのレパートリーも無限ではなく、自分の手に合った方法を選ばれるのは当たり前である。しかし、それをいつどういう場でどういう形で現すかが問題である。

彼女には、何につけても手際のよさと優雅さがある。それが日常生活を中心にして、彼女の用いる方法を魅力的なものにみせる。人生が殺風景でないことをみせ、その中にあなたも招かれているということを示すのが一つのミソかもしれない。

一見、それは隙間を埋めているようにみえることもある。しかし、隙間の重要性はもっともっと認識されるべきである。隙間は、そこから分裂や解体が起こる脆弱な箇所である。と、同時に、そこに適切な接着剤を入れることによって、ものを一体化し、統合し、強化して、分裂や解体を防ぐ箇所でもある。

サリヴァンは「間接的アプローチ」をよしとした。この言葉の出所は、リデル＝ハートという英国の戦略家であって、この人はサリヴァンと同じく大尉で軍を（おそらく不適応で）辞め、軍事を研究して、勝利の効果の短命さと戦争の後遺症の永続性とに注意を喚起した人である。これに対する「直接的アプローチ」とは、敵対国が軍の主力を挙げて正面衝突をして横綱の取り組みよろしく、勝敗を決するという、将軍提督たちが夢想し、実行する方法であって、可能なかぎり避けるべきであるというのが戦争においてはリデル＝ハートの主張、治療においてはサリヴァンの行き方である。サリヴァンによれば、間接的アプローチによってはじめて、その人についての具体的で細部にわたる情報が得られるのだという。直接的なアプローチの治癒効果は、戦勝と同じく、しばしば永続しないことを付け加えるべきだろうか。

統合的アプローチは、「間接的アプローチ」の集大成である。そうであってはじめて患者にも治療者にも生活がみえてくるというのも、そのとおりであろう。

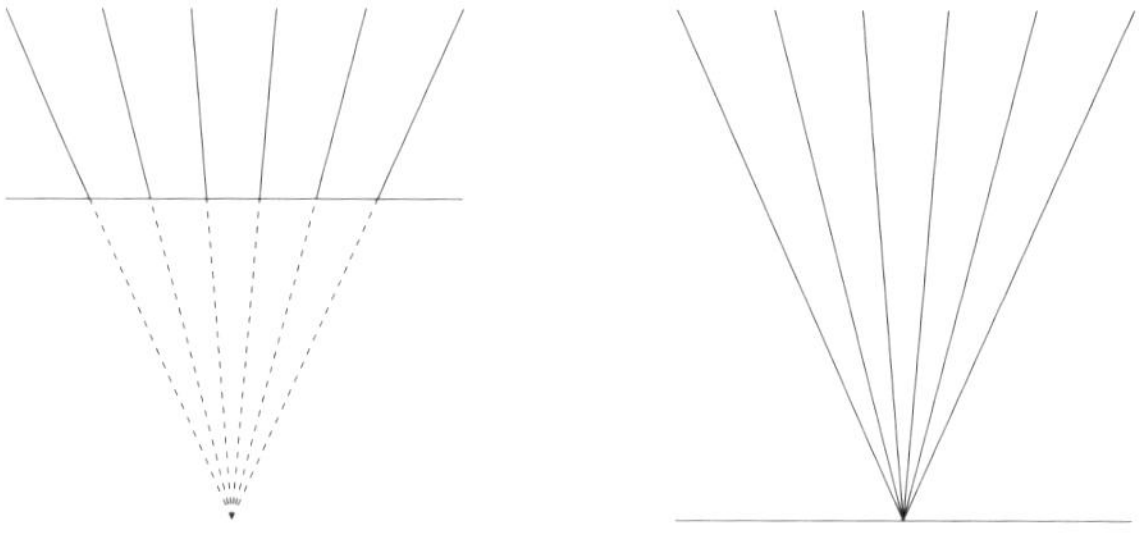

図

もっとも、サリヴァンの間接的アプローチは主に面接法にかんするものであった。彼も、急性精神病状態に対して酒を用い、水浴を重視し、病棟を患者の身になって設計したけれども、いかんせん、彼の生活の幅も体験の蓄積も豊かというには遠く、実際、実験病棟どまりであった。

村瀬さんは、ただ、差し出せる生活内容が豊かというだけではない。方法の治療的な意味を間接的アプローチという観点から理解し、理解するゆえに、その人その人に即して、タイミングよく繰り出される。さらに、発明工夫をされる。

そもそも、家事の多くは発明工夫なしにはできない、クリエイティヴなものである。たとえば料理では、冷蔵庫の中に何が入っているかを調べ、買い物に出る。その時には献立が大体決まっている。手に入らなかったものには代用品をみつける。調理台に立つときには段取りを考えつつする。そして、味付けがあり、食器選びがあり、盛りつけがあり、配膳がある。驚くほど複雑な過程である。これに比べれば、文章を書くなどは、一直線に語を並べてゆくだけの非常に単純な過程であると私には思われる。

A図では個々の治療法と基盤との間に一線が引いてある。村瀬さんの統合的アプローチが発出し収斂する原点は線の下である。これは、用いられる方法がことばの水準ではまとめられないということである。統合的アプローチに言語的定義が行いにくいのは表現上の困難ではない。

一見多岐にわたる領域で仕事をしている人でも、実はB図のように同じ方法の適用であることがわかる場合が多い。方法の原点は「線の上」すなわち意識にある。何をやっても応用問題を解いていることになる。村瀬さんのアプローチは方法の水準では一つに統合できない。統合の原点はA図の示すとおり、もっと深いところにあり、言葉を越えているだろう。さまざまの方法がずっと深いところで統合されているのである。それはさまざまな楽器によるオーケストレーションにたとえられようか。

では、村瀬さんと私との接点はどこにあるのか。村瀬さんの側からは、その近著で私が引用されているところをみるとなるほどとうなずける。村瀬さんらしい注目である。

「事例として話した人（〝患者〟）には、そのあと何か病気になったり、予測しなかったことが起きうる（と書いている）」「順調に回復した症例はなぜ事例として書きにくいかについて述べている。「私（中井）は改善例を書くことによって本人なり家族なりの士気を高める必要を認めつつ、それを非とする内心の力を感じ取ってきた。……（パトナムが指摘するように）症例報告を書くこと自体が歪んだ逆転移である。」」「（グラフを使ったり、他の研究者に治擦記録の抜粋を委ねるなどの工夫は）治療者の側に「どこか患者を売っているという罪の意識と「自分を強く押し出しすぎる」という羞恥の意識があるからではないか」（以上『子どもと家族への統合的心理療法』金剛出版、二〇〇一年）。

「一般に（絵画療法の絵の）正しい解釈とは、一つの手掛かりではなく多くのベクトルが同じ一点をさすようなかたちで明らかになってくるものである。（『心理療法のかんどころ』金剛出版、一九九八年）

こういうところである。精神医学に多くの貢献をした患者の予後は必ずしもよくない。最初に挙げた引用は、症例報告をした後の患者の悪化についてである。症例報告は患者のストーリーをまとめて短時間で発表する。その過程で切り捨てられるものの中に実は一見ささやかな目立たないが重要なものがある可能性がある。また、症例検討会で調べていないと指摘された事柄をその次の面接でやたらに聞くこともあるだろう。スーパーヴァイザーがほめたアプローチを専ら用いることも起こるだろう。これらの〝副作用〟は私の若い時に有名な症例検討会で見聞し、自戒してきたことである。今、対抗精神医学としてエヴィデンス基盤精神医学に対峙しているナラティヴ基盤精神医学にも盲点があるということだ。

さらに、精神科医に多くを明け渡した患者も生きてゆく上で重要な何かを失うのではないかという恐れを私は持っている。私は若い時から症例報告という逆転移的な行為の悪性度を下げようといろいろ腐心してきたが、振り返ってみると、症例報告をしなかった症例の予後のほうが一般によい。これは私だけのことであればよいのだが。せめて、私は発見の一種である解釈に慎重なれと自分に言い聞かせる。私は症例報告が少ないほうだと思うが、自分の発表を読み返す時にほとんどいつも居心地の悪さを感じてしまう。フロム＝ライヒマンが、精神科医は自尊心を別の分野に置きなさい、趣味がなければ医学の他の科を勉強しなさいと言っているが、その気持ちはよくわかる。

こういうことは力説大書するものではない。それにもかかわらず、村瀬さんは私のそういうことに触れた箇所に目を留めて下さる人である。もっとも、村瀬さんの引用の文脈は、そういうことを意識した上で、「それにもかかわらず」症例に学び、検討にさらすべしということである。私も、症例に学ぶことを萎縮させるのは本意ではない。しかし、私にとって、こういう箇所を引用して下さるのは、村瀬さんの大切な一面であり、何よりもまず、村瀬さんが私にとって希有な存在であるのはそこにある。退職されて変わるような本性ではなかろう。ただ、新しい日々がしがらみの少ない日々となることを願っております。

不思議な人

成田善弘

ずっと前から思っていることだが、村瀬嘉代子先生は不思議な人である。まずお齢がわからない。お会いするごとに、あるいはお会いしていても瞬間瞬間に印象が違う。あるときは思春期の少女のようでもあり、あるときは頼りになる姉のようでもあり、またあるときはやさしい母親のようでもある。そして時には年老いた魔女のようにも見える。十七歳のようにも、三十歳のようにも、五十歳のようにも、七十歳のようにも、そしてときには何百歳のようにも見える。お人柄もまたわからない。あたたかいのか冷たいのか、やさしいのか厳しいのか、穏やかなのか激しいのか、どうもわからない。表情もまた千変万化である。微笑されたときのやわらかいやさしい表情、明確に意見を述べられるときの厳しい表情、そして一切を内に秘めて静かでなめらかな深い湖の表のような一見無表情とも見える表情、実にさまざまである。村瀬先生がこんなにさまざまに見えるのは、きっと私の中のさまざまな思いが村瀬先生に映し出されているのであろう。さまざまに見られるのは心理療法家として大切な能力である。自分の心のさまざまな層を心の深みまで降りていくことのできる人ではないと、さまざまな投影を引き受けてさまざまに見られることはできない。

ここまで書いて、私自身は患者からどう見られているかが気になったので、最近言われたことを思い出してみた。「先生（成田）は男か女かというより人間という感じ」「母親みたい」「常識的なことをいう人」「健康な人」「おおざっぱな人」「この世の人ではないみたい」など結構さまざまに見られている。しかしどうも私が意識的に思っているのとは正反対のことが多い。ちゃんとした男だと思っているのに女っぽく見られたり、世の常識から自由でありたいと思っているのに常識的だと見られたり、病む人の心と同じ心を相当もっているつもりなのに健康とみられたり、繊細だと思っているのにおおざっぱと見られたり、この世に生きているのにあの世に送られてしまったり、どうもろくな見られ方をしていない。ついこの間は「精神科のおじん」とも言われた。修行の至らぬせいではあろうが、しかしこんなふうに見られるのは私の責任ばかりではなく、見る方の患者にも責任があるであろう。そうでも思わないと救われないような気がする。

こう考えたら、村瀬先生があんなにもさまざまに矛盾をはらんで見えるのは、私の心が混乱しているせいではないかと心配になってきた。そう心配しながらこの原稿を書いていると、以前に先生から頂いた『統合的心理療法の考え方』という御著書の中の「『分裂症（統合失調症）が治ったお姉さん』と呼ばれて」という短いエッセイのことが思い浮かんだのであらためて読んでみた。そしてちょっと安心したので、その内容を紹介したい。

村瀬先生がお若い頃家庭裁判所研修所の研究員をなさっていたとき、週一日精神科児童病棟で面接や心理検査を行うように派遣されて病棟に入られた。

「言葉にならない衝撃。そしてすぐ、病棟の状態が眼に飛び込んできた。どの患児も重症、なのに人手不足、清潔とは言い難く、患児の生活の場でもあるのに無気質的空間（書きにくいことだが……）。そう、まず安堵して生きる、生活することが基本的に必要なのだ。テクニカルに面接など、と言う前に。」

こう思われた村瀬先生は「お掃除のお手伝い」シーツ交換、何でもここの暮らしのお手伝いをさせて下さい」と婦長に頼まれたが、「いくら何でも掃除は頼めない、ということで結局「病棟内での家庭教師とお八つや自由時間のお相手」をなさることになり、菓子盆を手にホールに入られた。すると

「『あ、シゾ（精神分裂病（統合失調症）schizophrenia）を彼らはこう表現していた）になったんでしょ、治って

復学したんだね』とシャープな感じの男子の患児が叫んだ。驚く間もなく、別の少女が『へー、お姉さん、シゾ治ったの』。（中略）件《くだん》のシャープな患児が語ったところによると、『初め一目見て、暖かくて、そしてとても冷静、クールな人に見えた。こんな激しい矛盾を抱えていては分裂して参っちゃう、病気になる、と思った』ということであった。私は胸の痛む申し訳なさを抱きつつ、派遣の期間、ついに羅病の経験がないとは言い出せず、仲間として接してもらってしまった。彼らの快癒を密かに祈りつつ別れの挨拶をすると、『無理するんじゃない、気をつけて』という言葉が贈られた。」

これを読んで私が安心したのは、村瀬先生に対する私の印象がこの「シャープな患児が語ったところ」とそっくりだったからである。村瀬先生が矛盾を抱えた存在に見えるのは私だけではないのだ、だから先生がそう見えるのは私に責任があるのではなく先生の方に責任があるのだ、と思うことができたからでる。しかしそうなると、村瀬先生は「シゾが治ったお姉さん」（傍点筆者）だからよいようなものの、私の方は患児と同じというわけだから病んでいることになる。安心してはいけないのかもしれない。それとも病む人と同じ心をもっているのだから「健康」ばかりではないのだと自信をもってよいのだろうか。

念のため付け加えると、村瀬先生が「シゾが治ったお姉さん」と呼ばれて訂正なさらなかったのは、「この人みたいに治りたい、治れるのだ」という子どもたちの願いを感じらとられたからである。先生の心が病む人の心に対していかに鋭敏か、そしていかに深いところまでひらかれているかをこのエピソードはよくあらわしていると思う。

これは数年前のことだが、一つ印象に残っていることがある。何の学会だったか忘れてしまったが、シンポジストとして村瀬先生と隣り合わせに壇上に座っていたことがある。幕があく前に先生が私に「こういう場面になるといつも緊張して体がふるえてしまうのです」とささやかれた。そのときの村瀬先生は初舞台にのぞむ少女のバレリーナのように見えた。このような場面を何度も経験していらっしゃる村瀬先生でもまだ緊張されるのかと私は思いつつ、「私もはじめは緊張していましたが、このごろは慣れてきて」などと言った。幕が上がって討論が始まると、村瀬先生は冷静にかつ鋭く討論された。初舞台にのぞむ少女は消えて、堂々たるプリマドンナの姿があった。

私はこのエピソードのことはその後すっかり忘れていたが、あるとき越路吹雪さんの晩年のエッセイを読んでいたら、いまだに舞台の袖で出を待っているときには歯がガチガチ鳴るほどにひどく緊張する、歌手生活が長くなってもこのときの緊張感は初舞台のときと同じだとあった。愕然とした。大歌手といえどもこのように緊張するのだ、いや、このように初心を失わずにその都度初めてのように緊張することができるからこそ大歌手なのだとようやく気づいたからである。村瀬先生の緊張もそのようなものだったのだ。それに臨床家はクライエント一人ひとりにまったく初めて出会うのであり、その都度初舞台なのだ。そこでの緊張感を失うことなどできないのだ。こう気がついたら、村瀬先生の前で「このごろ慣れてきて」などと言った自分がものすごく恥ずかしくなった。何たる無恥、何たる厚顔であったかと。このことをいつか村瀬先生にお話し、失礼をおわびしたいと思っていたのだが、まだその機会を得ていない。この場を借りて、遅ればせながら気がついたことを御報告し、おわびとお礼を申し上げておきたい。

もう一つ、最近のことを書いておきたい。一昨年行われた日本精神分析学会創立五十周年記念大会のシンポジウムで私は「精神科医として精神分析を学ぶ」という発表をした。私の精神科医としての仕事を学会の動向と重ね合わせながらふり返って自分史を語ったような発表である。それが学会誌に掲載されたのを御覧になった村瀬先生が私にお手紙を下さった。そのお手紙に、私（成田）のしてきたことが村瀬先生の長年ひそかに考えてこられたことと同じようであったので「励まされ、少し心を安んじることができた」とあった。私の粗雑な仕事が村瀬先生のきめのこまかいしかも厳密なお仕事と同様なはずはなく、あまりにも過分なお言葉ではあるが、先生からそう言っていただいたことで私はおおいに励まされ安心することができた。特別に親しいわけではない一後輩の仕事にまで目を配り、励ましの手紙を下さったことを心から感謝している。私などにもこういう配慮をしてくださるぐらいだから、村瀬先生から励ましを受けたことのある人はきっと沢山あるであろう。私は自分が後輩の仕事にこれほど広く目配りし、評価し、励ましを与えているかをふり返って、そういうことがあまりに少ないことを思い知って、また恥ずかしく思った。残された年月、すこしでも村瀬先生の真似をして、若い人たちに励ましを与えることができればと思っている。村瀬先生は私たちを見守り、私たちの心を映し出し、私たちに自分を気づかせて下さる人である。大事な人である。私からも「御無理をなさらず、お気をつけて」という言葉をお贈りしたい。

「統合的心理療法の考え方」を生きること

村山正治

受賞おめでとう

村瀬嘉代子氏は統合的心理療法の提案と実践で平成十七年度の日本心理臨床学会賞を受賞された。心からお祝い申上げます。たまたま、私は総会の受賞式のとき、待機されていた村瀬氏の隣に座っていた。学会役員でない私は、当日まで村瀬氏が受賞者であることを知らなかったのである。受賞挨拶はとても謙虚なもので、奥ゆかしさがにじみでていた。壇上から戻られた村瀬氏に始めてお祝を申し上げた次第である。私にはこの受賞は二十一世紀心理療法の世界的方向を先取りしている理論と実践であると確信したし、そのとき日本もこれから、統合的心理療法の時代が来ることも感じた次第である。そこで、統合的心理療法の考えの核心は何かを村瀬氏の著書『統合的心理療法の考え方』を手がかりにして探って見ることにした。

一、なぜ統合か

現在、日本でも心理療法の世界では、「学派を超えて」「心理療法の統合」が合言葉になっている。これは八〇年代からアメリカを中心に顕著になってきている動向である。一例を挙げれば、ロジャースは生前最後の論文（一九八七）でコフートやロジャース、エリクソンらの類似点と相違点を論じている。このあたりから、アメリカで心理療法諸派の統合や類似点が模索され始めている。また最近では米国心理学会第二十九部会心理療法部会会長ノークロスを委員長とする特別委員会が効果的心理療法の条件を検証する大規模な研究が行われ、公刊されている。村瀬の視点は「優れた臨床実践は到達点では学派の違いを超えるのではないか」にある。この点はノークロスらの研究で村瀬の仮説は実証されてきているといえよう。私自身も三十年以上も前に、九大で山上敏子の事例発表を聞いて、従来聞いていた行動療法とはまったく異なり、実に共感的であると思ったことがあり、学派を超えた共通する要因があることを感じた経験がある。村瀬の「統合的心理療法から考える行動療法」を読むと、山上敏子が村瀬に「私とどこが違うのですか同じです」と書いてきたと述べてあるくだりは、凄く納得できるものである。共通する効果の四要因が抽出されていてきていいる。Lambar, M.らによれば、第一はセラピー以外の要因、〔偶然とかピアサポートなど〕が四〇％、第二は期待効果〔プラシーボなどを含む〕が一五％、特殊な技法が一五％、治療関係が三〇％「関係」の重要性が指摘され、大学院生のセラピスト訓練に技術や理論だけでなく関係をどう体験させるかが重要課題であると提起されている。しかし、ノークロスらの文献では、効果の共通要因が析出されたことは高く評価されるが、具体的な臨床への応用となると、さまざまな理論と技法の組み合わせ程度のイメージしか湧いてこない。このリサーチの結果をどう臨床に還元するかとなると、あまり明確でない嫌いがアメリカの文献にはある。統合と折衷とどこが違うのか。セラピストのどんなあり方が統合なのか。つまりはセラピストのあり方や資質、訓練の具体性や実践性があまり伝わってこないのである。私は村瀬嘉代子の学会賞の価値は村瀬がこの課題に応える重要な具体的な臨床実践につながる提案をしているところにあると思っている。その意味ではノークロスらの研究成果を臨床に還元する世界的提案であると私は思う。ただ関係という言葉は村瀬には出てこない。

二、理論誕生の背景

村瀬が提案する「統合的心理療法の考え方」について、同名の著書にどんなことか、どこから発想したか、セラピストのあり方、具体的な展開と事例など臨床の実際に触れながら説かれている。著者の心理臨床家としての姿勢と力量が読んでいる筆者に素直に伝わってくる本である。しばらく手放せないほどひきつけられる内容を持っている章が展開されている。じっくり味読することや自分の体験と照合することで知的に刺激され、読んでいると、「ぞくぞくする興奮と、なんだか落ち着く」気持ちが生まれてくる不思議な本である。「はしがき」によれば、著者は今から四十年前、家庭裁判所調査官時代にカリフォルニア大学バークレイ校に留学した時の体験からいわば村瀬が提案している「統合的心理療法の考え方」の重要性を「一生の課題として」感じ取り、それは「今日まで一貫している」という。改めて臨床家の活動の背景にある「志」というか、自分の一生を貫く問題意識をはらむ機会の大切さを感じさせられる。

三、臨床経験の幅に広さと深さ

その到達点にいたるまでの著者の臨床経験は実に広く深い。統合失調症、自閉症児を中心とする発達障害児の療育、境界例、非行、高齢者臨床、被害者支援、聴覚障害などにわたっている。村瀬が日本臨床心理士会副会長として、この十年「社会の変容とともに変化する心理臨床」の最前線にいることは、臨床心理士なら誰でも知らない人はないくらいである。被害者支援、高齢者支援はじめ、警察庁、裁判所、刑務所などへ臨床心理士が入っていき、活躍できる場を切り開いてきている活躍は、その貢献の大きさとともに、こうした活動を支えているバックボーン、自伝的背景、個人小史と臨床観のエッセンスが濃縮されている。

序章の「心理療法の基礎となるもの」はじめ、各章に展開されている提案は、心理臨床家の訓練に大きな刺激と貢献を与え、国際的にも誇れる貴重な文献である。著者の長年の臨床体験から導かれた統合への視点ないし臨床的仮設が提案されているのである。

本書から受けた刺激の一つ。エンカウンターグループを実践している評者には「こころの気づきを生み出すもの、はぐくむものとしての〈素直〉」は内観法だけでなく、私の行うエンカウンターグループのエッセンスの一つでもあることを書いておきたい。

研究のあり方、調査面接のあり方、著者の持つ多様な工夫と技法などが読み取れる事例、特に「こころの糧と子どもの時代」などの事例をはじめ本書は臨床的刺激の豊かさにあふれている。評者が感じた「ぞくぞくする興奮と落ち着き」の一端を示すことができたのだろうか。それにしても心理臨床の研究と実践、しかも臨床家としてのあり方に裏打ちされた姿勢が心に響く貴重な一冊である。ぜひお勧めしたい一冊である。

四、統合的心理療法のエッセンス

序章とともに著者の現在の到達点が今こうして「統合的心理療法の考え方」（あとがきに代えて）を読むと、「クライエントのためにより効果的な心理療法のあり方を模索する過程で出来上がったささやかな結晶」が四十年後の到達点である。ここには村瀬が「個別的で多面的なアプローチ」とよんでいる統合的心理療法の特徴も含めたアプローチの特色が八項目にわたって明確に凝縮されて明確に記述されている。貴重な「臨床の実践はよき帰納法的態度にもとづくべきであって、自分が関心を持っている理論や技法を学んでそこに該当する部分だけを現実の中から切り取って、自分の理論や考えかたの正当性を主張することはさけたいと一貫して考えている」と述べている。

統合的アプローチとは「これで一つの完結したマニュアルようなものがあるという到達点でなく常にセラピスト自身が質の向上を目指すというものであろう」としめくくっている。

五、厳しい統合への道

さてこれまで、村瀬の著書『統合的心理療法の考え方』にしたがってエッセンスを学んできた。「はしがき」で「行うこと、語ること、書くこと、この三者が乖離が生じていないか自問しつつこれからもつとめていきたい」とかかれている。ここには、セラピストとしての厳しい姿勢がうかがえる。私としては、創意工夫とともに、セラピストのあり方、生き方が大切なことを改めて学んだ。統合療法の一つの重要なあり方を示した点で、卓越した到達点であり、世界に誇れる見識であると思う。

John C. Norcross, J. C. (Ed) Special Issue Empirically Supported Therapy Relationships; Summary Reort of Division 29 Task Force Psychotherapy /Theory /research,/Practice/Training 38 (4) : 345-397.

ジェネラ（生みの感覚）を開く

森岡正芳

一

両親との間で傷を負った少年は、年末年始に帰る場所がないというので「村おばさん」は少年を自宅にあずかる。村おばさんはあわただしい年末の支度の合間に、「もじゃもじゃ線からお絵かき見つけごっこ」を少年と始める。はじめに少年が見つけた絵は歯をむいて怒った深い傷のある顔であった。今度は村おばさんの番である。少年の読み取りにくい線を見ながら村おばさんには、少年の持っている資質、行動レパートリーに関係のあるものを描きたいという思いがよぎった。即座に「スキーで風を切って滑走している男の子」が描かれる。描きながら滑っている瞬間の感覚、凛とした空気に触れる体感覚が浮かんでくると、村おばさんは行為のさなかの感覚を書きとめている。

少年にとっては自分のなかにあっていまだ形をなさぬものが、村おばさんの即興的な動きのなかでその場でうつし出され姿をとる。まとまった経験としては未構成のものが明確な形をとるとき喜びと快がある（森岡、二〇〇五）。セラピストも行為のさなかで「滑っている瞬間の感覚」、体感の変化を感じ取っている。生き生きとした生命感覚があふれる場面である。

村瀬嘉代子先生（以下村瀬とさせていただく）が文字に記した幾多の事例には、くり返し読んでもいつも驚き、はっとする瞬間がある。臨床場を活写しているからであろう。

村瀬の実践は多角的で即興的、自由自在、豊かなものを内包している。ご自身は自然に行ったあたりまえのことで、何も大仰に言挙げすることもないと眉をひそめられるかもしれない。それを承知のうえで、村瀬の実践に触発された筆者のもの思いをここに記させていただきたい。筆者などいくら後塵を拝するといってもお姿ははるか彼方にあって、うっかりすると後塵すら手元からこぼれ落ち見失いそうなので、村瀬の磨きぬかれた直感的かつ配慮の行き届いた現実的な実践知に対して筆者なりの言葉をもってなぞり、心覚えとしておきたいからである。

二

この少年は両親から度重なる虐待を受け深い傷（トラウマ）を受けた子どもである。トラウマはやっかいな概念である。この言葉だけで周囲に有無をいわさぬ独自のインパクトがある。トラウマという言葉は経験の実体化を進行する。ややもすると傷を負ったという出来事を固定し時間の自然な流れを止めてしまう。

息子を交通事故でなくした女性との面接のことを思い起こす。その事故からすでに五年を経過しているが、そこから時間は止まったままであると女性はいう。「私は今日か、今にしか、生きてない、かつてと先がつながらない」女性はこのような状態にとどまったままであった。

こういった面接でも、トラウマという実体を想定してしまうと、それを取り除くことが目標になったり、その人の心の中にトラウマと関連づける事象を次々と発掘することにはまりこむ危険性がある。「トラウマ」によって悪いイメージの連鎖が生まれる。女性は長男の死に関して、強い罪悪感があった。自分自身はその事故と直接関係はないにもかかわらずこの女性は、事故当日の前後で思い当たる出来事をあれこれさがしては、関連づける。自分が生き残ってしまったことを責める。「息子が亡くなったその日珍しくうっかり寝過ごしてしまった。それ以来、私は熟睡しないようにしている」と女性はおっしゃった。このようにクライエントは特有のストーリーで自らを呪縛してしまう。トラウマという言葉はこのような決定論をはらんでいる。セラピーではそこをゆるめ動かしたい。

傷（トラウマ）へのアプローチはもちろん多視点的かつ段階的に行う必要がある。緊急の対応を要する段階がまずあり、そこでは安全、安心の場が確保されることが最優先である。次の段階において、過去の出来事をどのようにセラピーの場で扱うかがテーマになってくるだろう。

三

過去を受け取りつつそれを力として今、これからに活かすことがどのようにして可能だろうか。おそらく単に過去を思い出すのではなく、過去を再体験するのでもないだろう。過去のことは過去におき、過去の出来事が今の人生を形づくるのにはたしてきた役割を理解する。そのような心の作業をともにするところから、次へと進む力が生まれてくる。

トラウマという強力な言葉にはそれに抗しうる新しい言葉が求められる。トラウマに対比される状態とは、時間がつながること。過去が今の自分にとって生きられるものとしてつながり、そこから未来が生まれ、自己の先の姿が描けるということである。そのようなつなぎと生み、生命性の回復を表す言葉としてジェネラ（genera）という言葉をあげてみたい。この言葉はすでに精神分析家のボラスが提示している。ボラスによると産出性、生命エネルギーや生の経験の心的な組織化を意味する（Bollas, 1992）。語幹のgeneは生む、生み出すという意味を表す。この語から派生する言葉の領域は豊かである。genesis：生成、発生generativity：生殖性、世代継承、生成世代性generation：世代genus：才能といった言葉が濃密な連想圏を作る。端的にいって生みの感覚をジェネラはあらわす。

トラウマが心の事象に実体化を強いてくるならば、ジェネラはどうか。そのようなものを探し求めること自体また心の事象を実体化することになりはしまいか。心理療法はこのような実体化への誘惑にたえず抗し、くずしほぐし再構築する終わりなき作業だろう。その分かれ目はつとにセラピストの視点にかかっている。何よりも面接の今ここでの出会いの瞬間を逃さないことだろう。ジェネラは共同性の中で動く。動きのさなかで感じ取ったものはその場で即座に形にしていく。

少年と村おばさんのあいだに浮かび上がってくる数枚の絵、そこでセラピストが感じ取る体感、生命感覚は少年とともに共体験されているだろう。

四

出会いから生じる言葉、内面から促された声を言葉にして相手のそばにそっと置く。村おばさんは少年が二枚目も「額に縫い傷跡のある人の顔」を描くのを横目で見ながら、パイロットになりたいという少年の夢を思い起こし、ジェット機を描く。二枚の傷のある顔には画面の隅に毛虫や尺取り虫がしっかり描かれていて何か萌芽的なものも感じさせる。少年はくまのプーさんの絵を村おばさんにプレゼントする。それらを重ね合わせながら、村おばさんは少年の世界に思いを寄せる。「家族との間で、傷を負ってきたのであろう。歯ぎしりするような怒りはなるべくあらわにはすまいとしているが、消えることなくしっかり潜んでいる。それでいながら、人を拒んでいるのではなく、彼の世界に身を添わせたいという相手の気持ちは素直にくみ、分かち合おうとする。」このように少年のこれまでの姿を受け止め返し、その場を支えている。

村瀬の解像力は明晰かつ深い。うつし出され形になったものをとおして、そこに潜む傷をもしっかり把握する。その受容的な読みとりの力に敬服する。村瀬の読みは時間構造をかならず含んでいる。相手の過去とその人が成り行く姿をも今ここの場において受けとる。傷ついたであろうその人の過去を受けとりつつ、力として今に活かす。これはたいへんなサポートである。

いいかえると、その人の生きている時間を支えるということ。今ここの関係においてその人の未来の姿をも受容する。このような態度がジェネラを開いていく。河合（一九七七）はある事例のコメントのなかで、「受容は単にクライエントや両親のそのときの感情の表層に向けられているのではなく、深い層に向かって、いうならば、深層に隠れている発展の可能性に向けてなされている」と述べている。このことは、傷を負った人のサポートにおいて何よりも必要なことではなかろうか。

傷の体験についてそれを無視することなく、ないがしろにされた私を感じることを少しずつ進める。自分に焦点をあてることをゆっくりと体験する。それなりにやってきた自分を肯定する目を養うのが、ジェネラを開いていくことにつながる。現在の自分が過去の自分を守り保証していく。そして可能ならば、未来に向けて自分の体験を積極的に、肯定的に意味づける。そこで世界との新たな結合が体験される。

少年は村おばさんの手を握り、除夜の鐘を聞きながら眠りにつく。翌朝目が覚めると、驚いたことにおねしょをしていない。「今年は幸先いいかもね」（村おばさんより）。

文献

Bollas, Ch. (1992) : Being a character. Hill &Wang.
河合隼雄編（一九七七）『心理療法の実際』誠信書房
森岡正芳（二〇〇五）『うつし　臨床の詩学』みすず書房
村瀬嘉代子（一九九六）「スクィグル法の治療促進的内面過程」『子どもの心に出会うとき――心理療法の背景と技法』金剛出版、所収
村瀬嘉代子（二〇〇三）『統合的心理療法の考え方』金剛出版

美しい人

山上敏子

村瀬嘉代子先生を最初にお見かけしたのは何か心理学系の学会の会場からの帰りのバスの中ではなかったかと思う。一人の女性が人垣と興奮と会話の真ん中に立っていた。わたくしは、その女性の際立って端然とした立ち姿に気持ちを惹かれ、つい横にいた人に女性が何方なのかを聞いてしまった。聞かれた人はびっくりした様子であったがその方は村瀬嘉代子先生であると教えてくれた。書かれたものでというよりもお噂で興味をそそられていた方であった。村瀬先生はこのような方であった、と離れたところから納得したような気持ちで先生のお姿を眺めていたのを覚えている。村瀬嘉代子先生とは、わたくしのこのような一方的な出会いであった。

その数年後の一九八五年ごろ、確かあれは家族療法学会であったと思うが、その会で講演をさせていただくことがあった。そのとき村瀬先生が司会をしてくださった。先生はわたくしを私の症例研究論文を引き合いに出されて紹介してくださったが、実に細やかに丁寧に論文をお読みくださっていることを知り、わたくしは感激してしまった。このような方が一人でも読者でいてくだされば論文を書く意味もある、とつくづくと思ったものである。

さらに、その一、二年後の夏、福岡であった小規模の、やはり、家族療法にかんする学会であったように思うが、その学会のシンポジストとして村瀬先生とごいっしょすることがあった。シンポジウムのテーマは忘れてしまったが、話題は治療者の能力に及んでいた。わたくしは、たまたま臨床よりも基礎学問での方が伸びるかもしれないと専門の転向の相談を受けていた後輩のことを考えていたこともあって、臨床も向きがある、とその場では討論のテーマにすらならないことを、うっかりと発言してしまった。そうすると、横に座っていらっしゃった村瀬先生が、すかさず、静かに、しかし厳然と、治療者であれば治療できなければならない、治療できるようにならなければならない、とおっしゃったのである。全くその通りであった。わたくしは自分のほとんど評論にすぎない軽薄な発言をたまらなく恥ずかしく思い、居たたまれないような気持ちになった。このときのことは今でもときどき思い出されて自分を戒めている。

村瀬先生との出会いの初期の頃はこのようであった。だからなのか、わたくしは、ほんのわずかしか年齢の差がないのに、ずっと、村瀬先生をわたくしよりも遥かに年長の方であると思い込んでいた。ご著書の奥付を見て知っているはずなのに、それに、実際にお会いしてお話ししたり艶やかなご様子を側で拝見しているのに、わたくしは長いことそう思いこんでいたのである。今でも本当のところはそう思っているふしがわたくしにはある。そういえば、いつか村瀬先生と電車でごいっしょしたとき、お話がとても面白くて、わたくしは目的駅まで子どものように笑いっぱなしになっていたこともあった。

ご講演での村瀬先生のお話もとてもこころを惹かれるものである。四、五年前のことであったが、わたくしが勤めている大学の医学部が主催した、村瀬先生のご講演会があった。会場になった医学部の講堂は広かったがその通路も隅も階段も、大勢の人でぎっしりと一杯であった。わたくしは真ん中あたりに席がとれたのでそこに座って聞いた。こういう場所での先生のお話を聞くのは、わたくしにはこれが初めてのことであった。ご講演での先生のお話は、側でお話なさっているときとほとんど違わない口調と雰囲気でのものであった。お話は淀みなく、そこには、お話の場面や状況がそのままであるように再現され、人々の息づかいや衣ずれがきこえるようであった。そして、村瀬先生のお気持ちの動きも先生の閃きも、そのままそこに見えるようであった。それでいてとても理論立っていた。わたくしはお話を聞きながら、やっぱりすごい、とつくづくと身に沁みて思ったのである。それに、村瀬先生は大勢の聴衆のなかのわたくしを見つけてくださっていたらしい。

講演会のあとに主催者が催したお食事会があり、わたくしも呼ばれ、席が先生の隣になった。わたくしは聴講の興奮が少し残ったまま村瀬先生の横顔をみることになったが、静かな、そしてとても艶やのある先生の横顔はいつもとちっとも変わっていらっしゃらなかった。


もう二年少し前になるが、冬に、大正大学の、たしか大学院であったと思うが、特別講義に呼んで頂いた。講義は夜であった。講義をすませたあと、村瀬先生のご自宅に招いていただいたが、その日はとても寒い日であったし寒い夜であった。ところが、先生の運転なさる車でご自宅に近づくと、ご自宅の灯はあちこち灯っていて明るく、玄関の扉を開けると、なんと玄関の上がり口にストーブが暖かく燃えていたのであった。わたくしは思わず、暖かい、と言いながら小さな子どものように手を炙《あぶ》っていた。本当にしみじみと暖かかった。先生はわたくしの講義の合間にわざわざお帰りになり、わたくしのために、明かりを灯し、暖かくしてくださっていたのであった。わたくしだったらどうしただろう、多分そんなことは考えもせずに少しのあいだ寒いのを我慢してもらったのではないだろうか。そんなことを考えた。そしてひたすら炙っている自分の手を見ていた。なにか楽しかったし、子どものときのように素直な気持ちになっていた。

その夜は、村瀬孝雄先生の肖像画や先生ご夫妻のお写真が何枚も飾られている、とても気持ちの良い、こころが静かになるご自宅の居間で、先生ご手製のお夜食と満ち足りたときを頂いた。村瀬先生がお料理がお上手であるということは何人かの人から聞いていたことであったが、そのときに頂いたお夜食はしっとりと優しい味の煮麺で、とてもおいしかった。

いろいろなお話をお聞きしたが、ほとんどが臨床でのお話であった。わたくしはなによりもまず村瀬先生の無駄のない、しかも淀みのないお話の流れに感服してしまった。どのようなお話も、理路整然としていて、とめどなく溢れ流れていく。そのまま、きれいな文章になっている。わたくしは録音されている自分のおしゃべりを聞くたびに、こんなまとまりのない話しかたをしたのだろうかと嫌になることが多い。聞くと雰囲気でなんとか分かるには分かるが、それをそのまま文章にしたものなどとても読む気になれない。読む気になっても読めないことが多い。そんな話しかたをしているようなわたくしは、村瀬先生のお話の流れの淀みのないことに驚いてしまった。

そして、たくさんのご著書があるのももっともなことであると、つい思ったのである。そして、先生のお話の暖かさにも、先生の、施設で働いている人たちのなんでもないような発言や行為に込められている愛情や気づきを漏らさず掬《すく》いあげられている臨床眼の鋭さと力強さにも、参ってしまったのであった。

夜遅くにお暇するとき、村瀬先生はわたくしの車がかなり遠い角を曲がってしまうまで、寒気のなかを、じっと立ったまま見送ってくださった。

もう一昨年になってしまったが、ある雑誌で村瀬先生の『統合的心理療法の考え方』の書評をさせていただいた。そこにも書いたことではあるが、わたくしは、このご本を読みすすんでいくうちに、いつの間にか姿勢を正して読んでいる、そんな自分に気がついたのであった。人が人としてある基本が、素直に、潔く、力強く、優しく、説かれているようにわたくしには思えたのである。著者を、人として、美しいと思った。

村瀬嘉代子先生という方

山中康裕

一

村瀬嘉代子先生が大学をお辞めになる、と伺った。（この原稿を書いた時点ではその通りであった。しかし、そのあと、大学側の配慮で、これが延期されたことを知った。それはそれでとても嬉しいことであるが、この文章を、それに合せて変えることはしない。何故なら、文章の内容だけでなく、勢いというものが消えてしまうからである。）本当に長い間、ご苦労様でした、というのがまず、私の口から出る最初の言葉である。先生が、大学をお辞めになる、というのは、私ら、男どもが辞めるのとは、全然同じでない。男女同権のこの世の中で、おまえは一体何を言い出すのだ、といぶからないでほしい。男女同権とは、表向きのことにすぎず、いや実際には試験をしたって臨床実践だって何だって、私の京都大学での二十五年の経験という葦の髄からみた管見にすぎないが、むしろ、女性の方が賢く、こまやかで、同じ課題なら、女性の方が何でもそつなくこなしてしまうから、男女同権というのは、男性を何とか持ち上げる方法論上の策略なのだとすら、この頃は思ってしまうけれど、村瀬先生が育ってこられた時代背景や環境では、まったくの逆で、女性であることは、人一倍の努力なんぞでは、とうてい行き着かないくらい、困難の多い時代なのだった。かつての「おしん」現今では「大長今（チャングム）」（韓国の李氏朝鮮の約五世紀程前の宮廷女医で女官の話、最近NHKのBSで評判になったテレビドラマ）の主人公チャングムの苦労に匹敵するものだったであろうことが分かるからである。

二

第一、村瀬先生は、教授や、センター長である前に、いや、臨床心理士や、家裁調査官であるまえに、まず、一人の妻であり、一人の母親であられる。妻としては、夫の、陰に日向に、夫をたて、その精進努力を見守り、まして、その晩年は、病床にある夫の介護にこころもからだも、精根こめて尽くされたし、この夫に尽くすばかりでなく、その親君の老後の手厚い世話にも、誠心誠意、尽くしてこられたのである。そして、一人の息子を育てあげ、これを立派に成人させられた。これらの、人には表立って見えない、陰の努力だけで、私たち、男どもの数倍のエネルギーを要するのである。その上で、男性と比較しても決して劣らぬどころか、さらに数倍のお仕事をして来られたのであるから、私は、実際、脱帽するほかないのだ。

その夫君とは、知る人ぞ知る、かつての東京大学教授、村瀬孝雄先生その人であるが、氏を陰に日向に支えて来られた事実だけでも、私などには、とうてい覚束無い、遠大なご努力があったであろうと拝察しうる。私の知る限りで、このレヴェルの域にまで達した女性はほんの数人にすぎず、たとえば、それは、かのキュリー夫人であり、わが国では、私の領域では神谷美恵子先生くらいしか想起できない。

三

私はかつて、村瀬嘉代子先生のことを先生の新刊書の書評として「心理臨床学研究」誌に以下のように書いたことがある。ここに再録させていただくことにしたい。

村瀬嘉代子先生といえば、この業界では知らぬ人のない、著名な心理臨床家である。彼女は、すぐ先頃まで、会員数千人を越す、東京臨床心理士会の会長であったし、河合隼雄文化庁長官の努められる会長を補佐しての日本臨床心理士会の副会長でもあった。しかも、今も、大正大学の現役教授であり、同カウンセリング研究所長でもある。そして、知る人ぞ知る、故・村瀬孝雄東大教授夫人でもある。ところが、彼女はそういった肩書や属性で呼ばれることを一切好まない。彼女は、徹頭徹尾、村瀬嘉代子先生その人なのだ。だから、ここでは、嘉代子先生と呼ばせていただく。

嘉代子先生はいつお会いしても、美しくつつましやかで、楚々とした含羞の人であり、どの会議でお会いしても、その存在感を最小限度に抑えて、目立たないところにすっと座っておられ、小さい声で、少しはにかみながら話される。しかし、ひとたび意見を求められると、毅然としたはっきりとした輪郭と骨格とをもったしっかりとした自見を示される。でも、時々いたずらっぽそうな少女の顔がちらっと顔を出すこともあれば、これを知る人は極めて少ないが、真っ黒な革ジャンとヘルメットに身を包んで夜の第二京浜国道をオートバイで颯爽とぶっ飛ばす、スポーティで活動的な格好いい人でもある（これは、私のファンタジーで、事実は、彼女はあるＦ１レーサーの大のファンなのだが、そこからの連想なのであった）。

本書のどこかに書いておられるが、嘉代子先生がまだ駆け出しの、つまり、家裁の調査官研修所の研修員であった頃、精神科児童病棟に週一回宛派遣されたとき、お八つの菓子をもって、統合失調症の患児たちの所にいくと、「あ、シゾ（当時・精神分裂病、現・統合失調症の意味、彼らは精神科医たちの使う隠語をそのまま使っていたようだ）になったんでしょ。治って復学したんだね」と男の子にいわれ、それを受けて別の女の子が「へー、お姉さん、シゾ治ったの」と、言われたという（筆者も、初めて病棟に入ったとき、まったく同じことを言われた記憶がある。ただし、私の場合は、お菓子を運んだのではなく、白衣も着ずに病棟に入り込んだので、直ったのではなく、入院したと思われたのだった）。そして、長年ののち別の場面で、ある子どものクライエントに、「そうじのオバサン」と言われたりもする。あるいは、そしてこれも本書のどこかに滝川一廣君の言葉として載っていた「不思議な人」なのでもある。

しかも、本書は、その不思議な人が、なんと、最近、嘉代子先生のご出身の奈良女子大学に提出された博士論文を骨子としているものなのである。しかも、その審査を努めた主査教官は、何と筆者の教え子の森岡正芳教授なのだ。嘉代子先生は、ご還暦を越えられここに至っても、なお変わらぬ向上心や向学心をもっておられ、常日頃、研鑽を絶やされない。無論、嘉代子先生ご自身も言われているように、この道には到達点はなく、どこまでいっても学びの連続であるが、しかし、いつも頭が下がる思いなのである。

本書にいう、「統合的心理療法」とは、何処かの国の誰々の提唱している何々療法などといったものとは違って、一党一派に偏せず、また、個人であるとグループであるとを問わず、また、家族や周囲の機関や施設などとの可能なあらゆる連携をはかって、心理臨床に役立つあらゆる学派のあらゆる思想や技術を駆使しながら、しかしそれらを網羅するといったような考えでもなくて、それらを知悉していながら、すっかり知識としては忘れて、臨床のその場、そのクライエントにとって何が希求され、何が必要なのかを即座に判断し、編み直し、バランスよく、それらの知識や技術を発揮する、嘉代子先生独自の方法でありつつ、すべての臨床家に、そうであってほしいと願って書かれたものなのである。

やはり、これも本書のどこかに書いておられたが、嘉代子先生はどこで講演しても、どこで彼女自身の臨床の実際をお示しになっても、「それは、村瀬先生だからできることで……」と、相手は、先生を特別の人として（事実それはその通りなのだが）他の人間には真似できないこととして言われることが多いのだが、著者ご自身は、それを嫌い、誰にも、そうあってほしいし、また、なりうることとして、本書を書いておられる。無論、評者も、誰にも嘉代子先生と同じことはできない、ということは分かるし、真似することだって到底不可能だとも思うけれど、その向かうべき精神や、臨床家がつねづね心掛けるべきことどもの指針として、ぜひ、本書をひもとき、常に座右において、おりおりに思い返しつつ学んでほしい、とは願うものである。

評者として、いつも感心するのは、著者の、事例記載のこまやかさと配慮のいきとどき具合であり、臨床の実践における、卓抜さと、しかしそれを突出させず、うまく場に溶け込ませて、クライエントの可能性や関心を、さりげなく引き出す能力である。

本書は、先にも触れたように、博士論文なので、随所に、やや硬派の、しっかりとした概念把握やら定義やら、理論的なものいい等がそれこそきら星のごとくちりばめてあるが、本書の、何といっても魅力なのは、その事例記載の卓抜さであり、おのおののクライエントに治療転機を見いだす水際立ったすばらしさでありつつ、しかも、いずれもさりげなく書かれていることなのである。以下に、そのうちの二三を抽出してみようか。

事例A　ある三十二歳の、重複聴覚障害者の女性

生い立ちに、二重国籍的な問題があり、いろんな外的内的不幸が重なって、まさに、「背景の重さ」がひしひしと伝わるクライエントで、緘黙のまま強迫行為を繰り返して、目を閉じ、身を固くして、手話通訳者の手元もみようとしない。

そんな彼女をさりげなく観察して、このクライエントが小動物や赤ちゃんには、目をあけ凝視することがある、ことをみてとり、「荒涼とした果てしなく広がる寒冷地の畑、日暮れに子猫を抱いて親の帰りを待つ」彼女の幼き姿をイメージし、「人生の葛藤が何であるかも意識することなく、無心に眠る赤ちゃんに立ち戻ってから育ち直りたい……」という願いが喉元に言葉以前の感覚としてあるのでは、とふと考え、自宅から、猫を連れて行こう、と密かに思いつき、目を薄く時折開ける彼女に向かい、予約カードを書いて握らせ、「待っている」と指話通訳して貰って別れる。

次回、バスケットから猫を出すと、彼女も母親も同時に、「マオ!（その国の言葉で猫の意味）」と声を発し、二人で夢中に猫を撫でる。人に向けていた韜晦な眼差しとは違って、彼女はほほ笑みを浮かべている。これをみて、観察事実に基づいて、その時その状態に即応したコミュニケーション・チャンネルを探し、「求めれば呼応する相手がある」もしくは、「喉元にある言語化以前の気持ちや考えをくみ取ろうとする、そっと分かち合える相手がいる」という被面接者にとっての経験をもつこととなり、それは、「現状よりはより生きやすい状態へと進展を促していくであろう」とのひとまずの見通しをたてて、若い同僚相談員に引き継ぎ、著者は、施設職員のコンサルテーションを行うことにしたのである。

二年半余の後、布や毛糸を用いての制作、日記、手話での表現の上達などコミュニケーション手段は増し、強迫行為につ

いても、自覚的に止めようとする動きが生じ、さらに入所者への語りかけや、利他的行為が見られるようになった頃、食事を前に、強迫行為により、自縄自縛のような身動きのとれない状態になっている時や、所持金に釣り合わない買い物をしようとしコントロールが難しくなっているような局面で、嘉代子先生は、猫が食事をしている絵や、クライエントの育った国の服を着ている猫が、ほどよい量の買い物荷物を提げている絵などを、さっと描かれる。すると、クライエントは、プッと吹き出して、必要な動作に移れるのだった……。

事例B　視覚並びに聴覚障害を併せもつ女性、六十五歳
先天的聴覚障害に加え、十代後半より進行性の眼疾に罹病し、二十一歳時視力を失う。四人きょうだい中で健常者は一人。きょうだいはそれぞれ施設入所中。本人は失明するまでは、障害者枠で就労の経験もあるが、その後各種の施設を転々とし、現在の施設には五年前入所。本人は自分では聞こえないが、かつて会得した口話法を用いて話し、相手からは掌に書かれる平仮名に頼ってコミュニケーションをとる。本来の知的素質は低くはないと考えられている。職員の見るところ、作業にも積極的、ただ表現しないが、何時も怒りを抱いてイライラしているようだ、と。オンブズマン制度の発足を知り、嘉代子先生との面接を自ら希望したという。

礼儀正しく、著者に、しきりに気を遣われる。「記憶している話し言葉を使うが、興奮すると、大声で抑揚もおかしくなる。遠慮せず注意してほしい」と。「自分は全く役立たない存在、人手に頼らなければ生きていけない、年をとり恥ずかしい。死を考える。だが、この身体では、自殺も上手くできそうにない。そして、「価値のない人間」と繰り返す。さらに、声を強め、「自分の障害は罰があたったのではない（筆者註、「か」が抜けていると思われる）」「自分の存在自体が罪ではないかと思い、苦しい」と。著者は、障害は本人の責任ではない、存在が罪である筈がない、と心持ち力を込めて、彼女の掌に綴る。「ほんとうにそう思うの？」「ほんとう！」に淡い微笑が浮かぶ……。

本書の成り立ちは、序章に、心理療法の基礎となるもの、と題して基本姿勢が書かれ、第Ⅰ部「社会の変容と心理療法——変わるものと変わらざるもの」として、「子どもの心理臨床の今日的課題」「子どもと家族への心理的援助の沿革」

など七本の論文。第Ⅱ部「統合的心理療法の実践的展開」として、「遊戯療法と親面接」「不思議・楽しさ・リアリティ」「児童虐待への臨床心理学的援助」など七本の論文やエッセー、そして、［書評］欄に、E・シンガー『心理療法の鍵概念』、B・ベッテルハイム『情緒的な死と再生』、傳田健三『子どもの遊びと心の治療』など八冊の書評が載せられており、最後に、親切にも、各論文の簡単な解題が付せられている、といった塩梅であるが、そろそろ紙数も尽きたので、ここらで筆をおくことにする。

全編、嘉代子先生の臨床への深い愛情とこまやかな配慮と優しく厳しい態度に貫かれていて、一読後実に清々しい書物である。とくに、初心の心理臨床の院生や学生など若い学徒に勧めたいが、無論、ヴェテランにも中堅にも是非読んでおいてほしい一書である。

［書評　村瀬嘉代子著『統合的心理療法の考え方』金剛出版、二〇〇三年九月刊］

四

かつてある日、私は先生を拙宅にお招きしたことがある。そのとき画家でもある家内に会っていただいたが、先生の開口一番のお言葉は、「まあ、おうち中が、美術館ですこと！」であった。別に、有名な画家の絵をかけているわけでもなければ、有名な彫刻を所蔵しているわけでもなく、家内が、花やら手作りの焼き物やらをアレンジし、ちょっちょっと置いているだけのことなのだが、先生の鑑賞眼からすると、何と、そういうことになるらしいのだ。

そして、今度は、私が先生のお宅にお招きに預かったことがあった。何と、先生のお宅こそ、まさに美術館そのものであった。無論、これみよがしの飾り方など一切されていない。いずれも、実にさりげなく、しかし、その作品はそこでなければいけない、と言っていいほどに所を得て、見事に空間を彩り、家屋そのものが、住空間そのものが、美的な空間ともなっていたのだった。ロールシャッハ図版が、自身のこころにあるものを投影されることは誰しも知っていようが、先生の目には、拙宅のガラクタも、先生のこころの投影として、美的空間と見えたであろうことが知られたのであった。

しかも、先生の場合、さらに一味も二タ味も違うのである。先生自らの手料理の御馳走に預かったのである。それらも、本当にさりげなく作ってあるのだが、その工夫が、ひとつずつ、こころが籠もっていて、実に美味しかったのである。贔屓の引き倒しと見られるのが厭なので、そろそろ、ここらで筆をおくが、嘉代子先生、とは、そういう方なのだ。

出会いの達人

吉田敬子

村瀬嘉代子先生についての原稿を依頼されたときは、気楽にお引き受けしました。しかし、先生の何を存じ上げているのだろうと考えたとき、はたと筆が止まりました。村瀬先生はなぞめいた存在です。私の中にひらめくことは、微笑のような表情に鋭い視線、つつましやかな服装のようで、印象的なおしゃれさんのイメージ、穏やかな声と口調なのに辛らつなコメント、しずしずとした所作なのに敏速、お年を重ねるにつれて増す活動エネルギーの高さ、など内部は不思議な複雑さや矛盾を持っていそうなのにさらりとした統合された存在感です。なぞめいた存在について書くということはあまり経験したことのない作業ですが、私が感じる村瀬先生像についてまとめるトレーニングのつもりで以下に述べさせていただきます。

一、研究者として

臨床を通して生じた疑問や検証を行いたい内容について、研究の中でそれを遂行することができる方だと思います。アイデアのひらめきがあり、それを実行し、フォーマットにのっとった研究報告や著書などの形あるものにして残す仕事をされる方です。臨床は毎日のことでありながら、どうしたらもっとうまくいくのかを常に考えながら継続するので、そこから「クライエントはどのように感じているかしら」とか、「こうやってみるとどのようになるのかしら」というひらめきが生まれるのでしょう。

そのような村瀬先生のアイデアと仕事への姿勢がよく現れていると思われるエピソードについて、私が読んだ先生のご著書の中からひとつ選んでご紹介します。『聴覚障害者の心理臨床』（日本評論社、一九九九）で、村瀬先生は一九九五年秋に開催された日本心理臨床学会の自主シンポジウムで「聴覚障害者の心理臨床」の指定討論を依頼されたとのことです。その仕事を引き受けられた彼女は次のような行動をとりました。すなわち、そのシンポジウムに先立って約一カ月余、毎日ご自宅で耳栓をしたり、ＴＶの音声を消して、「聞こえない」時間を数時間体験されたのだそうです。そして、コミュニケーションにとって「聞こえること」は決定的な意味をもつことを観念ではなくてまさに実感されたとのことです。この耳栓をしてみようというアイデアとそれを実行し、継続する力と姿勢は素晴らしいと思います。

『心理療法のかんどころ』（金剛出版、一九九八）に「クライエントの側からみた心理療法」という章があります。心身障害児や保護者、思春期の来談者から見た治療者について、治療者にはじめて会う場合、かれらがどこに着眼しているか、印象深い治療者の言動、治療者への期待などについてのアンケート調査を報告しています。その中には、こちら側の治療者にとって意外ともいえる興味深い結果もあり、有益な多くの内容がありました。最近では治療室や病院などに投書箱などを設置してユーザーの意見をきくことなどが常識になってきましたが、この研究が昭和六十年から六十一年にかけて行われたことを考えると、先生の着眼点は時代の主流の少し先にあったのだと思います。若い研究者は、これらの研究のアイデアや手法を多く学ぶことができ、それが一歩先を行く「村瀬アカデミー」の流派になると思います。

二、臨床の指導者として

指導活動は、村瀬先生が、諸学会で臨床ケースのスーパーバイズをされているのを拝聴した限りにおいてしか私は存じ上げません。しかし、村瀬先生のご著書から、彼女は治療者としては「傷口をそっと包む心持と相手にたじろがない不退転の姿勢」が必要と考えられており、実際クライエントは、治療者村瀬先生を、「優しい、でもテキパキきめこんでくるような反応のすばやさ、的確さ、女性的で男性的」と感じたとのことです。

彼女は実際クライエントをさっと抱きしめたり、追いかけたりするなど機敏な動作にも出ます。先生の反射神経と神経―筋伝達速度は人並み以上にすぐれているものと考えます。実際、村瀬先生と短い旅をご一緒したことのある私は、あと数分で発車する電車に飛び乗るために駅の階段とプラットホームを荷物を持たれたままピューマのように走り続けた先生を目撃しました。もう少しで、私のみが置いていかれそうな速さでした。私の研究室の別の者も足取り軽く移動される彼女を見て暦年齢と運動年齢の格差に驚嘆したと話していましたので、私の観察から得たこの結論は偶然の産物ではなく、複数のエビデンスに裏打ちされたものです。

このような資質の村瀬先生から、心理療法の教えを受けることは実際は難しいことだと思います。テキパキとした反応のすばやさは、個人の反射の速さや反応スタイルであり、これは生物学的に規定されているでしょうし、「女性的で男性的」というスケールの広がりや大きさは、スーパーバイズを受けても限度があるでしょう。実際、あるセミナーを村瀬先生が企画されて私がその一講師として呼ばれたことがあり、自分の受け持ちの話が終わった後に、参加者のフロアーで先生のご講演を拝聴したことがあります。そのとき彼女は、「治療者としての『器』」に触れ、器という字を黒板に大きく書かれて、その意義をお話になりました。それを拝聴していました私は、村瀬先生の心理療法を習得するのは、たいへんなことだと感じたことを覚えています。その意味で、この心理臨床のスタイルは村瀬先生独自のものであり、その村瀬ワールドに足を踏み入れることは、少し怖い体験になるのかもしれないなと感じました。

もっとも、特偶教授として後進の指導をされる今後は、スーパーバイジーとの年齢差が開いてかえって幸せな教えの場と時間となるかもしれません。もうすぐ平成生まれの若い方が先生を取り囲んで、彼らなりの学び方をするのかもしれません。村瀬先生から心理臨床の真髄を学ぶのは、才能ある陶芸家から器作りの妙技を伝授してもらおうと苦悩する弟子を想像してしまいますが、これからの方々は、器は市販の材料を組み合わせてそれを電器陶芸釜でセットすると同じものが出来上がるものと信じて先生からマニュアルを学ぼうとするかもしれません。それもある意味では良いのでしょう。苦悩ではなくその若い素直さが村瀬先生から楽しく有効に学ぶのに必要な要素なのかもしれません。村瀬先生と出会って癒されていった子どもたちのように。

三、「出会い」の達人

先生は、将来の夫となる村瀬孝雄氏について自ら書かれています。アメリカでの出会いを昨日のことのように生き生きと綴られており、孝雄氏を映画に登場する俳優のように憧れのまなざしで観ていた若き日の彼女の感想は興味深いものでした。村瀬先生は、出会いの名人でもあります。さまざまな機会と年月の間に現在の村瀬交流録に登場する人物や、また貴重な体験や美術品との出会いをされております。村瀬先生をおおいに慕っている青木省三氏とも、先生がレマン湖のほとりをひとりで歩いているときに出会ったとのことでした。私も青木氏とは個人的に親交を重ねていますが、それは留学先でお互い生徒のように自己紹介を経て知り合ったのであって、水辺のシーンはないのです。

出会いは偶然だけではなく、もちろん仕事を通じての場合が多いのですが、先生には多くの村瀬ファンの精神科医師や学術関係者がいます。彼ら同士が、仕事や趣味や人生観が同じかというとそうも見えないのに、彼らが一様に彼女のファンであるのはとても不思議です。彼らは、姿かたちも性格も私の拝見する限りそれぞれ異なるので、先生は多様性があり受容能力が高く、彼らにやさしいのかも知れません。こんどお会いしたときにマドンナ村瀬先生の秘訣を聞いてみることにします。そしてこれからも人生を豊かにする出会いが村瀬先生に多くありますように。

おわりに

本書は、村瀬嘉代子先生の論文および講演記録と、村瀬先生の先輩、同僚、後輩となる諸先生の文章からなる。編者の一人として、ご多忙のなか、寄稿してくださった諸先生に心より、お礼申し上げる。長い歴史を経た神社仏閣が、さまざまな角度から放たれるライトによっていくらかその威容を明らかにするように、村瀬先生というきわめて捉えにくい存在が、諸先生のさまざまな角度からの文章によって、いくらか立体的に、そして多面的に見えてくるように思う。

そもそも心理療法とは、いったいどこにあるものだろうか？　治療者の頭の中にしっかりと刻み込まれたものとしてあるものなのだろうか。本棚にぎっしりと並べられている書物や論文の中にあるものだろうか。面接室の中のクライエントとのやりとりの中にあるものだろうか。確かに技術としての心理療法はそうかもしれない。しかし、たとえば、面接室で個々のクライエントに自由な発言を求める治療者が、自分の研究室や教室に帰って、新人に自由な発言を禁止し、さらには家に帰って子どもたちの自由な発言を禁止していたとしたら、その治療者の心理療法はその治療者の頭の中にある治療技術ではあっても、治療者の生きる姿勢や態度とは無縁なものである。心理療法とは面接室の中で行うものなのだから、それでよいという考え方もあるであろう。しかし、本当にそうなのだろうか。武術と武道の違いや、戦術と戦略の違いを思い起こさせる。村瀬嘉代子先生の心理療法は、武道としての、そして戦略としての心理療法なのだと思う。だからこそ、面接室やプレイルームの中だけでなく、日々の生活のさまざまなところに顔をのぞかせ、臨床と日々の生活を貫くものとして存在する。

何気ない挨拶の中に。お茶を飲みながらの雑談の中に。道をたずねられたときの答え方の中に。ゼミの若い学生さんから頂く手紙の中に。懇親会で若い人の質問に対する姿の中に。さりげなく飾られた花の中に……。普段の生き方と技術が一体となっている。村瀬嘉代子先生の心理療法とは、そういうものだと思う。

それは、クライエントであれ、患者であれ、町を歩いている人であれ、人を人としてていねいに遇するという姿勢でもある。そこには、何かを生産するかしないか、役に立つか立たないか、稼げるか稼げないか、有名か無名か、というような現世的な価値判断を越えた、苦悩や困難を抱きながら生きる人への畏敬の念がある。だからこそ、クライエントだけでなく、さまざまな人にとって、村瀬先生との出会いは、しばしばその人が自身への新たな誇りを見つける端緒となる。

村瀬先生の臨床は強靭でしなやかである。たとえば、優しさと厳しさという軸で言うと、人と場と時機に応じた、絶妙な優しさと厳しさの間の位置が選びとられる。ぼんやりと捉えておくこととくっきりさせること。ゆっくり考えることとフルスピードで考え抜くこと。気づいていても言わずに待つ時とここぞと明言する時と。有限な点としての瞬間と自身を超えた長い時間と。村瀬先生は無数の軸の間に、瞬時に自身を定位させる。それはクライエントにとって村瀬先生が異なって見えてくる体験でもある。

村瀬先生は、どうも自身の半分を現世に、そしてもう半分は現世を超えたところにおいておられるような気がする。個としての自分と、個を超えた自分と言い換えてもよい。村瀬先生の臨床は、半分は自覚しながら、そして半分はあたかも成り行きに流されるかのように、新たな領域へと広がっていく。家庭裁判所の調査官として、カリフォルニア大学バークレイ校の留学生として、大正大学カウンセリング研究所の教員として、青年の居場所・フリースクールの先生として、自立援助ホームの助っ人として、養護施設の子どもの「村瀬？おばさん」として、重複聴覚障害者施設に関わる臨床心理士として、さまざまな出来事が起こり、半分は意図して、半分は意図を超えて、事態は意外な展開を遂げていく。

しばしば臨床家は、自分の得意な領域で、すなわち自分の土俵で、そして自分の決め技で勝負しようとする。無理やりにでも自分の土俵に持ち込もうとする。それは、時には治療構造、治療の枠組みなどと呼ばれることさえあるが、相手を自分の土俵に入れようとすることに変わりはない。村瀬先生は、相手の土俵に入って勝負する。そして、その場が相手の土俵でもあり、村瀬先生の土俵でもあるという不思議な場に変化させるのである。

それだけではない。村瀬先生は、絶えず自身の臨床をよりよいものへと進化、変容、発展させていき、留まるところがない。そのため村瀬先生の臨床を理解しようとして、これが村瀬先生の臨床ではないかと思ったとき、当の村瀬先生はずいぶん先を歩いていたりする。

だから、本書は、一つの通過地点あるいは中間報告ではあっても、最終報告書ではないし、この「おわりに」も、決して本当の「おわりに」ではない。村瀬嘉代子先生にとって、「おわり」はいつも新たな始まりであり、それが村瀬先生の生きる姿勢なのだと思う。

本書が、多くの人のこころにたずさわる人々にとって、新たな村瀬先生との出会いとなり、その臨床に寄与するものとなることをこころより願ってやまない。

青木省三

■著者略歴
村瀬嘉代子（むらせ かよこ）
1959年　奈良女子大学文学部心理学科卒業
1959-1965年　家庭裁判所調査官（補）
1962-1963年　カリフォルニア大学大学院バークレイ校留学
1965年　大正大学カウンセリング研究所講師
1984年　同助教授を経て
1987年より，同教授
1993年より，大正大学人間学部並びに大学院人間福祉学科臨床心理学専攻教授
臨床心理士，博士（文学）
［著書］
「心理療法の実践」（編著）誠信書房，「子どもと大人の心の架け橋」，「子どもの心に出会うとき」，「子どもと家族への援助」，「心理療法のかんどころ」，「子どもと家族への統合的心理療法」，「統合的心理療法の考え方」，「心理療法の基本」（共著），「心理療法とは何か」（共著），「電話相談の考え方とその実践」（共著）金剛出版，「よみがえる親と子」岩波書店，「聴覚障害者の心理臨床」「聴覚障害者への統合的アプローチ」日本評論社，「柔らかなこころ，静かな想い」，「小さな贈り物」創元社，「子どものこころと福祉」（監修）新曜社，他

心理《しんり》臨床《りんしょう》という営《いとな》み

生きるということと病むということ

2006年7月10日　印刷
2006年7月20日　発行

著　者　　村瀬嘉代子
編　者　　滝川　一廣
　　　　　青木　省三
発行者　　田中　春夫

発行所　株式会社 金剛出版

印刷・新津印刷　　製本・河上製本

〒112-0005　東京都文京区水道1-5-16
電話03-3815-6661　振替00120-6-34848

ISBN4-7724-0914-9 C3011